世经政丛书
之"一带一路"系列

系列主编：张宇燕

"一带一路"与企业行为：
研究与实践

薛 力◎主 编

程章玺◎副主编

"The Belt and Road" and Corporate Behavior:
Research and Practices

中国社会科学出版社

图书在版编目（CIP）数据

"一带一路"与企业行为：研究与实践／薛力主编．—北京：
中国社会科学出版社，2018.10
（世经政丛书之"一带一路"系列）
ISBN 978 - 7 - 5203 - 2771 - 8

Ⅰ. ①一… Ⅱ. ①薛… Ⅲ. ①"一带一路"—国际合作—关系—
企业行为—研究—中国 Ⅳ. ①F125②F279.2

中国版本图书馆 CIP 数据核字（2018）第 154313 号

出 版 人	赵剑英
责任编辑	范晨星
特约编辑	郭　枭
责任校对	石春梅
责任印制	王　超

出　　版	中国社会科学出版社
社　　址	北京鼓楼西大街甲 158 号
邮　　编	100720
网　　址	http://www.csspw.cn
发 行 部	010 - 84083685
门 市 部	010 - 84029450
经　　销	新华书店及其他书店

印　　刷	北京君升印刷有限公司
装　　订	廊坊市广阳区广增装订厂
版　　次	2018 年 10 月第 1 版
印　　次	2018 年 10 月第 1 次印刷

开　　本	710×1000　1/16
印　　张	22.5
插　　页	2
字　　数	292 千字
定　　价	89.00 元

凡购买中国社会科学出版社图书，如有质量问题请与本社营销中心联系调换
电话：010 - 84083683

系列序言一

张宇燕[*]

主权、安全和发展利益构成我国涉外国家利益的三大要素，三者相辅相成、三位一体。维护并最大化国家利益，乃我国对外战略目标所在。如果说主权是关键，安全是首要，发展是基础，那么夯实发展基础的便是"一带一路"。真理应该是具体的、简单的，我们可以从器物、制度、货币和理念四个角度理解和把握"一带一路"构想。

首先是器物角度。相对于大多数沿线国家，中国在基础设施建设、装备制造等领域拥有明显的绝对优势和比较优势，而"一带一路"沿线许多发展中国家拥有丰富的资源与劳动力，尤其是有着快速工业化的愿望。通过产能合作，打造以基础设施建设和互联互通为器物条件的跨区域生产网络，势必有利于产业链的延伸，分工与专业化的深化，市场规模的扩大，生产要素更有效的配置，"得自贸易之收益"的实现，最终有利于使各国凝结成牢固的命运共同体。

其次是制度角度。制度在此指的是保证、维持和拓展国家间分工与贸易的国际规则。"一带一路"沿线各国内部外部的制度环境各不相同，现行国际规则又大多具有"非中心"的特征（这意味着同样的规则对不同的国家意味着不同的事情）。中国和沿线发展中国家一道，可以通过双边与多边合作，继承、改进、整合、创新现有国际规则体系，既让交易成本

---

* 张宇燕，中国社会科学院世界经济与政治研究所所长、研究员。

大为降低，更让国际制度趋于中性，甚至更有针对性地维护发展中国家的利益，实现全人类的共同繁荣与发展。

再次是货币角度。肇始于美国的次贷危机最终演化为国际金融危机，基本原因之一在于世界经济对美元的过度依赖。推进人民币或"华元"国际化与"一带一路"建设相辅相成。"华元"在"一带一路"沿线区内计价、结算和储备功能的拓展与加强，除了使沿线各国在降低交易成本、规避汇率风险、提升经济一体化程度等方面获得直接好处外，亦有利于推进国际货币体系多元化进程，并最终使国际货币金融新秩序朝着更加公正合理的方向迈进。

最后是观念角度。当今世界有人将中国所走的和平发展道路视为"新殖民主义"，认为中国是为了获取原材料和输出过剩产能；也有人将中国视为"另起炉灶"，认为中国想建立一个平行体系与西方体系抗衡。有鉴于此，"一带一路"构想意在从获得理解开始，逐步达成共识，然后形成集体行动，真正让"和平合作、开放包容、互学互鉴、互利共赢"之共同发展理念不断展开，获得持久的世界性影响力，最终成为人类精神殿堂的宝贵财富。

（此文以"多角度理解'一带一路'战略构想"为题，发表于《世界经济与政治》2016年第1期）

系列序言二

邹治波[*]

　　"一带一路"倡议是中国在新的历史条件下实行全方位对外开放的重大举措，是中国与沿线国家"共商、共建、共享"和平与发展之路的重要合作平台，外交将在此伟大蓝图构建中发挥开拓、通融、助推和引导作用，时代和使命要求中国应有与这种作用相适应的外交思维、外交战略和外交方式。

　　首先，中国应持大国思维、大国胸怀和大国心态。怀有中华民族伟大复兴之志，我应着眼长远、坚定目标，保持持久耐力和定力，不为一城计利，不为一时所迷，不与大国争强锋，不与小国争微利。在"一带一路"建设中，基于各国发展目标、形态和文化、政策等的差异，不免会遇到一些误解、怀疑甚至阻挠。对此，中国应以一种开放透明、和善包容、合作共赢的心态和理念，与有关国家充分协商、协调、协作，消除误解、化解阻力，取得对方的理解、融入和支持，要让各国感受到对其经济发展和民生带来的实实在在的益处，感受到"一带一路"的正能量。正如习近平主席所说："要以我国发展为契机，让更多国家搭上我国发展快车，帮助他们实现发展目标。我们要在发展自身利益的同时，更多考虑和照顾其他国家利益。要坚持正确义利观，以义为先、义利并举，不急功近利，不搞短期行为。"

<hr />

　　* 邹治波，中国社会科学院世界经济与政治研究所副所长、研究员。

其次，中国应有与"一带一路"建设相对应的外交战略。"一带一路"是一条横跨欧亚大陆、穿越几大文明区涉及 60 多个国家的世界上最大的经贸文化线，其建成将对地缘政治和世界战略格局带来深远影响，各国特别是大国对此怀有复杂心态、采取不同政策。对此，外交上中国需采取对域外大国开放协调，对域内大国平等协作，对中小国家怀柔合作的策略，构建一个域外大国不杯葛、域内大国相配合、中小各国均支持的政治外交格局。这种格局将给"一带一路"倡议，创造一个安全、平稳、有效实施的国际和地区环境。正如习近平主席所说："要统筹我国同沿线国家的共同利益和具有差异性的利益关切，寻找更多利益交会点，调动沿线国家积极性。"

最后，在外交方式上应基于"一带一路"建设的特点，采取全方位、多层次、宽领域立体外交模式。政府是暂时的，人民是永恒的；政策是一时的，文化是长久的。只有得到沿线国家人民的理解和支持，"一带一路"才能得到当地政府、政策的配合与合作，"一带一路"才有持久的生命力。为此，中国应坚持大外交思路和思想，围绕"一带一路"建设，采取全方位、多层次、宽领域的立体外交模式，做好各国社会各个层面的工作，争民心、顺民意。为此，应大力开展民间交往、交流，特别要抓好对智库、媒体这两个对民众影响大的方面的工作。正如习近平主席所说："真正要建成'一带一路'，必须在沿线国家民众中形成一个相互欣赏、相互理解、相互尊重的人文格局。民心相通是'一带一路'建设的重要内容，也是'一带一路'建设的人文基础。要坚持经济合作和人文交流共同推进，注重在人文领域精耕细作，尊重各国人民文化历史、风俗习惯，加强同沿线国家人民的友好往来，为'一带一路'建设打下广泛社会基础。"

作为专门从事世界经济和国际政治研究的智库与学术研究机构，世界经济与政治研究所将"一带一路"作为所重点研究领域之一，从战略、安全、外交、经贸等多个方面进行深度研究，并与沿线国家智库合作开展学术交流活动，包括举办"一带一路"专题国际研讨会、人员交流、研究合作等。迄今为止，所里的研究人员已经出版或发表了大量与"一带一路"相关的学术论文、研究报告、时事评论，并参与国家相关部门的决策咨询活动，接受海内外媒体的许多采访，形成了相应的学术与社会影响力，一些政策建议被国家有关部门采纳。为了充分展示相关研究成果，并推动"一带一路"研究，我们决定推出"世经政丛书之'一带一路'系列"，交由中国社会科学出版社出版。

第一部为《"一带一路"与亚欧世纪的到来》，汇集了我所国际战略研究室主任薛力研究员自 2013 年"一带一路"倡议出台以来所发表的相关成果，按照研究的对象进行了分类。薛力在深入思考"一带一路"建设中面临的问题，并提出了自己的应对思路，分别从全球、地区、双边和国别各个层面，分析了中国推进"一带一路"建设的外交环境，探究了中国应持的外交方略和对策。其研究结论对实施"一带一路"外交，对企业走出去，以及对"一带一路"民间交流等，都有较多教益和帮助。

第二部为《一带一路：中外知名学者的剖析》，汇集了十几个国家知名学者的几十篇文章或学术论文，展示他们眼中的"一带一路"，评估已经取得的成果，提出问题和挑战，并就未来"一带一路"建设给出改进建议。这些将有助于读者了解中外学者对"一带一路"的理解和看法。

第三部为《"一带一路"与改革开放》，是薛力研究员研究"一带一路"的第二本个人著作，系 2016 年 5 月至 2017 年 12 月发表相关成果的集成。在这本书中，他分析了以下三个方面的问题："一带一路"对中国的意义与中国外交方略调整、全球与区域治理、双边关系与国别研究。这些研究提出了一些富有新意的观点，如："一带一路"建设意味着中国进入了改革开放的新阶段，其主要特点是，中国从"开放自己"到"既开放自己也开放别人"；周边外交已经成为中国外交的优先方向，为此，中国有必要制定针对周边不同次区域的外交方略；伊朗成为什叶派国家的主要原因是，伊朗人在伊斯兰化过程中试图保持自己的"雅利安人"身份，等等。他的这些见解丰富了读者对"一带一路"的认识。

第四部为《"一带一路"与企业行为：研究与实践》。当前，"一带一路"建设正在深入实施，企业处在"一带一路"建设的第一线，是"一带一路"建设的主要实践者，并体现着"一带一路"建设的主要成就。习主席说，"一带一路"是世纪工程，因此，"一带一路"建设需要坚实的脚印和可持续进展。为此，我们精选了一批有代表性的中国企业，来展现他们在"一带一路"建设中取得的成就与面对的挑战。考虑到"一带一路"建设中金融支持的重要性，我们也邀请一些金融机构展现他们对"一带一路"建设的参与和贡献。同时，我们还邀请一批有过海外园区与项目调研经验的学者，从学术层面展示"一带一路"建设的成就与不足，并提出相应的政策建议。希望本书有助于读者从研究与实践两个层面，加深对"一带一路"的理解。

中国有一句名言，即"要致富先修路"。而要修好"一带一路"，则需修好民心之路。民心相通则一通百通。我坚信，"一带一路"建设将始于人文归于文化。也就是说，对于中国而言，一带一路始于沿线国的了解、理解、接受、支持与合作，待"一带一路"建成通达之后，最终将归于沿线国乃至更多国家的接纳、融合、欣赏、向往与推动。对沿线国家来说，则是获得按照自己的意愿发展的机遇与有利条件，搭上中国发展的快车，通过改进基础设施、提升制造业能力、强化与外界的交往，多方面地增进国民的福利。"一带一路"由中国首先提出，但其成功有赖于沿线国家的互相理解与共同努力。"一带一路"的成果，也将由沿线国家共享。中国的进一步发展需要沿线国家的配合与支持，而沿线国家的发展也是中国所乐见的。历史将见证，"一带一路"的建设将创造一个共同发展繁荣、命运休戚与共的美好未来！

目　录

第二部分 "一带一路"实践：政策、国企与民企

导　读

薛　力[①]

　　"一带一路"建设已经进入第五个年头。"一带一路"建设首先聚焦经济领域，企业则是落实经济建设的主要载体。因此，考察企业行为就成为剖析"一带一路"建设的有效途径。为此，我们通过多方调查，确定了一批企业、邀请到一批学者、召开了一次大型国际会议，从而为本书的出版提供了坚实的材料。

　　（一）研究"一带一路"的学者很多，但许多学者并没有实地调查经历。实地调查对于研究"一带一路"建设中的企业行为非常重要。因此，经过多方努力，我们邀请到一批有实地调查经验的学者贡献大作，他们或者调查了大量的海外园区与项目，或者多次深入某个园区进行调研。在此基础上，写过相关的学术论文，并参与政府部门的相关决策咨询。他们的成果大致代表了中国学术界"一带一路"的研究水平。

　　清华大学国际关系学系的唐晓阳博士基本上把中国在亚洲与非洲的经贸园区走了个遍，有的还不止一次。基于广泛的调查，他总结出海外园区建设的模式与战略。针对经贸合作区发展中存在的问题，他提出了八项政策建议：1. 减少政治任务、强调市场导向；2. 输出整体规划管理合作、充分调动所在国政府的积极性；3. 根据该国比较优势为其选择所要发展

---

　　① 薛力，中国社会科学院世界经济与政治研究所国际战略研究室主任、研究员，主要研究领域：国际战略、中国外交、能源政治、海洋问题，过去几年比较关注"一带一路"与南海问题。

的产业；4. 整合对外经贸各类资源、优化经贸措施使用效率；5. 设立并输出海外开发区指标体系；6. 中国政府提供外交支持并向所在国政府争取更多的优惠条件；7. 加强前期调研、组织"走出去"前培训与咨询；8. 做好金融等配套服务，带动全产业链"走出去"。

北京大学王旭博士熟悉中巴经济走廊建设，他的研究体会是，中巴经济走廊建设已顺利进入全面实施阶段，但仍面临着不少挑战，主要有：南亚的地缘政治博弈日趋复杂、巴基斯坦国内长期结构性政治矛盾和政局不稳、经济政策不确定、债务风险上升、民族矛盾和冲突加剧、极端思想和暴恐组织向周边地区外溢。他认为，中巴经济走廊对进一步加强两国互联互通、促进两国共同发展、全面推进周边外交和"一带一路"倡议具有重要意义，因此，需要客观理性地应对各种挑战，但中方应避免主动介入巴基斯坦国内政治纷争。下一阶段中国在巴基斯坦推进"一带一路"时，需做好在巴人员的安全风险教育和应急预案准备，与巴方扩大在反恐和去极端化领域的全面合作。同时，有必要通过多种途径和方式积极在巴开展社会公益事业，以便让巴基斯坦民众更好理解与支持"一带一路"建设。

中国社科院世界经济与政治研究所的徐晏卓博士基于对非洲几个国家的实地调研，探讨了政府间关系对于"一带一路"建设的影响。她发现，政府间的良好关系是中国企业、园区在非洲落地、发展的根本条件，也有助于中国与东道国之间治国理政经验的交流。但企业的主动性与创造性则事关企业与园区能否盈利、壮大。园区经营者可以通过推动当地立法、吸引大企业入住园区等方式为入园企业提供比较好的营商环境。今后中国在非洲推动"一带一路"建设的过程中，既要重视宏观经验展示，更要重视从细节上诠释中国经验。

许培源教授这几年主持华侨大学海上丝绸之路研究院的日常工作，无论在学科建设还是"一带一路"研究，成绩都可圈可点。他与合作者这次研究的是马来西亚与"一带一路"建设的关系。他们认为，马来西亚把东盟当作外交第一方向，但对"海上丝绸之路"倡议的态度属于东盟中最积极的国家之一，中国可以将马来西亚定位为"海上丝绸之路"的重要门户、多方共建的重要平台以及合作共赢的良好示范，以加强与东盟互联互通规划对接。中马两国还可以就伊斯兰金融展开合作，并依托马中关丹产业园、巴生港自由贸易园区、依斯干达经济特区等强化国际产能合作，以推动丝路共建、实现互利共赢。

中国社科院亚太与全球战略研究院的赵江林研究员及其合作者，在实地调研的基础上写出了本书。斯里兰卡的地理位置决定了它既是"一带一路"建设的重要支点，又是中国对外战略中的"关键小国"之一。中国"一带一路"倡议与斯里兰卡制定的"马欣达"长远发展愿景具有很高的吻合度。不过，现任总统西里塞纳的亲印外交政策使得"一带一路"建设在斯里兰卡一度遭遇重大阻碍。好在科伦坡港口项目已经复工。他们建议，为了进一步推进中斯合作，中国应首先化解印度的战略忧虑，以斯里兰卡国内的实际情况为切入点，着眼斯里兰卡投资的公平性，改善投资宣传布局，并大力推进法律法规以及机制体制建设。

来自越南社会科学翰林院中国研究所的黄惠英博士曾经在中国留学十年，现在的重点研究领域之一就是"一带一路"。由她来谈越南视野中的"一带一路"无疑是合适的。她通过调查分析"一带一路"倡议在越南的认知度、越中两国在"一带一路"上合作的现状以及越中进行"一带一路"和"两廊一圈"倡议对接的可能，指出"一带一路"五通之中"民心相通"对其余"四通"的关键意义，提出中国需要在越南用真实的行动、高质量的工程来证明自己现代化实力。她还提到，"更好地了解沿线国家的特殊情况、有效地与沿线国进行沟通对接"是中国建设"一带一路"的重中之重。

中国与中东欧国家的"16 + 1"合作机制，是刘作奎研究员这几年工作的重点。他是中国社科院欧洲研究所中东欧研究室主任，以及"16 + 1

智库网络"秘书处办公室主任，在遍访 16 国的基础上发表了许多相关研究报告、论文、时事评论，并参与政府相关部门的决策咨询。他的心得是："16 + 1 合作"框架为中国—中东欧国家的合作提供了重要的政策沟通平台与资金保障平台，"一带一路"在中东欧国家的建设因而迅速、稳健地进展，双边贸易额持续提升、"硬联通"与"软联通"相互推进、民心相通项目也得到了有效的落实。目前存在的问题是：一些国家期望值过高、地缘纷争影响项目落实、金融支撑不足。这是下一步需要优先协调解决的问题。

中白工业园是中国社科院世界经济与政治研究所李燕博士这几年深入研究的课题，她的体会是，境外园区逐步成为我国"一带一路"上的投资驿站，而中白工业园更是被中白两国领导人寄予厚望。她分析了中白工业园的缘起、投资环境、发展战略后发现，工业园面临的主要挑战是：自然条件平庸、园区招商门槛偏高、生产条件相对苛刻、本地市场较小、政策法规解读不完全、面临不客观的媒体报道等。破解这些问题需要双方的耐心协作。

中国社科院西亚非洲研究所姚桂梅研究员多次深入非洲调研，她的体会是，中非产能合作虽然潜力巨大，但目前非洲的现实情况表明其在短期内无法承接中国大规模的产能转移。中国企业"走出去"到非洲的挑战有：经济基础设施薄弱、政府和金融机构支持保障不足、园区开发理念和文化差异。她建议，中非产能合作需要循序渐进，操作上，可在重点地区的重点国家推进重点项目落地生根，然后以点带面地有序推进。

新疆社科院王宏丽博士就新疆核心区建设发表了宏文，她强调，新疆建设丝绸之路经济带核心区既是国家战略的在西北的体现，也是新疆发展的重大机遇。但新疆建设丝绸之路经济带核心区建设仍然面临发展动力支撑不足、机制创新认知不深、平台开发绩效不佳以及内外环境难及预期等问题。她的研究结论是：新疆丝绸之路经济带核心区的建设应在理念上坚持创新发展，增强经济发展新动力；在行动上切实转变政府行政理念，重点突出体制机制创新；在规划上深刻理解供给侧改革，注重提高投入产出效益；在实施中加快推进"先行先试"，奠定"自贸区"发展基础；并在发展中开展相关专业研究，提高指导实践能力。

上海大学的张恒龙教授多年来深入思考的一大问题是：如何提升上海的金融功能服务于"一带一路"建设。他的研究体会是，上海具备金融制度改革先行先试的优势，上海自贸区是中国融入经济全球化、推进人民币国际化战略的重要载体。中国应以上合组织为平台，将上海自贸区进一步打造成为"一带一路"金融枢纽，充分发掘金砖国家新开发银行和在拟议中的上合组织开发银行在推动国际和区域发展上的潜力，积极改善全球经济治理，更好地为"一带一路"建设提供资金。

连云港市社科联主席杨东升研究员对提升连云港在"一带一路"建设中的地位与作用有自己的洞见。在他看来，作为江苏省"一带一路"建设的核心区和先导区，连云港市的建设目前仍然面临着开放层次低，与国际贸易的要求不适应、经济总量小，与承担的责任不匹配以及城市功能弱，与交会点核心区和先导区的地位不相称等多重问题。为了将连云港市建设成为联结"一带一路"的综合交通枢纽和推进其龙头地位，国家战略的引导和扶持或是当务之急，为此他建议：设立海州湾直辖市与海州湾新区，建立连云港自由贸易区。

来自淮海工学院的宣昌勇教授关注的是新亚欧大陆桥建设，他认为，结合中亚、中欧班列运营中高额补贴与来自西伯利亚大陆桥的激烈竞争，中国国有必要重新审视"一带一路"倡议的本质、亚欧大陆强中国段物流的协调等问题。从目前看，连云港市在国家"一带一路"《愿景与行动》中的缺位与连云港市在"一带一路"建设中的重要地位不相匹配。

（二）走出国门的中国企业非常多，我们选择了一些有代表性的企业，其中既有大型国企，也有民营企业。我们请他们展示自己的海外拓展经历，特别是与"一带一路"相关的企业行为，包括公司在全球的经营情况，代表性园区或项目的经营情况。像学者那样写论文是不必要的，也不是企业界人士的长处，但他们有丰富的实践经验，所提供的数据、图片等直观、有力地展示了公司的成果，也能在一定程度上展示他们所面对的挑战。因此，除了个别情况外，我们从他们提供的幻灯片中精选了一部分内容进行展示。此外，新疆是"丝绸之路经济带"建设的核心区，福建是"21世纪海上丝绸之路"建设的核心区，因此，也成为我们的样本。当然，也有一些我们计划邀请的学者与企业，因种种原因没有遂愿。这个遗憾只能留待下次弥补。"一带一路"的性质决定了我们的相关研究会长期持续。

福建省发展研究中心黄端等人的文章论证了福建在21世纪海上丝绸之路（"海丝"）建设中的独特地位与重要作用，比较详细地展示了福建推进"海丝"核心区建设的成效，并讨论了福建下一步推进"海丝"建设的五方面举措：突出互联互通，建设通陆达海的重要枢纽；聚焦产业合作，建设经贸合作的前沿平台；大胆先行先试，建设机制创新的先行区域；着眼民心相通，建设人文交流的桥梁纽带；加强对接融合，建设两岸共同家园。

新疆维吾尔自治区发展研究中心的马建华副主任认为，新疆自古以来就是东西方文明的交汇之地。新疆丝绸之路经济带核心区的建设旨在成为五大中心：交通枢纽中心、商贸物流中心、金融中心、文化科教中心、医疗服务中心。为此，新疆亟待解决基础设施建设滞后、周边国家投资环境不理想、极端主义等问题。

亚洲基础设施投资银行首席司库专家袁东博士在发言中提到，亚投行高度重视"一带一路"建设，并且对促进国际产能合作、改善借款国的交通与能源供给能力等都具有重大作用。亚投行将与其他多边发展组织一道来进行这些工作，践行合作共赢的理念。

中非基金董事长迟建新的论文系统讨论了中非发展基金的运作特点与成就，着眼于输出优势产能、以投资促贸易扩外需、提升农业深加工能力、打造集群基地、改善基础设施、投资开发创新等领域。他认为中国应在制定总体规划、加强政策协调、夯实政治互信和发挥国企私企比较优势，通过市场化方式，既鼓励企业投资又规范企业行为，从而树立中国企业的良好形象，推动中非务实合作。

合并而来的中国交通建设股份有限公司是交通建设领域的巨无霸，在港口建设方面更是独步华夏，南沙岛礁建设中它是主力，瓜达尔港也是其下属的中国港湾公司承建并管理。来自集团下属的中交产业投资公司的尹轶立博士提到，世界各国的发展诉求实乃中国产业资本的发展机遇。他强调，中国的部分产业已经具备"走出去"的条件，但海外风险依然不容小觑，中国企业应慎重选择机会，并争取优势互补。尤其是中央企业，在实现自身"走出去"的基础上，同时还要积极打造"国际化"的产业合作平台，为中国的产业资本海外发展保驾护航。

中国港湾工程有限责任公司的薛咏总经理助理表示，该公司深度参与"一带一路"建设，先后承建了斯里兰卡科伦坡港口城、巴基斯坦瓜达尔港等，而坚持创新商业模式、培育特色文化是他们的一贯做法并成为企业的比较优势。多年的工作体会是：基础设施互联互通、有效金融支持以及民心相通在"一带一路"建设中确实意义重大。

中工国际工程股份有限公司因为中白工业园而名声大振，并被白俄罗斯与中国两国元首寄予厚望。吕乐乐与宋哲两位公司高管的体会是，园区的优势有：是中国目前在海外最大的经贸合作区、地理位置优越、合作国政局稳定、规划理念先进、服务体系健全，但也存在不少挑战。为了建设好这个园区，下一步有必要注意两点：促进文化融合，构造两国经贸发展新平台；注重绿色发展，传递中国工程价值是进一步推动"一带一路"

深入合作、塑造可持续发展的关键。

中国土木工程集团有限公司的袁立董事长从事海外拓展几十年，亲历了从"中国制造"向"中国运营"转型的过程，全产业链"中国化"的亚吉铁路带动了沿线的经济带建设，中土集团因而拓展了业务领域，建立以运营、投资、物流、开发为补充的多元化产业格局。潘大为总工程师来自中土集团承建的尼日利亚莱基自贸区，经过多年的拓展，该园区已经站稳脚跟并开始扩展，因而在法律建设、协调发展、政策扶持、境外融资和境外汇款方面都积累了相当的经验。他的体会是：中国政府在园区的顶层保护、政策协调上还有许多工作可做。

来自招商局集团有限公司的李国峰总监表示，招商局不断完善海外网络布局，推进海外重点项目，提升海外发展组织保障，其海外拓展历程与"一带一路"建设高度契合。在践行"一带一路"倡议的过程中，招商局集团提出了以自身核心竞争力为基础的"丝路驿站"模式：从建一个港口到建一个产业园区，再到建一个城市。"前港中区后城"的模式也可能被应用于该集团参与建设的中白工业园。

戴月娥副总裁来自江苏太湖柬埔寨国际经济合作区投资公司，该公司负责柬埔寨西哈努克港经济特区的运营。这个特区现在成了中柬双边合作的典范。她的体会是：中国"一带一路"境外园区的建设既要为中国优势产业"走出去"实现产能合作搭建发展平台，更要重视推动东道国全方位的经济提升以及社会、人力资源的完善。

江苏其元集团的刘正华副总裁说，埃塞俄比亚东方工业园已经成为"中非产能合作、产能转移"的试点单位及"一带一路"建设的重要承接点。作为境外民营园区，东方工业园成功地站稳了脚跟、获得了发展，还在改变东道国理念、引导东道国立法等方面取得重要成果。但是，来自中国政府的引导与支持依然是海外园区所迫切需要的。这一点编者在东方工业园实地调研时也有深切的感受。

泰中罗勇工业园是海外园区中比较成功的一个案例，吴广云副总裁则强调中泰两国政府的支持对于园区成功极为重要。现在的罗勇工业园已经成为"一带一路"上的中企之家，园区大大地降低了中国中小企业"走出去"的初期风险，"抱团出海"也大大提升了中资企业的国际竞争力。

中国与马来西亚之间的"两国双园"模式比较特别，体现了两国合作的深度。来自钦州产业园的周漪青博士提到，作为第四代"绿色"开发园区，中马钦州产业园的特点是：坚持以体制机制创新为动力，在项目选择上更加注重战略性新兴产业布局，在基础设施建设上更加注重产城融合发展，在产业培育上更加注重产业平台化构建，在开发动力上更加注重实施资本化战略，在体制机制上更加注重政府职能转变，在国际合作上更加注重双向投资便利化和贸易自由化。

（三）本文集所收文章与幻灯片大多数来自2017年4月19—20日在北京好苑建国饭店召开的"'一带一路'与企业行为：成就、挑战与建议"大型国际会议与会代表提交的会议论文。少部分来自发言者以前撰写的相关论文。一些与会代表在会后应邀对文章进行了进一步的修改完善。有的企业发来了最新版本的幻灯片展示。这使得本书能更好体现"一带一路"建设的新进展与新研究成果。

（四）本文集中各篇文章核心内容的写作、全书编排均由中国社科院世界经济与政治研究所博士后程章玺完成，本人修改后定稿，并撰写导读，以便于没有时间读完全书的读者了解本书的核心内容。撰写各篇的核心内容，也是为了便利读者抓住单篇的要点。

（五）感谢各位学者、专家的大力支持与帮助，使得笔者编辑本文集的愿望得以实现。感谢中国社科院国际合作局、中国社科院亚洲研究中心，支持了"'一带一路'与企业行为"大型国际会议的召开。感谢世界经济与政治研究所领导与同事，在他们的全力支持下，这次会议才得以成功举办，从而为本文集的编撰奠定基础。感谢韩国高等教育财团，他们资助了"'一带一路'与企业行为"会议的大部分经费。感谢世界经济与政治研究所国际战略室的同事，没有他们的配合与支持，就没有研究室几年来的发展与提升，自然也难有会议的成功召开与本文集的顺利面世。

最后需要特别说明的是，本书为世经政丛书之"一带一路"系列的第四册并受中国社会科学院"登峰计划"优势学科建设"国际政治经济学"项目的出版资助。

2018 年 10 月 1 日

第一部分
"一带一路"研究：成果、困难与改进

在这部分，我们集中展示学者们的研究成果。首先用一篇文章对海外经贸合作区建设进行宏观分析，然后转入微观分析，包括国别研究、区域研究与专题研究。国别研究对象国有：巴基斯坦、马来西亚、斯里兰卡、越南、白俄罗斯。区域研究包括中东欧16国、非洲、中国新疆、中国连云港。专题研究包括：金融、投资、新亚欧大陆桥。

第一章　境外园区建设的模式与战略

唐晓阳①

【摘要】在概述境外经贸合作区历史、获得成功的主要因素后，针对园区建设面临的挑战，作者提出了八项政策建议：1. 减少政治任务、强调市场导向；2. 输出整体规划管理合作、充分调动所在国政府的积极性；3. 根据该国比较优势为其选择所要发展的产业；4. 整合对外经贸各类资源、优化经贸措施使用效率；5. 设立并输出海外开发区指标体系；6. 中国政府提供外交支持并向所在国政府争取更多的优惠条件；7. 加强前期调研、组织"走出去"前培训与咨询；8. 做好金融等配套服务，带动全产业链"走出去"。

◇◇一　境外园区建设的背景与历史

中国正从中等收入国家向高收入国家迈进。在这一进程中，企业拓展海外市场，开发海外资源、在海外投资经营的需求不断增加。同时，随着国内劳动力成本的提高，相当一部分劳动密集型产业亟须转移至其他发展

---

① 唐晓阳，清华—卡内基全球政策研究中心中方主任，清华大学国际关系学系副教授。

中国家，利用当地低廉的劳动力成本从事加工生产，延续中国企业在这些传统产业的优势地位。中国的发展方式正从注重 GDP 逐渐转变为注重 GNP，从依靠国内市场转变为国内市场与国外市场两翼齐飞。

海外投资的需要大大推动了境外产业园区的建设。产业园区模式在中国自身成长进程中起过重要作用，园区的优惠政策、便利设施和专业服务吸引了大量外商投资，并帮助了大批企业成长。中国企业在环境不成熟的发展中国家投资时也欢迎产业园区形式，在实践中，有不少企业进行了海外园区的试点。企业自发设立这些海外园区时或是因为大型集团自身要在当地进行规模化生产，同时引入产业链上下游企业以作配套；或是看到了一些缺乏国际经验的中小企业海外投资时喜欢"抱团"，希望能得到安全、后勤、信息等方面得支持。并有利于语言文化交流、方便与政府联系。

不断升温的企业"走出去"浪潮推动了合作区政策出台。2006 年 3 月，商务部发布《境外中国经济贸易合作区的基本要求和申办程序》，宣布招标遴选境外经贸合作区。通过 2006 年和 2007 年两度招标在总共约 120 个报名项目中选出了 19 个园区。2011 年后，在高层互访过程中，中国政府又决定在朝鲜、马来西亚、白俄罗斯与老挝增加 5 个海外工业园。在 2015 年 3 月发布的"一带一路"的《愿景与行动》计划中，中国政府明确提出了要"以重点经贸产业园区为合作平台"，"鼓励合作建设境外经贸合作区、跨境经济合作区等各类产业园区"。此后，《国务院关于推进国际产能和装备制造合作的指导意见》（国发〔2015〕30 号）也要求政府部门"积极参与境外产业集聚区、经贸合作区、工业园区、经济特区等合作园区建设，营造基础设施相对完善、法律政策配套的具有集聚和辐射效应的良好区域投资环境，引导国内企业抱团出海、集群式'走出去'"。

此外，近年来不少中国企业顺应对外投资的大潮，根据市场需要自行建立了不少产业园区项目。据商务部统计，至 2015 年底中国企业在 33 个国家建设 69 个有境外经贸合作区性质的项目（包括商务部批准的园区）。

入区企业 1088 家，其中中资控股企业 688 家，累计实际投资 99.2 亿美元。合作区累计总产值 402.1 亿美元，缴纳东道国税费 12.9 亿美元，解决当地就业 14.9 万人。截至 2017 年，共有 20 家境外经贸合作区通过商务部确认考核。

海外工业园项目经过十余年的历程，呈现了不同的进度与状态。至今为止的境外产业园区的实践也遇到了不少挑战。虽然有些园区建设迅速，已吸引上百家中外企业入驻生产。可也有相当数量的园区举步维艰，有的无法完成拆迁或基础建设缓慢；有的无法从东道国政府得到优惠措施，影响招商引资；有的因安全局势陷入停滞。

◇◇二　境外园区成功要素分析

海外工业园区要成功，关键在于能有效降低企业生产成本，使企业在国际市场中具备竞争力。工业园主要面向制造业生产企业，根据生产企业经营战略不同可以基本分为两类。一类以在当地市场销售为目标，另一类以当地为生产基地向全球出口产品。为第一类企业服务的工业园的成功取决于入园企业是否能具有所在国未入园企业所不具备的竞争力，以及其产品是否能比进口产品更具优势。为第二类企业服务的工业园则要求更高，需要保证生产企业能在全球范围内都能具有最低的综合成本，这才能使园区和园内企业都具有发展活力。

随着国内生产成本迅速上扬，人口红利逐渐消失，中国国内的生产要素成本已经相当昂贵。将部分生产能力转向国外、利用国际最佳资源配置生产是大势所趋。但是中国企业在海外设厂必然会带来交易成本上涨，这主要表现在基础设施、软环境和物流配套等方面。因为其他国家的交通设施和能源供应普遍没有中国国内便利，而政策法规、监管制度、语言文化、员工素质等软环境不同会导致企业付出额外运营成本，当地配套产业不完善也会增加企业在物流上所需的费用与时间成本。正是交易成本的高昂阻碍了缺乏海外运营经验的中国大陆企业投资在国外生产。

因此，海外工业园应该特别注重降低园内生产企业的交易成本，以起到促进中国企业"走出去"的作用。在基础建设方面，工业园可以集中有限资源，迅速提供交通、供电、厂房等设施，以突破工业生产的"瓶颈"。不过，基础设施往往需要大规模先期投入，有些设施还牵涉与当地现有设施协调配套问题，耗时耗资巨大。在软环境改善方面，"一站式"园区管理、中文服务、灵活的用工制度以及税收优惠都对企业经营者有很大的吸引力。但是在实践中，发展中国家当地政府往往难以真正实现承诺，中外双方想法差异显著，沟通磨合困难，优惠政策也经常得不到落实。在物流配套方面，工业园可以选址在距离原材料产地或销售市场较近的地区，降低物流成本，或是引进同一产业链上的企业，发挥产业集聚效应。

◇◇三 海外园区建设建议

调研中发现，一方面，有意愿"走出去"的中国企业对工业园形式普遍表示欢迎，认为这能为企业海外投资提供有力帮助；但另一方面，目前已建在建的海外工业园大部分进度缓慢、营收状况欠佳。针对这一矛盾的现象，笔者提出几点政策建议。

1. 对在国外投资建设工业园区的企业，中国政府应减少指令式政治任务，而强调以市场为导向、以营利为目的。

园区开发需要在前期投入大量资金用于土地购买与基础建设，同时必须以优惠租金吸引投资者，所以风险大、回报期长，商业前景不确定。如果尚未找到一个明确的商业模式，而出于政治原因贸然投资，则会使企业背上沉重的财务包袱，或造成国家不断增加补贴。而且基于政治考虑、缺乏可持续商业模式的海外工业园往往难以吸引投资者，造成土地闲置、生产萧条的现象，不利于中国的国际形象。

2. 输出"开发区模式"要强调整体规划和管理合作，充分调动所在国政府的积极性，而不应过于依赖中国的单方努力与投资。

所在国当地政府和社会不仅是园区综合效益的最大受惠者，而且对园区的成败至关重要。所以在移植"开发区模式"时要加强调动所在国当地政府与社会的积极性。根据以往的经验，建议采取的措施有以下几种。

（1）长期经常地组织发展中国家各部门的中高层官员，尤其是工贸、海关、税收、劳工、投资审批等相关部门的主管官员，参加开发区专题研修班与培训课程，提升这些官员对合作区开发建设，尤其是当地政府在其中应发挥作用的认识。

（2）派遣专家协助发展中国家政府规划开发区，争取将开发区整合融入所在国的产业规划、区域发展计划乃至国家发展计划中。为其他国家自建的工业区提供技术和管理咨询，分享中国园区开发经验，"四两拨千斤"，引导外国园区和产业发展方向，提供符合中资企业要求的软硬件设施，实现中外双赢。

（3）政府牵线搭桥，鼓励企业在所在国自建的工业园区中设立"园中园"，借巢养凤，减少经济和政治成本，避免造成"租界""独立王国"的印象，又对园区自身和当地社会发展都有利。

3. 协助其他国家规划工业开发区时，应根据该国比较优势为其选择所要发展的产业。而结合目前国际经济发展形势，可着重向外推广劳动密集型制造业与资源消耗型重工业。

鉴于中国当前劳动力成本上涨迅速，国内部分行业产能严重过剩，环境污染严重，所以需要促进国内产业升级换代，也帮助这些行业的中国企业在国际竞争中继续生存发展。而许多发展中国家也希望吸引这些初级产业,以启动其工业化。由中国专家参与规划,或有中方人员参与管理的海外工业园能将这两方面的需求有效结合,既帮助所在国了解中国企业的要求、更好地吸引中国投资者,又便利中国企业在当地落户安家。

4. 运用“组合拳”,整合中国对外经贸往来的各类资源,为海外工业园的建设、融资与管理提供支持;同时通过工业园这一综合性平台优化各类对外经贸措施的使用效率。

对于由所在国当地政府或企业出资开发的园区,我国可以将其纳入“资源换项目”的贷款协议中,为园区开发提供利率优惠、还贷期长的商业信贷,并可提供相应的基础建设和技术管理队伍,以 BOT(建设—经营—移交)方式承包园区开发工程。对于中方企业投资的园区,我国可以将其融资需要与对外金融的深化改革相联系,盘活海外园区及“走出去”企业的境外资产,使其成为可担保抵押物,实现外保内贷,降低融资成本,又能利用国内闲置资金。鉴于工业园区需要基建、培训、医疗、物流、金融等众多方面的支持,中国政府可以将其为发展中国家提供的各类援助合作项目,如电厂、道路、孔子学院、医院、物流中心、优惠信贷等,有意识有计划地与开发区建设相联系,通过开发区的集聚效应更好地将这些单个暂时的项目融会成一个持续全面发展的整体。

5. 设立海外开发区指标体系,输出标准。避免恶性竞争与一哄而上。

为了更好地推广中国“开发区模式”,应当系统整理中国国内开发区成功的经验以及过去十几年间在世界各地建设海外工业园的得失,按制造业、资源加工、边境贸易等不同功能分类设立海外工业园基础建设、财务政策、运营管理与招商引资的标准与考量指标。不仅在给其他国家规划开发区时能作为科学指引,也可以用来对中国企业在外投资建设的园区进行认证考核,以避免出现鱼龙混杂、一哄而上,只重宣传噱头、不讲服务质量的不健康竞争。

6. 针对牵涉中方巨额权益的海外工业园,中国政府应积极提供外交支持并向所在国政府争取更多的优惠条件。

由于企业与政府地位不对等，所以政策层面的协调工作需要中国政府出面与所在国政府进行沟通商榷。建议政府相关部门官员增强为企业服务的意识，及时了解企业的需要，特别关注中资企业密集或有大量资金投入的海外园区。比如，可以与所在国政府专门签署合作区投资保护协定，保障园区企业的人身资产安全。或者可以积极游说对方政府在税收减免、土地划拨、劳工许可、海关清关等问题上向园区提供更大便利。

7. 加强对发展中国家的经济信息研究与经济形势预测，为有意在海外建设工业园或入驻工业园发展的企业提供培训与咨询。

目前有关海外投资信息的收集与发布分散于商务部、外交部、各省市外经贸厅局、各行业协会等部门，企业无法获得全面详细的信息，找不到专业机构进行咨询，导致在开发海外工业园或选择园区投资时没能做出最佳判断，发生不必要的损失。另一个普遍的问题是缺乏既具有园区开发经验又熟悉海外市场的人才。既然"走出去"企业对工业园模式有浓厚兴趣和潜在需求，可以由相关部门集中各方信息建立海外工业园的专题数据库、专家库、人才库，帮助企业全面了解园区发展状况和可利用资源，并同时提供国际化经营管理人才的交流和培养服务。

8. 地方政府与行业协会发挥作用，带动产业链上下游企业一起在海外园区投资，并做好法律金融的配套服务。

在中国国内，一个行业的生产厂家及其配套企业往往集中于一个地区，由地方政府或行业协会组织企业一起"走出去"，转移过剩产能，正好符合工业园形成"抱团"效应的特点。产业链上的企业在园区集聚投资不仅能增强抗风险能力与信息经验的交流。而且可以降低上下游企业间运输的费用与时间，更快速地对海外市场做出反应。地方政府与行业协会同时应鼓励法律、金融、物流等服务类企业伴随生产型企业共同入驻园区，提供完善的配套服务。

第二章　中资企业对沿线国家制度建设的影响

徐晏卓①

【摘要】基于在非洲的调查，作者发现政府间的良好关系是中国企业、园区在非洲落地、发展的根本条件，也有助于中国与东道国之间治国理政经验的交流。但企业的主动性与创造性则事关企业与园区能否盈利、壮大。园区经营者可以通过推动当地立法、吸引大企业入住园区等方式为入园企业提供比较好的营商环境。这方面国企与私营企业各有优点。今后中国在非洲推动"一带一路"建设的过程中，既要重视宏观经验展示，更要重视从细节上诠释中国经验。

2015 年中非合作论坛第五届部长级会议北京宣言中，中国首次提出与非洲国家"加强治国理政经验交流"。这不仅是中国对国与国之间治国理政经验交流持开放积极态度的体现，也是中国经验在非洲等发展中国家影响力和认可度提升后应运而生的发展产物。近年来，随着"一带一路"倡议在非洲地区进展步伐的加快，中非合作从以往以政府援助为主的成套项目向以企业合作为主的投资融资项目转型升级。在新的合作模式下，如何以企业为主体，对外直接投资为主要方式继续践行与非洲国家治国理政经验交流，自下而上地促进"中国经验"为非洲国家所用，用"中国经

---

① 徐晏卓，中国社会科学院世界经济与政治研究所国际战略研究室助理研究员。

验"解决非洲的发展问题，是从根本上打通"一带一路"与非洲国家互联互通的制度障碍，与中非未来进一步深化合作不可避免的问题。

众所周知，非洲国家吸引外商投资的能力和水平较为落后。根据OECD公布的数据统计，非洲地区 2016 年吸引外商投资金额仅为 663.2 亿美元，而同期其他发展中国家，比如拉美国家同年吸引外商投资金额为 1971 亿美元。此外，非洲地区近年来吸引外资金额增幅有限，从 2009 年到 2016 年外商投资金额增幅仅在 20%。而如果与其他发展中国家或地区发展起步阶段 FDI 增幅对比，如 20 世纪 90 年代拉美地区的 560% 和东亚地区的 990% 则更是相去甚远。

究其原因，在政策层面衡量一个国家吸引外商投资的能力基本可以从三个方面分析：基础设施的发展、对贸易和投资的开放度以及社会公共机构的服务质量。传统上，对"一带一路"与中非合作发展的分析文章或研究报告往往侧重于中国对东道国在基础社会建设方面的贡献和成果，以及中资企业通过基础设施建设践行"一带一路"的案例。尽管这些研究充分肯定了中国对外基础设施建设的融资和工程能力，以及中资企业对非洲器物层面的贡献。却鲜有提及中国对东道国制度层面的影响能力和影响方式，把东道国投资制度和投资环境（即贸易和投资的开放度以及社会公共机构的服务质量）的发展单向地当作东道国内部问题，忽视了中资企业对外投资过程中与东道国投资政策，环境的双向影响作用，以及良性互动的可能性。甚至有很多西方学者的评论文章认为，中资企业的管理、经营模式对非洲制度体系的发展造成了负面的影响，间接纵容了当地的腐败现象和独裁。

在赴非洲实地调研过程中，发现在非经营的中资企业并没有像一些媒体报道中描述的"利用非洲制度不健全，大肆掠夺当地的资源"，反而面临着同西方跨国公司类似的运营问题，包括海关，税收政策问题等。中资企业普遍反映在非洲国家投资不仅需要应对供电短缺，交通运输能力差等基础设施建设发展的问题，更大的难题是当地投资政策和制度对中资企业进一步扩展的制约，比如坦桑尼亚新政府税收政策紧缩和工作签证紧缩对中国在坦桑尼亚的中小企业的致命打击；又如埃塞俄比亚和埃及市场外汇短缺问题等。这些常年在海外市场打拼的企业，并非对新的市场环境缺乏足够的认知和评估。他们对当地环境的抱怨，也并不是优惠政策的力度等，而是在实际经营过程中不合理的规定，甚至是无法可循，无据可依，很多案例不仅损害了中资企业的利益，也对东道国造成一定负面影响。

这些问题可以理解归纳为企业对东道国制度的"水土不服"，也就是企业海外投资所面对的母国与东道国之间的制度距离。通常，制度距离可以细化为三个层面：规制制度距离、规范制度距离和认知制度距离。规制制度距离是由政府颁布的各个组织必须遵守的法律、法规和秩序；规范制度距离反映了被整个社会所普遍接受的价值观体系和行为准则；认知制度距离则是人们赖以理解和诠释世界的认知结构。套用制度距离说来分析中国投资非洲国家的实际情况。显然非洲东道国制度不是一个优势，对于所有企业来说，无论是中资公司还是西方跨国公司，在规制制度上，不分距离，都倾向于优先投资于经济自由度高、外资准入门槛低、各项法律法规健全完善的市场。而在规范制度和认知制度距离上，则倾向于选择与母国距离接近的市场，比如劳工制度，工会制度相似的环境等。如此看来，对于中资企业本身来说，非洲一方面市场自由度不高，相关法律法规不完善，执法过程中人为因素过大；另一方面，规则认知也与中方距离较远，比如劳工的工作强度、宗教因素等。企业面临这样的投资环境，国家和政府层面的协商往往比较滞后，难以及时有效地解决企业所面临的实际问题。在一线经营的中资企业，从实际情况出发，站在与东道国双赢的立场考虑问题，从企业层面推动东道国制度的完善亦不可或缺。

诚然，企业与政府并不处于对等的位置，脱离政府间的沟通和制约，仅凭借企业单枪匹马的力量解决东道国投资政策和环境无异于天方夜谭。但在良好政府关系的情况下，企业从实际情况出发，与当地政府沟通，推动当地完善投资政策和相关法规的案例也并非不存在。近年来，境外园区的发展就从一个侧面反映了中资企业努力缩短母国与东道国之间的制度距离，减少制度屏障的一种尝试。从硬件上，境外园区直接解决了当地基础设施建设落后的问题，比如园区内部提供独立的水电系统，小范围内改善了当地的配套建设。在政策层面，以园区为单位与当地政府协商优惠政策，当地政府相关部门到园区内部开办业务窗口，在园区内部实现一站式办理等。这些海外园区的存在不仅是母国资金，企业群与东道国土地，港口交通枢纽，劳动力的结合，而且是母国投资环境和管理模式的延伸。

以中非泰达在埃及投资的苏伊士经贸合作区为例。与中非泰达负责人座谈过程中，对方坦言尽管泰达集团在国内园区建设方面处于全国领先的地位，但在"走出去"政策支持下，投身埃及市场，建设工业园区从无到有，遇到了各种国内园区建设经验无法预见的问题。1994 年埃及时任总统访华，希望中国帮助埃及建一个开发区。1996 年，中国国家领导人访问埃及双方达成在苏伊士地区建立自贸区的意向。1997 年，双国政府签署谅解备忘录，该备忘录中特别提及，希望中方提供其发展自贸区的经验，鼓励中资企业参与到自贸区的建设中。至此，以天津泰达园区建设经验为范本，在建设苏伊士经贸区的过程中，中非泰达推动埃及通过了"Law No. 8"投资保障与促进法案。这也是埃及专门针对海外投资园区的首份法案。1998 年，国务院决定由泰达代表中国建设苏伊士经济特区。1999 年，埃方考察天津泰达开发区了解自贸区的模式。2002 年，时任国家主席江泽民访问埃及后，埃方通过"Law No. 83"，专门针对经济特区的法案。目前埃及泰达走在整个苏伊士经贸区的前列。

与中非泰达的负责人访谈过程中，对方透露，在企业"走出去"初期可以依靠国内的大力支持，然而在东道国经营过程中，自身国企的身份并没有什么用处，在关键问题上还是要依靠企业自身。中非泰达就恰恰是妥善应对埃及政变这一外界普遍认为的不利因素，准确判断局势，迅速与过渡政府谈判，达成协议，解决了园区建设初起步阶段的政策难题。到目前，苏伊士经贸合作区利用中埃（及）两国政府领导人达成经济合作协议的契机，以及伊士运河经济带和因苏哈那港口附近地理优势，成功吸引投资 10 亿美元，年产值达 2 亿美元，提供就业岗位 2000 多个，吸引了包括巨石、牧羊、西电、IMD、中国大运集团和埃及最大的汽车物流公司等中外知名企业入驻。

泰达集团的国企背景使其拥有充足的资源和资金，在非洲的调研过程中也有中资海外园的相关负责人，介绍了中资企业在当地投资建设园区过程中倒逼东道国完善投资制度和投资环境的实践案例。埃塞俄比亚东方工业园是民营企业江苏其元集团于 2007 年落实中非合作论坛后续行动的项目，也是我国第一个在埃塞俄比亚着力建设的国家级经贸合作区。如今，东方工业园已经成为中埃（塞）经贸交往的重要议题，在非洲具有更特殊的示范效应，园内企业 68 家，在工业园内部即可以实现外资企业在埃塞经营各类审批许可的一站式服务。但在早期，其元集团刚刚进入埃塞的时候，面临着各种政策难题。园区建立之初招商困难，企业负责人费尽心力引入力帆汽车如园，但该企业不愿选择园区内租赁厂房的方式，而是希望直接购买园区土地并缴纳相关管理费。这一经营园区的常见诉求在埃塞俄比亚缺遇到瓶颈，该国并未有园区土地二次出售的相关法规。埃（塞）方政府仅对园区 5 平方公里土地提供了一份土地所有权证，土地再次转让只能以企业间签署合同的方式私下解决。这样显然无法满足如园企业的实际需求。为此，东方工业园相关负责人多次来到埃（塞）政府部门沟通，向当地工作人员解释需要土地分割政策的原因，中国改革开放初期需此问题的处理经验和中国类似法律条款以及完善这一投资政策对埃（塞）方带来的实际利益。最终在园区负责人的努力下，埃（塞）政府对不仅给入驻的力帆汽车提供了其所占土地的土地所有权证，更是完善了埃塞俄比亚工业园区。

中非泰达苏伊士经贸合作区与埃塞俄比亚东方工业园是国有企业与民营企业走出去的成功案例，并在自身经营过程中推动了企业与当地国经营环境在制度层面的接轨。在企业层面，推动了中国经验为非洲国家所用。不仅拓展了"一带一路"在制度层面政策相通的内涵，而且丰富了中国对外投资影响力效果评估的指标。

但在以往总结中国对非贡献的新闻报道和文章中，这类中国对非洲国家制度层面积极影响的案例却鲜有提及。在总结中国对外经济往来成果的时候，往往单纯强调中国在基础设施建设领域中直观可见的硬件成果和贡献，却对软件方面的贡献缺乏总结和归纳。个别中资企业通过"给钱办事"打通制度障碍，破坏规则的个案变成了中国对外投资的整体印象。再加上环境记录恶劣、劳工标准低、信息不透明等负面信息，中资企业被贴上了不负责任的标签。而实际上，中资企业对东道国投资政策和环境的影响也应充分地梳理和规范，在此基础上更多宣传和鼓励中资企业促进当地投资政策发展的正面成功事迹，总结其中的成功经验为后来的企业所用。

而值得指出的是，海外园区建设虽然有效缩短了东道国与母国的制度距离，但园区建设并不等于海外殖民地，不可能全部照搬中国的制度和经验。规范制度距离的缩短可以有效减少中资企业在东道国经营的困境，但如果在规范制度和认知制度方面，企图彻底改变非洲员工造成的负面影响远远大于正面效果。在实际调研中，不少中资企业照搬国内的管理模式，用施压的方式进行管理。这样生硬的方式很容易引发当地员工的不满，也严重妨碍了中资企业自身国际化的发展道路。

与非洲国家治国理政经验交流的分享不能仅仅停留在大而化之的中国发展经验上。非洲国家的国际治理水平和能力有限，难以实现自上而下的调动模式。而从企业层面推动非洲国家制度建设则为中国在海外投资提供了一个切入点。西方跨国公司也正是凭借完善的制度和理念赢得了非洲国家的尊重和信任。中国国家层面成功的发展经验固然令非洲国家折服。但从细节上诠释中国经验，丰富中国经验的理论内涵和实践意义对非洲国家更具有参考价值，也更加有利于保护我国海外利益。

中资企业促进东道国投资政策完善和投资改善，不是企业的单打独斗的行为。首先，成功的案例都是在中国与东道国双边关系良好的条件下，否则在两国关系发生摩擦时，仅凭企业一己之力显然无法完成促进东道国制度层面发展的重任。其次，这些成功案例不是政府出面施压的结果，而是当地政府切实感到完善这一政策将使本国受益而推出的举措。这就需要分析中资企业问题与当地国政府的利益契合点。比如在调研过程中，有坦桑尼亚中资企业的负责人抱怨坦对外劳工签证紧缩，不仅这一签证政策不是单纯针对中国劳工，而且坦方政府人员明确表示就是要通过劳工签证紧缩的方式淘汰掉贸易商（trader）而留下真正的投资人（investor）。这种双方缺乏利益交集的问题显然很难沟通和说服。

中资企业倒逼东道国投资政策的完善具有国别性和差异性。上文列举的成功案例仅在特定的条件和情况下难以复制。而更为易行的方式是整合政府资源与企业所面临的问题。与国有企业相比，民营企业在推动当地投资环境改善中更具灵活性。在非洲的调研过程中，已经有一些中资企业国际化程度发展水平较高，融入了当地的市场环境，得到了当地员工认可的案例。听取这些企业的经验合问题，并总结成功民营企业在当地运营的规律，以此为基础探讨政府和企业配合推动东道国投资政策的完善，更具操作性和可行性。

第三章 中巴经济走廊建设：现状与挑战

王　旭①

第三章　中巴经济走廊建设：现状与挑战

王　旭①

第三章　中巴经济走廊建设：现状与挑战

王　旭①

第三章　中巴经济走廊建设：现状与挑战

王　旭①

【摘要】中巴经济走廊建设已顺利进入全面实施阶段，但仍面临着地缘政治博弈日趋复杂、巴基斯坦国内长期结构性政治矛盾和政局不稳、经济政策不确定、债务风险上升、民族矛盾和冲突加剧以及极端思想和暴恐组织向周边地区外溢等一系列挑战。作者主张，中国应充分理解建设中巴经济走廊对进一步加强两国互联互通、促进两国共同发展、全面推进周边外交和"一带一路"倡议的重要意义，客观理性地应对各种挑战，避免主动介入巴基斯坦国内政治纷争，通过多种途径和方式积极在巴开展社会公益事业，做好在巴基斯坦人员的安全风险教育和应急预案准备，同时与巴方扩大在反恐和去极端化领域的全面合作。通过上述措施逐步推进中巴经济走廊建设。

中巴经济走廊北起新疆喀什，南至巴基斯坦瓜达尔港，位于丝绸之路经济带和 21 世纪海上丝绸之路交会处，是"一带一路"倡议的旗舰项目。建设中巴经济走廊旨在进一步加强两国互联互通，扩大两国经贸合作，促进两国共同发展，充实中巴命运共同体内涵，对全面推进周边外交和"一带一路"倡议具有重要的战略意义。目前，中巴经济走廊建设已

---

①　王旭，北京大学南亚研究中心常务副主任、副教授。

顺利进入全面实施阶段,但受巴国内外诸多不利因素的影响也面临着一系列挑战。本章拟在全面介绍中巴经济走廊的规划过程、战略意义和建设现状的基础上,对面临的挑战进行深入分析和预判,以期有助于走廊建设的顺利实施。

◇◇ 一 规划过程

中巴两国是风雨同舟、患难与共的好朋友、好伙伴、好邻居、好兄弟。自1951年建交以来,两国关系历经时代变迁和国际风云变幻的考验,发展了全天候的友谊和全方位的合作,堪称国与国关系的典范。近年来,中巴关系保持着稳步深入推进的良好发展势头。两国高层互访频繁,政治互信不断增强。双方决心进一步深化中巴全面务实合作,把两国高水平政治关系优势转化为更广泛的经济合作成果。中巴经济走廊为两国务实合作搭建了战略框架,是两国领导人达成的重要共识。建设中巴经济走廊的倡议是新时期巩固中巴传统友谊、深化两国务实合作、充实中巴命运共同体内涵的战略选择,对顺利推进"一带一路"建设具有重要的示范和引领作用。

中巴经济走廊建设的规划过程大致可以分为初步设想、正式规划和全面实施三个阶段。

1. 初步设想

早在2006年,以合作建设瓜达尔港为契机建设中巴经济走廊的设想便进入了中巴双方的商讨议题之中。当年2月,巴基斯坦时任总统穆沙拉夫在访华期间正式提出,巴方重视与中方合作,将努力建好瓜达尔港,使其成为巴中友谊的象征。巴方希望中方充分利用巴的地理优势,把巴基斯

坦作为在本地区的贸易和能源走廊。① 中方对此作出了积极回应。2007 年
2 月，巴基斯坦铁路公司委托中国东方电气集团和一家德国—奥地利公司
联合体对建设中巴铁路（中国边境至巴境内的瓜达尔港）进行预可行性
研究。② 根据 2008 年完成的预可研报告，这一项目不具商业可行性，而
是否具有战略需要，仍待两国进一步探讨。③

2010 年 7 月，在巴基斯坦时任总统扎尔达里访华期间双方再次讨论
了建设铁路、公路网络的开放政策，以及建立石油天然气管道的可行性方
案。但受当时诸多客观因素的限制，上述设想并未能够立即付诸实施。

2. 正式规划

2013 年 5 月，李克强总理在出访巴基斯坦时提出建设中巴经济走廊
的倡议，得到了巴方积极回应。双方同意，在充分论证的基础上，共同研
究制订中巴经济走廊远景规划，推动中巴互联互通建设，促进中巴投资经
贸合作取得更大发展。④ 同年 7 月，巴基斯坦时任总理谢里夫访华，双方
同意成立中巴经济走廊远景规划联合合作委员会（下称"联委会"），由
中国国家发展和改革委员会与巴基斯坦计划发展部牵头，并在上述两部门
设立秘书处，尽快启动中巴经济走廊远景规划相关工作。⑤

为进一步落实两国领导人关于建设中巴经济走廊的重要共识，推进走
廊建设取得积极进展，自 2013 年成立以来，联委会及下设能源、交通基

---

① 《胡锦涛与巴基斯坦总统穆沙拉夫举行会谈》，新华网，2006 年 2 月 20 日，
http：//news. xinhuanet. com/politics/2006 – 02/20/content_ 4205193. htm。

② 梁叶：《巴基斯坦铁路发展规划及中巴铁路合作建议》，《国际工程与劳务》
2008 年第 10 期，第 30 页。

③ 中华人民共和国驻巴基斯坦使馆经济商务参赞处：《预可研表明中国与巴基斯
坦铁路连接线不具商业可行性》，《国际工程与劳务》2008 年第 10 期，第 61 页。

④ 《中华人民共和国和巴基斯坦伊斯兰共和国关于深化两国全面战略合作的联合
声明》，新华网，2013 年 5 月 24 日，http：//news. xinhuanet. com/2013 – 05/24/c_
124755934. htm。

⑤ 《关于新时期深化中巴战略合作伙伴关系的共同展望》，新华网，2013 年 7 月
5 日，http：//news. xinhuanet. com/2013 –07/05/c_ 116426628. htm。

础设施、综合规划三个工作组先后成功地召开了五轮会议和多次工作组会议。联委会机制为中巴双方密切沟通、加强合作搭建起一个重要交流平台,从而为推进走廊项目快速落地铺平道路。①

3. 全面实施

2015 年 3 月,国家发展改革委、外交部、商务部联合发布的《推动共建丝绸之路经济带和 21 世纪海上丝绸之路的愿景与行动》明确提出,"中巴、中印孟缅两个经济走廊与推进'一带一路'建设关联紧密,要进一步推动合作,取得更大进展"。② 中巴经济走廊的战略重要性进一步提升。

2015 年 4 月习近平主席访问巴基斯坦期间,双方高度评价了中巴经济走廊建设所取得的进展,共签署了 30 多项涉及走廊建设的政府间合作文件和商业文件,并举行了有关项目的开工和竣工仪式。由此,中巴经济合作驶入快车道:以中巴经济走廊为引领,以瓜达尔港、能源、交通基础设施和产业合作为重点,形成"1 + 4"经济合作布局。

中巴经济走廊建设将覆盖巴全国各地区,造福巴基斯坦全体人民,促进中巴两国及本地区各国共同发展繁荣,具有重要的战略和现实意义。

一是对做好新形势下周边外交工作具有重要的借鉴意义。2013 年 10 月,习近平总书记在中央周边外交工作座谈会上发表重要讲话,强调要坚持与邻为善、以邻为伴,坚持睦邻、安邻、富邻的基本方针,突出体现亲、诚、惠、容的理念,更加奋发有为地推进周边外交,为我国发展争取良好的周边环境,使我国发展更多惠及周边国家,实现共同发展,让命运共同体意识在周边国家落地生根。

---

① 《中巴经济走廊联委会第五次会议在卡拉奇召开》,新华网,2015 年 11 月 12 日,http: //news. xinhuanet. com/world/2015 - 11/12/c_ 128423094. htm。

② 《授权发布:推动共建丝绸之路经济带和 21 世纪海上丝绸之路的愿景与行动》,新华网,2015 年 3 月 28 日,http: //news. xinhuanet. com/2015 - 03/28/c_ 1114793986. htm。

中巴友谊是肝胆相照的信义之交，休戚与共的患难之交，堪称国与国友好相处的典范。巴方多次重申对华友好是巴外交政策的基石和举国共识，而中方也始终把两国关系置于外交优先方向。2015 年 4 月，习近平主席出访巴基斯坦，双方一致同意将中巴关系提升为"全天候战略合作伙伴关系"。中巴经济走廊建设必将推动中巴战略合作伙伴关系迈上新台阶，进一步充实中巴命运共同体内涵，为推进周边外交提供有益的参考。

二是对顺利推进实施"一带一路"倡议和规划项目具有重要的示范作用。2013 年 9 月和 10 月，习近平主席在出访中亚和东南亚国家期间，先后提出共建"丝绸之路经济带"和"21 世纪海上丝绸之路"的重大倡议，得到国际社会高度关注。但仍有少数沿线国家受传统地缘政治等因素的影响，对"一带一路"倡议持谨慎或观望态度。中巴双方有着高度的政治互信，始终在国际和地区事务上保持密切沟通和协作。巴方坚定支持并积极参与"一带一路"建设，认为"一带一路"倡议是区域合作和南南合作的新模式，将为实现亚洲整体振兴和各国共同繁荣带来新机遇。中巴经济走廊也由此成了"一带一路"倡议的旗舰项目。目前，在双方共同努力下走廊建设推进顺利。同时，中巴全天候友谊也将为走廊建设提供根本保障，有助于双方尝试创新的思路和方法来积极应对走廊建设中面临的各种挑战，为"一带一路"倡议积累宝贵的建设经验。

三是将中国西部大开发战略与巴基斯坦国内经济发展进程更加紧密结合，有利于挖掘两国经贸、物流、人员往来的潜力，促进各自国内经济的发展，推动两国和地区经济一体化。

对于中方而言，走廊建设有利于打通中国西部地区面向印度洋的出海口，加快西部大开发战略的实施；有利于充分发挥中国近年积累起来的资金、技术、产能、工程作业能力优势，获得更为广阔的市场空间；有利于繁荣新疆地区口岸经济，打击"三股势力"，促进新疆地区社会稳定、长治久安。

对于巴方来讲,经济走廊有利于形成新的增长轴,带动经济增长,加快摆脱近年来持续的低增长、高通胀局面;有利于解决基础设施领域长期制约发展的关键瓶颈,形成新的产业集聚;有利于平衡国内区域经济增长格局,缩小区域经济发展差距,缓解民生矛盾,促进国内和平稳定。

◇◇二 建设现状

近年来,中巴经济走廊建设推进顺利,已从前期规划逐步进入全面实施阶段。中巴双方正抓住走廊建设的战略机遇,齐心协力,携手开创互利共赢的良好局面,在瓜达尔港、能源、交通基础设施、产业合作等重点合作领域取得了满意的进展。

(一) 瓜达尔港建设

瓜达尔港位于巴基斯坦西南部俾路支省沿海的莫克兰地区,紧邻霍尔木兹海峡,具有重要的战略意义。作为中巴经济走廊的重要枢纽,瓜达尔港对加强经济走廊与外部世界联系,推动地区经济增长具有重要意义。

2002年3月,中巴合作建设的瓜达尔港项目正式开工。港口一期工程于2005年完成,建成一个拥有3个两万吨级泊位的多用途码头。2007年3月,新加坡国际港务集团通过国际招标中标后负责运营瓜达尔港,租赁期为40年,但此后经营状况不佳,港口基本处于闲置状态。因此,2013年2月,巴方正式将瓜达尔港运营权和配套基础设施开发权移交给中国海外港口控股有限公司。瓜达尔港经营权的获得,加快了中巴经济走廊的规划进程。2015年11月,巴方向中方企业移交瓜达尔港自贸区总规划面积的三成土地使用权(约280公顷),租期43年。根据双方正式签署的移交文件，中方企业将管理瓜达尔国际机场、瓜达尔自由区和瓜达尔海运服务 3 家公司，同时全权打理瓜达尔港业务。① 2015 年 5 月，瓜达尔港至中国的首航正式开启，瓜达尔港终于实现了自 2007 年建成以来期待已久的商业集装箱货运。②

目前，在中巴双方的积极推动下，东湾快速路、新国际机场、防波堤工程、泊位及通道清淤工程、自贸区与出口加工区的基础设施、淡水处理及供应设施等一批瓜达尔港配套基础设施项目正在加速启动。同时，为帮助当地民众改善生活水平，中方正在同巴方一道，积极推进援助建设瓜达尔港小学、医院、技术职业中心等教育、医疗和培训项目。③

（二）能源合作

近年来，能源危机已成为严重影响巴经济发展和民生改善的首要障碍。为帮助巴方尽快摆脱制约经济发展的能源困境，能源成了中巴经济走廊建设的重点合作领域。

根据中巴经济走廊建设规划，目前在能源合作领域共有优先实施项目 16 个、积极推进项目 8 个，其中火电项目 13 个、水电项目 3 个、风电项目 5 个、光伏项目 1 个以及输变电线路项目 2 个。④ 已有一批建设周期短、见效快的清洁能源项目开工或建成投产并取得了较好的社会和

① 《瓜达尔港部分土地使用权移交中方　中巴互利共赢》，新华网，2015 年 11 月 13 日，http://news.xinhuanet.com/world/2015－11/13/c_128423778.htm。

② 《中企运营的瓜达尔港雄心：全球自贸港》，搜狐财经，2015 年 5 月 14 日，http://business.sohu.com/20150514/n413010667.shtml。

③ 《中国援助瓜达尔港建立职业培训中心》，中华人民共和国驻卡拉奇总领馆经商室，2016 年 2 月 6 日，http://www.mofcom.gov.cn/article/i/jyjl/j/201602/20160201253619.shtml。

④ "CPEC Projects", Ministry of Planning, Developmeut Reform, http://www.cpec.gov.pk/energy.

经济效益。

在火电方面，中国华能集团的萨希瓦尔煤电项目建设于 2015 年 7 月全面启动，该项目总装机容量 1320 兆瓦；[1] 中国电建集团的卡西姆燃煤电站项目于 2015 年 12 月 22 日正式宣布完成融资关闭，成为首个达到该阶段的中巴经济走廊煤电项目，该项目总装机容量为 1320 兆瓦，2016年，燃煤电站主体工程已正式动工，煤码头也建设顺利。[2]

在水电方面，中国长江三峡集团的卡洛特水电项目主体工程于 2016年 1 月开工。这是中巴经济走廊首个水电投资项目，也是丝路基金首单项目。该项目总装机容量 720 兆瓦，是巴基斯坦第五大水电站。项目总投资约 16.5 亿美元，采用 BOOT（建设—拥有—经营—转让）方式投资建设。[3]

在风电方面，项目主要集中在信德省的吉姆普尔和巴哈伯尔地区。中国长江三峡集团的巴基斯坦风力发电项目一期工程（巴风一期）于 2014年 11 月建成，该项目总装机容量 49.5 兆瓦，2015 年发电约 1.4 亿度；[4] 2016 年 1 月，巴风二期项目正式开工建设，该项目装机容量为 99 兆瓦；[5] 中国水电顾问集团国际工程有限公司的大沃风电项目于 2015 年 4 月正式

[1] 《中巴经济走廊首个能源项目 华能萨希瓦尔煤电项目开工建设》，中国华能集团，2015 年 8 月 3 日，http：//www. chng. com. cn/n31531/n31597/c1392550/content. html。

[2] 《中巴经济走廊项目连续获得重大进展》，中华人民共和国驻卡拉奇总领馆经商室，2015 年 12 月 25 日，http：//www. mofcom. gov. cn/article/i/jyjl/j/201512/20151201219512. shtml。

[3] 《"中巴经济走廊"首个水电投资项目主体工程开工》，中国长江三峡集团公司，2016 年 1 月 11 日，http：//www. ctgpc. com. cn/xwzx/news. php? mnewsid =94194。

[4] 《"中巴经济走廊"建设助力巴基斯坦电力发展》，新华网，2015 年 4 月 2 日，http：//news. xinhuanet. com/fortune/2015 – 04/02/c_ 1114856043. htm。

[5] 《三峡集团巴基斯坦风电二期项目开工仪式成功举办》，人民网，2016 年 1 月 13 日，http：//world. people. com. cn/n1/2016/0113/c1002 – 28049581 – 6. html。

开工，该项目总装机容量为 49.5 兆瓦，已于 2017 年 4 月 4 日正式并网发电；① 2016 年 12 月，该公司承建的萨察尔风电项目也正式开工，该项目总装机容量为 49.5 兆瓦；② 中国葛洲坝集团公司承建的联合能源吉姆普尔风电场一期项目也于 2015 年 5 月正式开工，总装机容量为 99 兆瓦，合同工期 18 个月。③ 大沃风电项目与萨察尔风电项目均在 2017 年 8 月竣工。④

在光伏方面，项目集中在旁遮普省巴哈瓦普尔的真纳太阳能工业园。其中特变电工新疆新能源股份有限公司承建的 100 兆瓦太阳能光伏电站已于 2015 年 3 月正式并网发电。⑤ 中兴能源有限公司投资建设的 900 兆瓦太阳能光伏电站也于 2015 年 4 月 20 日正式开工，总投资额逾 15 亿美元，分三期实施。⑥

目前，中巴双方已在走廊建设的能源合作领域初步形成一个覆盖整个产业链、投资形式多样、多方积极参与、开放包容、合作共赢的局面。上述能源项目的陆续开工建设有望在不久的将来极大地缓解巴基斯坦能源危机，为巴基斯坦经济社会发展提供强劲动力。

---

① 《微喜报　巴基斯坦大沃风电项目收到第一笔售电收入》，搜狐网，2017 年 7 月 31 日，http：//www.sohu.com/a/161228422_720290。

② 《水电顾问巴基斯坦撒察尔风电 EPC 项目开工》，中国电力建设集团，2015 年 12 月 14 日，http：//www.powerchina.cn/art/2015/12/14/art_23_107856.html。

③ 《李克强谢里夫见证葛洲坝集团承建巴基斯坦吉姆普尔风电项目签字仪式》，中国葛洲坝集团，2014 年 11 月 10 日，http：//www.cggc.cn/News/info_show.asp?type = yaowen&uid = 1426&id = 35849。

④ 《汪洋和阿巴西共同为中国电建在巴两个风电项目竣工揭牌》，中国电力企业联合会，2017 年 8 月 17 日，http：//www.cec.org.cn/zdlhuiyuandongtai/qita/2017 - 08 - 17/172066.html。

⑤ 《中企承建巴基斯坦巴哈瓦尔普尔太阳能光伏电站》，人民网，2015 年 6 月 4 日，http：//world.people.com.cn/n/2015/0604/c1002 - 27106071.html。

⑥ 《新能源助力中巴经济走廊发展——访中兴能源总裁于涌》，人民网，2015 年 4 月 29 日，http：//world.people.com.cn/n/2015/0429/c157278 - 26926603.html。

（三）交通基础设施建设

交通基础设施落后也是长期制约巴基斯坦经济社会发展的主要瓶颈。为提升中巴互联互通水平，改善当地交通状况，促进巴经济社会发展，中巴双方高度重视、努力推动交通基础设施建设早期收获项目尽快开工。目前，已有若干项目取得了突破性进展。

在城市轨道交通方面，拉合尔轨道交通橙线项目是中巴两国领导人达成共识的重要合作项目，是"一带一路"倡议框架下中巴经济走廊首个正式启动的交通基础设施项目，将由中国铁路总公司和中国北方工业公司联合承建。2015 年 12 月，中国进出口银行与巴基斯坦政府签署了项目贷款协议，项目金额 16.26 亿美元，成为中巴经济走廊交通领域进展最快的早期收获项目和示范性项目。

在公路方面，经过中巴双方的共同努力，喀喇昆仑公路二期（哈维连至塔科特段）升级改造项目和卡拉奇至拉合尔高速公路（苏库尔至木尔坦段）项目的商务合同于 2015 年 12 月签署。喀喇昆仑公路二期升级改造项目全长 120 公里，项目金额约合 13.15 亿美元，将由中国交通股份有限公司实施。卡拉奇至拉合尔高速公路项目是中巴经济走廊最大的交通基础设施项目，此次签约的苏库尔至木尔坦段全长 392 公里，项目金额约合 28.9 亿美元，将由中建股份有限公司实施。①

在铁路方面，2015 年 4 月中巴双方签署合作框架协议，将联合开展巴基斯坦 1 号铁路干线和哈维连陆港建设的可行性研究。巴基斯坦 1 号铁路干线从卡拉奇向北经拉合尔、伊斯兰堡至白沙瓦，全长 1726 公里，是巴基斯坦最重要的南北铁路干线。哈维连站是巴铁路网北端尽头，将规划

---

① 《商务部：中巴经济走廊若干项目已取得突破性进展》，中国网财经，2016 年 1 月 6 日，http://finance.china.com.cn/news/20160106/3531481.shtml。

建设由此向北延伸经中巴边境口岸红其拉甫至喀什的铁路，哈维连拟建陆港，主要办理集装箱业务。[①] 此前，中方已于 2014 年 11 月正式启动了中巴铁路预可行性研究，并于同年 12 月对中巴铁路喀什至红其拉甫段进行了现场踏勘。

（四）产业合作

产业合作也是中巴经济走廊建设的重点合作领域，对拉动两国经济、增加市场就业、促进贸易投资、实现互利共赢具有重要意义。但受能源电力短缺和交通基础设施落后等客观不利因素的制约，目前中巴产业合作仍处在起步阶段。未来随着走廊建设的全面实施，当地投资经营环境的日益改善，中巴产业合作前景广阔。

早在 2006 年 11 月中国海尔集团就同巴基斯坦鲁巴集团共同建立了"海尔—鲁巴经济区"，是中国首批国家级境外经济合作区之一，目前已从家电生产基地逐步发展为集家电生产和销售于一体的大型经济区，有力带动了当地经济发展。

由山东如意集团联合巴基斯坦马苏德纺织厂在旁遮普省共同投资建设的纺织工业园于 2014 年 5 月举行奠基仪式，计划建成一个集纺纱、染色、织布、整理、高端面料、服装、仓储、物流一体化，具有能源配套优势的棉纺服装产业链纺织工业园区。[②] 此外，瓜达尔港自贸区建设也在稳步推进，有关前期规划正在修订当中。

---

① 《中国与巴基斯坦联合开展中巴经济走廊铁路项目研究》，中央政府网，2015 年 4 月 22 日，http：//www. gov. cn/xinwen/2015 – 04/22/content_ 2851403. htm。

② 《中资产业园区"先手"中巴经济走廊》，新浪财经，2015 年 4 月 29 日，ht-tp：//finance. sina. com. cn/roll/20150429/110622072775. shtml。

◇◇ 三　主要挑战

中巴经济走廊建设有助于深化两国各领域务实合作,促进两国共同发展,受到了两国政府的高度重视和两国人民的广泛支持。中巴全天候友谊是顺利推进走廊建设的根本保障。但受巴国内外诸多不利因素的影响,目前中巴经济走廊建设也面临一系列来自政治、经济和安全方面的挑战。

(一) 地缘政治博弈日趋复杂

目前,中巴经济走廊周边地区的地缘政治博弈日趋复杂,既有巴印传统地缘政治矛盾、巴阿非传统安全威胁,也有巴与中东国家的地缘经济博弈以及域外大国插手加剧地区紧张。

一是巴印关系近期虽有缓和迹象,但受历史遗留的克什米尔问题和近年来跨境恐怖主义等问题制约,两国关系短期内难有实质性改善。此外,印方公开质疑中巴经济走廊建设,引发两国争议,也加剧了巴方的不安和疑虑。

二是巴阿两国安全形势的互动关系密切,随着 2014 年美国从阿富汗撤军,阿国内局势的动荡及由此产生的不确定性和非传统安全威胁对巴国内安全和中巴经济走廊建设构成了严峻挑战。近年来巴阿采取积极措施,努力改善双边关系,但受制于杜兰线问题和塔利班问题,两国间的紧张关系暂时难以彻底缓和。

三是巴基斯坦与中东国家,特别是沙特和伊朗的关系微妙。近年来中东局势更趋紧张。巴基斯坦采取谨慎务实的外交政策,努力平衡与中东大国的关系。但在中巴经济走廊问题上,地缘经济将取代地缘政治成为影响走廊建设的主要因素。

四是近年域外大国在调整全球战略的背景下把南亚地区政策的重心逐渐向印度倾斜，以达到制衡中国的目的，却造成了其地区传统盟友巴基斯坦对"扶印弃巴"前景的忧虑，也进一步加深了巴基斯坦民众根深蒂固的反感情绪。

鉴于上述复杂的地缘政治矛盾短期内难以化解，巴基斯坦对周边主要邻国和域外大国缺乏基本信任，加之个别域内外国家对中巴经济走廊建设的质疑和抹黑，因此目前巴在走廊建设中对坚持"和平合作、开放包容、互学互鉴、互利共赢"的丝路精神采取极为谨慎的态度。虽然在卡西姆燃煤电站和卡洛特水电站等中巴经济走廊能源合作领域的项目中进行了有益的尝试，但相较中巴经济走廊建设的整体预期而言仍有较大提升空间。

简而言之，未来走廊建设将面临日趋复杂的地缘政治环境，地缘政治、地缘经济和非传统安全的潜在挑战不容忽视，中巴双方需秉承开放包容的丝路精神和"共商、共享、共建"的"一带一路"建设原则，有序推进中巴经济走廊建设的全面实施。

（二）巴基斯坦国内结构性政治矛盾长期存在

相较而言，目前巴基斯坦国内长期结构性政治矛盾对中巴经济走廊建设的挑战更为明显直接，突出表现为央地矛盾和政局不稳等问题。

2014 年 8 月，巴基斯坦反对党正义运动党和人民运动党在首都伊斯兰堡发起持续数十日的大规模示威游行并演变为街头暴力事件和政治危机，对巴国民经济造成了沉重打击，引发对巴基斯坦政局稳定和中巴经济走廊建设前景的严重担忧。

近期，巴基斯坦国内围绕中巴经济走廊建设规划产生了"路线争议"，引发媒体广泛关注。争议的焦点是巴基斯坦主要反对党、俾路支省和开普省反对联邦政府为照顾执政党利益,优先在旁遮普省建设中巴经济走廊项目。“路线争议”不仅会影响中巴经济走廊建设的顺利推进,也会给中巴两国友好关系造成负面影响。

表面上,“路线争议”是巴基斯坦联邦与地方政府、不同民族和政党之间围绕中巴经济走廊建设规划产生一些争议。但实质上,这不过是此前街头政治暴力的另一种表现形式,是巴基斯坦国内各政治势力间的利益之争,也是巴基斯坦国内长期结构性政治矛盾的集中爆发。

首先,在新中国成立后的现代民族国家建构过程中,“两个民族”理论作为巴国家认同的基础不断受到冲击,伊斯兰化进程和世俗化进程此消彼长、长期对立。一方面,世俗化加剧了巴基斯坦民族分裂,造成了目前央地矛盾突出的困境;而另一方面,伊斯兰化虽然有利于增强民族凝聚力,但也加剧了巴极端化和塔利班化,造成了目前巴基斯坦民族和教派冲突加剧,对巴国家安全和社会稳定造成了巨大的冲击,威胁到中巴经济走廊建设的顺利实施。

其次,基于封建土地所有制和部落血亲关系的巴基斯坦家族政治造成政府效率低下、贪腐现象严重和政策缺乏全局性等问题,成为影响中巴经济走廊建设的消极因素。目前,巴基斯坦缺乏全国性政党和政策,代表不同家族利益的政党斗争具有明显的自私性和地方性,往往导致政治矛盾激化引发政治危机,无助于问题的理性解决。

此外,长期以来军方作为巴基斯坦政局举足轻重的政治力量对民选政府缺乏基本信任。一旦政党斗争激化造成政治危机,军方便有可能出面干预,在巴基斯坦历史上已先后出现四次军人执政,累计长达 33 年。军方干政已成为影响巴基斯坦政局长期稳定的重要因素。

综上所述,上述巴基斯坦国内结构性政治矛盾始终存在,并非因中巴经济走廊建设而产生,未来却将长期对走廊建设的顺利实施产生不利影响。

（三）经济政策不确定性明显

众所周知，经济政策不确定性是投资领域的主要挑战之一。代表不同家族利益的巴基斯坦政党往往在政治斗争中将经济政策作为打击政敌或为己谋利的重要手段，因此长期以来巴经济政策具有明显的不确定性。这一问题在目前中巴经济走廊建设的能源合作领域上表现最为明显。

近年来，严重的能源危机已成为制约巴基斯坦经济社会发展的主要瓶颈。造成巴基斯坦能源电力短缺的主要原因是巴基斯坦能源匮乏且能耗结构严重失衡。同时，电力企业的三角债问题也是制约巴电力发展的主要因素。

首先，为尽快缓解巴能源电力短缺，中巴双方一致同意在走廊建设中优先落实一批投资小、见效快的风电和光伏发电的清洁能源项目，其中大多已经开工或建成投产。但 2015 年 4 月，巴方却提出太阳能、风力等可再生能源发电成本高于传统发电方式，现阶段不可行，并暂停新建太阳能和风力发电项目。[①] 同年 12 月，又宣布将进一步下调太阳能发电上网电价。[②] 巴方在清洁能源发展政策上的不确定性可能会给中方的相关投资造成不必要的经济损失，相关后续项目建设未来何去何从仍未可知。

其次，巴基斯坦煤炭储量约 1860 亿吨，居世界第七位。[③] 充分利用巴基斯坦丰富的煤炭资源，大力发展煤电将有助于从根本上解决巴能源危

---

① 《巴政府暂停新建太阳能和风力发电项目》，中华人民共和国驻巴基斯坦使馆经济商务参赞处，2015 年 4 月 23 日，http：//pk. mofcom. cn/article/jmxw/201504/20150400950891. shtml。

② 《巴基斯坦政府宣布降低太阳能发电上网电价》，中华人民共和国驻巴基斯坦经济商务参赞处，2015 年 12 月 17 日，http：//pk. mofcom. cn/article/jmxw/201512/20151201212444. shtml。

③ 《巴基斯坦煤炭储量居世界第七位》，中国煤炭资源网，2013 年 11 月 14 日，http：//www. sxcoal. com/coal/3489432/articlenew. html。

机和电力企业三角债问题。因此，中巴双方共同制定的走廊建设规划将建设13个火电项目，其中12个都是煤电项目。但近期巴方却提出，希望用液化天然气取代燃煤，成为巴基斯坦能源结构重要组成部分。煤电项目投资额高、建设周期长，一旦巴方在火电发展政策上进行重大调整，将可能给中方造成严重的经济损失。

此外，2010年通过的巴基斯坦宪法18修正案允许联邦政府"为发电而修建或要求修建水电厂、火电厂、电站及铺设或要求铺设跨省输电线路"，但"联邦政府决定在任一省份修建或要求修建之前，需与该省政府咨询协商"。① 至于如何协调，此后巴基斯坦历届政府也没能出台具体政策加以细化说明。在当前巴基斯坦央地矛盾突出的情况下，这无疑将增加能源项目在具体实施中的困难。

造成上述问题的重要原因在于巴方急于在短期内缓解能源电力短缺，"病急乱投医"又"朝令夕改"，而中方在做相应规划时对巴经济政策不确定性可能导致的投资风险估计不足。为此，中巴双方应密切沟通协作，尽快明确相关能源发展政策，确保中巴能源合作能够持续、稳定和健康发展。

（四）债务风险进一步上升

近年来，巴基斯坦政府债务负担沉重，存在债务违约风险。根据巴基斯坦央行公布的数据，截至2015年年底，巴基斯坦国内债务总额达12.87万亿卢比，同比增长12%。② 巴基斯坦外债总额已达680亿美元，

---

① 《巴基斯坦宪法（18修正案）》第161条第1款，2010年，巴基斯坦国民议会。

② 《巴基斯坦2015国内债务增长12%》，中华人民共和国驻巴基斯坦经济商务参赞处，2016年2月1日，http://www.mofcom.gov.cn/article/i/jyjl/j/201602/20160201249198.shtml。

IMF 估算到 2017—2018 财年巴外债总额将攀升至 745.72 亿美元，意味着未来两年半巴将新增外债 60 亿美元。目前巴出口总额为 240 亿美元，外债与出口额比率高达 283%，外债可持续性面临危机。[1] 同时，巴债务水平高达 GDP 的 65%，每年偿还利息占 GDP 的 4.4%。[2] 在今后一年内，8.1% 的国际债务和 47.3% 的国内债务将到期，巴基斯坦财政偿付能力将接受严峻考验。[3] 此外，根据世行 2016 年初发布的"全球经济展望"报告，巴基斯坦政府为中巴经济走廊建设提供的大量主权担保也可能存在中长期财政风险。

（五）安全形势依然严峻

自 2014 年 6 月巴基斯坦军方开展反恐"利剑行动"以来，在巴政府和军队的共同努力下，巴基斯坦整体安全形势有了明显好转。根据巴基斯坦和平研究所的最新统计[4]，2015 年巴基斯坦国内共发生暴恐袭击事件 625 起，同比下降了 48%。[5] 但根据澳大利亚智库经济与和平研究所近期发布的《全球恐怖主义指数报告》，巴基斯坦在全球恐怖主义指数排名中

---

[1] 《巴基斯坦外债总额达 680 亿美元，债务可持续性面临危机》，中华人民共和国驻卡拉奇总领馆经商室，2015 年 11 月 16 日，http：//www. mofcom. gov. cn/article/i/jyjl/j/201511/20151101164572. shtml。

[2] 《世界银行把脉巴基斯坦国家财政》，中华人民共和国驻巴基斯坦经济商务参赞处，2016 年 1 月 7 日，http：//www. mofcom. gov. cn/article/i/jyjl/j/201601/20160101 228707. shtml。

[3] 《巴基斯坦政府偿债压力巨大》，中华人民共和国驻巴基斯坦经济商务参赞处，2015 年 11 月 17 日，http：//www. mofcom. gov. cn/article/i/jyjl/j/201511/201511011657 84. shtml。

[4] 本节中所有统计数据，如无特别注明均引自 Pak Institute for Peace Studies 的数据库，http：//san－pips. com/app/database/index. php。

[5] Muhammad Amir Rana：*Pakistan Security Report 2015*，Pak Institute for Peace Studies，January 2015，p. 7.

位列第四。① 中巴经济走廊建设由此将面临诸多安全挑战。

一是俾路支省民族矛盾和冲突加剧，安全风险居高不下。2015年俾路支省安全形势也明显改善，共发生暴恐袭击事件218起，下降了36%，死亡257人，受伤236人，与2014年相比分别下降了31%和64%。② 但俾路支省继续成为巴国内暴恐袭击数量最多的地区，在当地推进中巴经济走廊项目，特别是瓜达尔港建设仍将面临严峻的安全挑战。

近年来，俾路支省的安全威胁主要来自俾路支叛乱组织，其中最活跃的是俾路支解放阵线、俾路支军和俾路支解放军。尽管2014年以来俾路支省叛乱活动的整体形势有所改善，但是在俾路支省南部和西南部，特别是瓜达尔及其周边的盖杰、阿瓦兰和本杰古尔等地区，俾路支叛乱组织的活动却有所上升。目前，俾路支省的叛乱活动已经从农村发展到城市，从东北部蔓延到西南部，叛乱分子也从部落成员扩大到现在的城市中产阶级。俾路支叛乱组织的主要袭击目标是巴基斯坦国有设施和安全部队。同时，他们反对在当地建设中巴经济走廊，认为随之而来的大量非俾路支工人将挤占当地人的就业机会，并将彻底改变俾路支省的人口比例，因此也不断对非俾路支工人和定居者发动暴恐袭击。

事实上，俾路支省的民族问题并不是一个简单的历史遗留问题。巴历届政府诸多不当的俾路支政策不仅未能有效地化解历史积怨，反而进一步激化了民族矛盾。首先，俾路支人的民族身份认同源于根深蒂固的俾路支传统社会政治结构，仅凭伊斯兰化重构巴基斯坦国家认同很难轻易取而代之。其次，巴基斯坦联邦政府应对俾路支民族问题多采用军事手段，缺乏有效的政治手段。但事实证明，单纯依靠军事手段很难实现俾路支省的长治久安，反而会激化民族矛盾，加剧武装冲突。此外，巴联邦政府未能真

① *Global Terrorism Index 2015*, Institute for Economics and Peace, November 2015.

② Muhammad Amir Rana: *Pakistan Security Report 2015*, Pak Institute for Peace Studies, January 2015, p. 7.

正给予俾路支人平等的政治和经济权利。长期遭受的不公平待遇使得民族主义运动在俾路支人当中拥有广泛的群众基础，这是俾路支民族问题迟迟无法得到根本解决的重要原因。

简而言之，虽然巴基斯坦联邦政府积极采取措施努力缓解民族矛盾，改善俾路支省的安全形势并取得了一定的成效，但不可否认，俾路支民族问题由来已久，成因错综复杂，短期内得到全面解决的可能性不大。未来将有大量中方人员参与瓜达尔港和中巴经济走廊其他相关项目的建设，面对依然严峻的俾路支省安全形势，需要制定更加严格的安保措施和应急预案。

二是极端组织加紧渗透，极端思想和暴恐组织向周边地区外溢的风险进一步上升。近年来，极端组织"伊斯兰国"也建立了"呼罗珊分支"，加紧对巴基斯坦及其周边地区的渗透。近期在巴基斯坦拉合尔和卡拉奇等大城市均出现了极端组织发动的小规模暴恐袭击。巴警方也在旁遮普省的锡亚尔科特逮捕了极端组织的 8 名成员，查获大量武器、爆炸品和极端组织宣传材料。目前，极端组织在巴有向受过良好教育的城市青年扩散的趋势，未来巴极端化可能会进一步加剧。

其次，近年来巴阿边境的部落地区已成为极端组织的藏身之所，成了宣扬极端和暴恐思想的非法音视频材料的主要来源地。同时，极端组织也试图通过多种方式从周边国家向中国渗透、回流。曾经藏匿在北瓦济里斯坦部落地区的东伊运和乌伊运恐怖组织在遭受巴军方打击后逃往阿富汗北部地区并宣布效忠极端组织。极端思想和暴恐组织向周边地区的外溢风险无疑将威胁到中国西部地区，特别是中巴经济走廊起点的南疆地区的安全和稳定。

此外，由于巴阿边境缺乏有效管控，两国人员可以在部分地区自由往来，因此一旦巴反恐形势趋缓，不排除暴恐分子回流的可能。近期暴恐袭击事件在巴有再次上升的趋势。2016 年 1 月，位于巴基斯坦西北部贾尔瑟达地区的帕夏汗大学遭严重恐怖袭击，导致无辜师生 21 人死亡、数十人受伤。这次暴恐袭击事件凸显了巴基斯坦国内面临着持续和复杂的安全威胁。

整体上看，尽管巴方已组建了上万人的特别安全部队，将为走廊建设提供包括军队、准军事部队、警察和安保公司在内的四层安保措施，但未来中巴经济走廊建设的整体安全形势仍不容乐观。

◇四 结论

中巴经济走廊作为"一带一路"倡议的旗舰项目，旨在进一步推动中巴互联互通建设，扩大两国经贸合作，促进两国经济一体化，为两国各领域务实合作搭建起战略框架。建设中巴经济走廊的倡议绝非出于偶然，经历了初步设想、正式规划和全面实施三个阶段，顺应了新时期巩固中巴传统友谊，充实中巴命运共同体的战略需要，对做好新形势下周边外交工作和顺利推进"一带一路"建设具有重要的示范和引领作用。

中巴经济走廊建设将覆盖巴全国各地，造福巴全体人民，不仅是两国领导人的重要共识，更得到了两国人民的广泛支持。目前，中巴经济走廊建设在瓜达尔港、能源、交通基础设施和产业合作等重点合作领域推进顺利，已进入全面实施阶段，社会和经济效益正在逐步显现。

但目前中巴经济走廊建设仍然面临着一系列挑战，包括：地缘政治博弈日趋复杂、巴基斯坦国内长期结构性政治矛盾造成央地矛盾和政局不稳、经济政策不确定、债务风险上升、民族矛盾和冲突加剧导致俾路支省安全形势严峻以及极端思想和暴恐组织向周边地区外溢的风险进一步上升等。

尽管如此，面对中巴经济走廊建设中出现的上述挑战，中国仍应客观理性地应对，与各方加强沟通协作，秉承开放包容、互利共赢的丝路精神，"共商、共享、共建"中巴经济走廊，实现地区的共同发展繁荣；应避免主动介入巴国内政治纷争，也要避免在走廊建设中激化当地原有矛盾，同时坚持正确的义利观，有原则、讲情谊、讲道义，通过多种途径和方式积极在巴基斯坦开展社会公益事业，向更多巴基斯坦当地民众提供力所能及的帮助；应做好在巴基斯坦人员的安全风险教育和应急预案准备，同时与巴方加强交流，扩大在反恐和去极端化领域的全面合作。

总之，中国应充分理解建设中巴经济走廊对全面推进周边外交和"一带一路"倡议的重要意义，保持战略定力，科学规划，循序渐进地推动和落实走廊建设。

第四章 马来西亚在"海上丝绸之路"建设中的角色

许培源① 陈乘风②

【摘要】马来西亚把东盟当作外交第一方向,但其对"海上丝绸之路"倡议的态度属于东盟中最积极的国家之一。结合东盟在"一带一路"建设中的重要性,中国可以将马来西亚定位为"海上丝绸之路"的重要门户、多方共建的重要平台以及合作共赢的良好示范,以加强与东盟互联互通规划对接。中马两国还可以就伊斯兰金融展开合作,并依托马中关丹产业园、巴生港自由贸易园区、依斯干达经济特区等强化国际产能合作,以推动丝路共建、实现互利共赢。

2013年,中国提出了建设"21世纪海上丝绸之路"(以下简称"海上丝绸之路")的倡议;2015年,中国出台了《推动共建丝绸之路经济带和21世纪海上丝绸之路的愿景与行动》的框架性文件。马来西亚对中国的倡议给予了积极的回应,除了明确表示支持和参与"海上丝绸之路"建设之外,还生成和推动了一系列共建项目,并与中国建立全面战略合作伙伴关系。这使得马来西亚有可能成为多方共建的重要平台、合作共赢的

---

① 许培源,华侨大学海上丝绸之路研究院常务副院长、教授。
② 陈乘风,华侨大学经济与金融学院博士研究生、讲师。

良好示范。

马来西亚是东盟的创始成员国之一，还是 2015 年东盟轮值主席国。2015 年，该国 GDP 位列东盟第三，仅次于印度尼西亚和泰国，人均 GDP 超过 1 万美元，位居东盟第二，远高于泰国等其他东盟国家，是名副其实的东南亚地区大国。同时，马来西亚地处东南亚的中心位置，亚洲大陆最南端，扼守马六甲海峡，是"海上丝绸之路"建设的关键区域和重点国家。

马来西亚时任总理纳吉布提出的"亲经济、亲民、亲商、注重环保和重视国家建设"五大发展理念，与"一带一路"着力"贸易畅通、资金融通、民心相通"、促进互利共赢的合作倡议不谋而合。"一带一路"倡导的"和平合作"精神与马来西亚及东盟提倡的"和平自由中立区"（Zone of Peace, Freedom and Neutrality, ZOPFAN）息息相通。因此，探讨中马两国发展战略对接，提升互联互通和贸易投资便利化水平，有利于打造政治互信、经贸融合、文化包容的利益和命运共同体。

◇◇一　马来西亚对"海上丝绸之路"建设的回应

马来西亚是东南亚国家中最早和中国建立外交关系的国家之一，在发展对华关系特别是经贸关系方面，一直持积极态度。与一些东南亚国家普遍的"谨慎和观望"的模糊态度相比，马来西亚政商各界对"海上丝绸之路"建设给予了更多的正面回应和支持，但是同时又清楚表明了自身的诉求和理念。

1. 明确支持和参与"海上丝绸之路"建设

2014 年 9 月 15 日，马来西亚国际贸易与工业部副部长李志亮在第 11

届中国—东盟博览会上指出,马来西亚政府支持中国提出的"21世纪海上丝绸之路"①;同年11月,马来西亚时任总理纳吉布表示欢迎中国的"海上丝绸之路"战略构想;2015年4月,作为东盟轮值主席国,在东盟峰会期间纳吉布再次强调支持中国的倡议,认为东盟应该与中国政府就"海上丝绸之路"做更多的讨论②;2015年12月,时任马来西亚交通部长廖中莱在出席该国最大港口——巴生港组织的"通过马来西亚促进21世纪海上丝绸之路"论坛时指出:马来西亚是21世纪海上丝绸之路具有重要战略意义的国家……他希望马来西亚的16个港口都能从"海上丝绸之路"建设中受益③。

马来西亚之所以做出上述积极回应,一方面是基于两国紧密的经贸联系,另一方面也是基于良好的传统友谊。1974年,时任总理的阿卜杜勒·拉扎克以极大的远见和勇气推动马来西亚与中国建交,此后中马两国关系实现全面快速发展,而他正是纳吉布总理的父亲。此外,马来西亚公众对中国的印象普遍较好,根据美国研究机构 Pew Research Centre 的问卷调查:74%的马来西亚受访者对中国持正面态度,在所调查的43个国家中位居第四,仅次于巴基斯坦、孟加拉国和坦桑尼亚④。

2. 以实现本国经济目标为诉求

马来西亚是一个高度外向型经济主导的国家,进出口总额相当于该国

---

① 葛红亮,《大马争做共建"海上丝绸之路"先行者》,国际在线,2015年6月23日,http://news. cri. cn/gb/42071/2015/06/23/8211s5006234. htm。

② Bernama, "ASEAN to Hold More Discussion on China's Maritime Silk Road Policy – Najib", April 28, 2015, http://asean2015. bernama. com/newsdetail. php? id = 1130129.

③ 廖中莱,《通过马来西亚促进21世纪海上丝绸之路》,http://www. liowtionglai. com/enhancing – the – 21st – century – maritime – silk – road – through – malaysia/。

④ "Pew Research Centre. China's Image", http://www. pewglobal. org/2014/07/14/chapter – 2 – chinas – image/.

GDP 的 1.3 倍①。在某种意义上，对外贸易不仅反映了马来西亚的经济发展状况，甚至事关马来西亚的国家身份和地位②。而中国已经成为世界第二大经济体，第一货物贸易大国，有 7 个港口位列全球十大货柜港，还是马来西亚的第一大贸易伙伴，因此积极参与"海上丝绸之路"建设无疑高度符合马来西亚的国情和经济发展利益，其意义不仅仅在于促进中马合作，更在于通过"海上丝绸之路"促进马来西亚与中东、欧洲地区的互联互通和经贸往来，从而最大限度地发挥马来西亚的地缘优势，实现其本国经济发展目标。

马来西亚的地缘位置给其带来了优势，但也带来了激烈的竞争。相邻的新加坡港以弹丸之地成为世界第二大货柜港，人均 GDP 超过 5 万美元，是马来西亚的 5 倍；印度尼西亚与其隔着马六甲海峡相望，近年来提出了"全球海洋支点"（Global Maritime Fulcrum，亦称全球海洋轴柱）战略，该战略与"海上丝绸之路"倡议遥相呼应，旨在将印尼建设成"全球海洋支点"、全球的文明节点，实现"海洋荣耀"（印尼语：Jalesveva Jayamah）③；位居亚非航线中点的南亚小国斯里兰卡，在中国资金和技术的帮助下，一举将科伦坡港打造成世界第 29 大货柜港。而马来西亚最大的两个港口——巴生港（Port Klang）和丹绒柏乐巴斯港（Tangjung Pelepas）2014 年的货柜装卸量总和才相当于新加坡港的 57.5%④。为了在激烈的竞争中脱颖而出，在东南亚乃至全球经济中占据一席之地，实现 2020 年

---

① 笔者根据世界银行统计数据计算而得。

② Shahriman Lockman，"The 21st Century Maritime Silk Road and China – Malaysia Relations"，April 2015. http：//www. isis. org. my/index. php/research – a – publications/presentations/1942 – the – 21st – century – maritime – silk – road – and – china – malaysia – relations.

③ 许培源、陈乘风：《印尼与"海上丝路"建设》，《亚太经济》2015 年第 5 期，第 20—24 页。

④ "Containerisation International Top 100 ports 2015"，August 15，2015，https：//www. lloydslist. com/ll/sector/containers/article506260. ece.

人均 GDP 超过 15000 美元、成为高收入国家的目标,马来西亚需要积极参与"海上丝绸之路"建设。可以说,实现本国经济目标是其参与"海上丝绸之路"建设的内在动机和核心诉求。

3. 坚持东盟是外交第一方向

马来西亚一直将东盟(ASEAN)视为其处理外交关系的第一方向、参与区域秩序构建的核心平台。尽管马来西亚参与了亚太经合组织(APEC)、伊斯兰合作组织(OIC)和东盟"10 + 3"等多边合作机制,但这些合作并没有改变东盟(ASEAN)在其外交政策中的中心地位,而是通过强化东盟国家之间的内部合作来提升马来西亚参与地区和国际事务的话语权。

就在跨太平洋战略伙伴关系协定(TPP)签署的 2015 年,作为东盟轮值主席国的马来西亚,在首都吉隆坡召开东盟峰会,与会东盟领导人签署了建立东盟经济共同体(AEC)的宣言,希望在该地区创造一个更加自由的贸易和资金流动环境,使东盟十国的政治和经济合作更加一体化。值得注意的是,该宣言提出要提升东盟各国之间交通基础设施和通信的互联互通水平。也得益于这种清晰明确的对外关系原则,马来西亚才没有过多解读"一带一路"倡议,没有过度泛政治化,而是将其作为一个加强各国互联互通和经贸合作的倡议,作为一个能共享发展成果的机会。因此,中国与马来西亚共建"海上丝绸之路",要在中国—东盟合作框架下进行。而马来西亚在对外交往中"坚持开放性、灵活性和原则性并重,在保持自身核心平台的基础上积极参与各种多边合作机制",也是十分值得参考和借鉴的。

4. 不想成为大国博弈的场所

马来西亚一直在推动"东南亚中立化"和"和平自由中立区(ZOP-FAN)"的理念①。它不希望本国和东南亚成为大国博弈的场所,这与一

---

① Johan Saravanamuttu, "Malaysia in the New Geopolitics of Southeast Asia. LSE IDEAS REPORT", Nov 2012. http://www.lse.ac.uk/IDEAS/publications/reports/SR015.aspx.

些国家奉行"大国平衡",乐于引入外部势力的做法完全不同。在一些国家,在美国高调"重返亚太"、力推亚太再平衡、南海争端激化的背景下,地缘政治已经影响到经贸合作。最明显的是,中国在东南亚的一些港口、铁路和电厂等投资项目频繁遭遇过度解读和恶意竞争,其动机已经不仅仅是出于经济利益考虑,比如印尼高铁项目和中泰铁路项目。这种情况既是源于区域外大国的影响和干扰,但也与当事国的外交理念和政策有莫大关系。

相比之下,马来西亚拥有清晰、稳健和独立的外交政策,不会轻易受到其他国家的左右。它认为只有保持高度的独立自治,才能实现区域的稳定、繁荣和发展,所以它不希望任何一个外部强国在东南亚有太强的存在。这与"一带一路"倡议的共建原则是高度一致的,也十分有利于中马"海上丝绸之路"共建项目避开外部因素干扰,有利于中国企业在马来西亚的投资经营。

◇◇二 马来西亚在"海上丝绸之路"建设中的作用

1. "海上丝绸之路"的重要门户

从许多方面讲,马来西亚都是"海上丝绸之路"的重要门户。地理上,该国位于东南亚的中心位置,与新加坡、印尼一道扼守世界上最繁忙的海运通道——马六甲海峡,也是从中国始发的海上丝绸之路过南中国海后的第一个通道;同时,马来半岛地处亚洲大陆的最南端,北接泰国,南临新加坡和印尼,将东南亚最发达的经济体、最大的市场及其他国家连接在一起,是泛亚铁路计划的重要一环。

经济上,马来西亚是东南亚相对发达、稳健的国家,已经建立起比较完善和成熟的市场经济制度。该国的商业、贸易、投资和金融制度均比较完善，使得该国经济充满活力。根据美国传统基金会的评价，2015 年马来西亚的经济自由度指数为 70.8 分，居全球第 31 位，在亚太地区的 42 个国家中排名第八，属于"经济自由度最高"的国家①。作为一个相对开放和完善的经济体，马来西亚已经成为东亚生产分工制造网络的重要组成部分。因此，马来西亚参与"海上丝绸之路"共建，将有利于中马两国在更大范围、更高水平、更深层次上拓展经贸合作，扩大和深化中国的对外开放。

2. "海上丝绸之路"多方共建的平台

《推动共建丝绸之路经济带和 21 世纪海上丝绸之路的愿景与行动》提出要积极利用现有双多边合作机制，推动"一带一路"建设。马来西亚可以在中国—东盟"10 + 1"、亚太经合组织（APEC）、博鳌亚洲论坛和中国—东盟博览会等多边合作中发挥重要的平台作用。

作为一个相对开放的经济体，马来西亚还是"海上丝绸之路"产能合作的理想平台。目前，依斯干达经济特区（Iskandar Development Region）② 已经成为马来西亚和新加坡合作的重要区域，马来西亚丰富的土地资源为新加坡提供了产业转移和拓展的空间；马来西亚还吸引了数百万的外国劳工，其中 50% 以上来自印尼。

马来西亚可以作为华人经济与伊斯兰经济合作发展的重要平台。从人口结构来看，马来西亚 3000 多万人口中，马来人占 50.1%，华人占 22.6%，而信仰伊斯兰教的人口占 61.3%③。华人经济和伊斯兰文明在马来西亚和谐共处、共生共荣，未来广大华人经济可以通过马来西亚联通伊

---

① 资料引自美国传统基金会，http：//www. heritage. org/index/country/malaysia。

② 依斯干达经济特区是马来西亚政府为重振经济在柔佛州推行的一项大型经济发展计划。因该特区与新加坡毗邻，被形容为如深圳之于香港的经济特区。

③ 资料引自 CIA 年鉴，https：//www. cia. gov/library/publications/the - world - factbook/geos/my. html。

斯兰经济。比如，马来西亚是世界最重要的伊斯兰金融中心之一，根据英国《金融学家》的统计，该国符合教义（sharia）的伊斯兰银行资产超过银行总资产的五分之一，而穆斯林国家该指标的平均水平仅为12%。马来西亚还是国际标准制定机构——伊斯兰金融服务委员会（Islamic Financial Services Board）所在地①。马来西亚的丰隆银行和大华银行等华人银行均获准开办伊斯兰金融业务，未来两岸四地乃至东南亚华人金融业完全可以通过马来西亚进入广阔的伊斯兰金融市场。

3. 合作共赢的良好示范

当其他国家对"海上丝绸之路"建设还处在犹豫、观望和试探时，中马两国的合作共建已经硕果累累。政策沟通方面，马来西亚交通部长廖中莱说：中国的规划框架中整合了马来西亚关于"21世纪海上丝绸之路"的建议②。设施联通方面，两国签署成立了中马港口联盟，中国海军获得马来西亚哥打基纳巴卢港（Kota Kinabalu）的使用权，中国企业还积极参与"隆新高铁"项目；贸易畅通方面，中马"两国双园"模式为双方经济合作提供新动力，中国还在马来西亚设立人民币清算行，使其成为世界十大人民币离岸清算中心之一，同时还向马来西亚提供人民币500亿元（合78亿美元）的人民币合格境外机构投资者（RQFII）额度，以促进两国之间的贸易和投资。2015年11月，中国广核集团有限公司以23亿美元的价格收购马来西亚1MDB的能源资产，此举既有利于1MDB摆脱债务困境，也有利于扩大中国在马来西亚的影响。民心相通方面，两国《高等教育学位学历互认协议》得到全面落实，这是中国与东盟国家签订的第一

---

① 刘辅忠：《发展伊斯兰金融：马来西亚的金融国策》，http://www.szse.cn/main/files/2013/06/04/160336440884.pdf。

② Liow, "Malaysia's recommendations incorporated in maritime silk road plan", http://www.mysinchew.com/node/105503.

个类似协议①。此举有助于加强两国专家交流与学生往来，以实现 2020 年中国—东盟"双十万"学生流动计划。

中马两国合作项目的推进与落地，一定会对其他国家形成明显的示范和带动。以设施联通为例，港口是任何一个沿海国家融入全球经济的重要枢纽。东南亚国家竞相发展港口经济，马来西亚几乎是倾全国之力发展巴生港。而世界前 10 大货柜港有 7 个在中国②，与中国港口的合作可以带来不容忽视的竞争优势。中马港口联盟将为两国最好的港口建立紧密的合作关系，这将对其他国家的港口发展形成良好的带动和示范。

◇◇三　中—马共建"海上丝绸之路"之路径

自从"海上丝绸之路"倡议提出以来，中马两国已经先后通过《中华人民共和国政府与马来西亚政府经贸合作五年规划》（2013—2017 年）和《中华人民共和国和马来西亚建立外交关系 40 周年联合公报》两个文件，为未来合作指明了方向，明确了双边经贸合作的路线图，对中国—东盟命运共同体、"海上丝绸之路"建设取得了共识。鉴于两国良好的政经关系，笔者认为应该在"海上丝绸之路"建设的各个重点领域全面开展合作，主要是从"五通"入手。

1. 加强"海上丝绸之路"建设的政策沟通与协调

"海上丝绸之路"建设涉及多个领域、多个国家，多方意见、多种利益错综复杂。中马两国应该加强政策层面的沟通协调，探索建立规范透明

---

① 根据中华人民共和国教育部公开资料整理，http://www.cdgdc.edu.cn/xw-yyjsjyxx/dwjl/xwhr/xwhrxy/。

② 分别是上海（1）、深圳（3）、香港（4）、宁波—舟山（5）、青岛（7）、广州（8）、天津（10），括号内数字代表排名。

的"海上丝绸之路"建设合作机制，才能保证双方合作的顺利进行。

时至今日，中国仅由国家发改委、商务部和外交部联合发布了一份框架性的愿景与行动文件，涉及"一带一路"的各个地方省市出台了相应的方案，除此之外没有公开和明确具体的机制和行动规划，更没有与其他国家共同制定合作协议。这就使得相关国家处在一种"信息不对称"状态，不利于共商、共建、共享。正如马来西亚智库战略与国际问题研究所（ISIS Malaysia）的高级分析员 Shahriman Lockman 所言：马来西亚在缺乏详细信息的情况下，给予了"海上丝绸之路"倡议相当积极的回应①。马来西亚国会议员、国防部长和巫统副主席希山慕丁在东盟商务论坛对话上指出：不希望马来西亚和东盟只是"海上丝绸之路"中"安静的政策执行者"……不希望中国手握指挥棒，一路前进而无视其他国家②。

因此，笔者建议中国和马来西亚签订一个框架性协议，明确两国共建"海上丝绸之路"的目标、原则、分工合作机制、利益分配模式、主要建设项目和争端解决机制。另外，支持马来西亚发起和主导"海上丝绸之路"共建项目，比如对马来西亚提出的"一带一路"港口联盟，中国应该给予全力支持和配合。只有提高"海上丝绸之路"建设的规范性和透明度，提高参与各方的地位，才能够有效调动各国的积极性和主动性。

2. 加强互联互通合作

互联互通是"一带一路"建设的优先领域，是中马经贸合作的利益契合点，也是当前马来西亚对华最为积极的领域。当前可行的方式是推动东盟互联互通总体规划（AMPC）在马来西亚的落实。

---

① Shahriman Lockman, "The 21st Century Maritime Silk Road and China – Malaysia Relations", April, 2015, http：//www. isis. org. my/index. php/research – a – publications/presentations/1942 – the – 21st – century – maritime – silk – road – and – china – malaysia – relations.

② Shankaran Nambiar, "Silk Road stirs call for openness", April 14, 2015, http：// www. thesundaily. my/node/304870.

第一，加强"海上丝绸之路"与东盟互联互通总体规划（AMPC）的对接。该规划的目标之一是促进东盟内部的互联互通，这有利于整合扩大东盟市场规模，也有利于扩大中国—东盟贸易。同时这个规划比较成熟，自 2009 年以来经历过一系列高级别谈判和技术工作组会议，已经形成和正在进行一些重要项目。日本及其主导的亚洲开发银行已经参与到相关项目建设中。2015 年 11 月举行的东盟交通部长会议也邀请了中日韩三国参与。相比之下，"海上丝绸之路"建设尚处于起步阶段，也缺乏相应合作伙伴，因此和 AMPC 对接无疑是较为合适的选择，这样也有利于取得东盟成员国对"海上丝绸之路"建设的信任和好感。

第二，加大资金支持力度。根据亚洲开发银行的测算，AMPC 所需资金的 50% 左右需要从外部渠道获得①。仅东盟高速公路网络就包括 23 条路线，里程达 38400 公里，需要庞大的资金投入。中国主导成立的亚投行（AIIB）、丝路基金和国内富有实力的基建企业可以提供部分资金。但前提是依据市场化原则，保证项目的收益和资金安全。资金应该重点投向马来西亚与其他国家的互联互通项目，如马新高铁，还有马来西亚港口连接其他东盟港口的滚装码头项目（ASEAN RORO NETWORK）。

第三，加大项目参与程度。其实 AMPC 的进展并不是很顺利，除了资金问题外，技术能力不足也是重要的难题②。各成员国参差不齐的发展水平和利益诉求导致跨国项目进展缓慢。中国应该利用自己强大的基建能力，积极参与到 AMPC 的项目建设中。

3. 创新资金融通合作

第一，人民币国际化。马来西亚央行行长 Zeti 强调：亚洲，包括马来

---

① Basu Das, *Sanchita. Conclusion and Policy Recommendations*, in Sanchita Basu Das, ed., Enhancing ASEAN's Connectivity, ISEAS, 2013.

② Joycee A. Teodoro, "ASEAN's Connectivity Challenge. THE DIPLOMAT", June 27, 2015. http：//thediplomat. com/2015/06/aseans – connectivity – challenge/.

西亚必须为人民币国际化做好准备①。马来西亚已经是人民币国际化的重要合作伙伴,其央行是第一个与中国央行签订本币互换协议的央行,是第一家成为 QFII 投资者的亚洲央行,马来西亚林吉特是第一种与人民币直接交易的新兴国家货币;2013 年两国央行签订跨境担保协议,2014 年东盟第二家人民币清算行落户吉隆坡。今后中马应该增加人民币在贸易结算中的比重,推动马来西亚企业以本国作为人民币交易结算的中心,推出更丰富的以人民币计价的金融产品,鼓励中国企业赴马来西亚上市和发行债券。

第二,伊斯兰金融。"一带一路"沿线特别是"海上丝绸之路"沿线分布着许多穆斯林国家,日益蓬勃的伊斯兰金融业和石油美元使得非伊斯兰国家和地区也纷纷开展伊斯兰金融,比如英国、俄罗斯、新加坡、中国香港、日本、文莱和泰国。但是中国的金融开发程度及其他条件还不够成熟,应该与马来西亚一起开展伊斯兰金融合作。可以让国内银行与马来西亚伊斯兰银行合作,通过其开设伊斯兰金融窗口;可以推动马来西亚向中资银行发放相关牌照,让国内银行赴马来西亚开设伊斯兰金融机构,以便拓展业务、积累经验;可以利用马来西亚的优势,联合开展伊斯兰金融教育,为中国培养伊斯兰金融人才。

4. 推动国际产能合作

中国是马来西亚第一大贸易伙伴,而马来西亚是中国在东盟的第一大贸易伙伴。但是中国对马来西亚的投资却比较少,远低于新加坡、日本和美国的投资。今后应该鼓励中国企业赴马来西亚投资,开展国际产能合作。特别是马中关丹产业园、巴生港自由贸易园区和依斯干达经济特区等均为中国企业提供了广阔的投资机遇。

---

① Zeti Akhtar Aziz, "Renminbi and China's Global Future. Bank Negara Malaysia", August 17, 2015, http: //www. bnm. gov. my/index. php? ch = en_ speech&pg = en_ speech_ all&ac = 565.

马中关丹产业园是马来西亚政府重点扶持的第一个国家级特区,也是中国在"海上丝绸之路"沿线国家设立的第一个产业园区,被列入国家"一带一路"规划重大项目和跨境国际产能合作示范基地。要运用亚投行、丝路基金等鼓励企业入园,促进产业集聚发展,构筑现代制造业集群和物流基地,打造亚太地区投资创业的新高地、"海上丝绸之路"经贸合作的示范区。要推动广西北部湾国际港务集团对关丹港的升级改造,加快开发新港区,尽快开工建设第二个深水码头,使关丹港成为马来西亚东海岸区域性枢纽港和辐射中国及东南亚的中转及物流中心。同时,推进"两国一检"通关模式,促进中马两国港口通关、通航便利化。

巴生港自由贸易区(简称PKFZ)发挥巴生港①国际航运转口物流的优势,吸引以中国商家为主体的各国出口厂商在园区内开展各类转口贸易、生产加工,打造"以清真产业为主要发展方向的区域性国际贸易与物流中心"。马来西亚的清真产业认证国际通用,在PKFZ加工包装的清真食品和用品可直接销售到任何一个伊斯兰国家,由此可以帮助中国清真企业打开54个伊斯兰国家的超过18亿人口市场。目前已有大量中国企业进驻。中国政府应引导宁夏、新疆等相关省份,着力推动对该园区的投资,将其拓展成中马乃至"海上丝绸之路"经贸合作的一个崭新平台。

依斯干达经济特区跨坐于马六甲海峡和南中国海的三座重要港口之上,位于全球贸易网络的支点,并有在建的延伸到新加坡和吉隆坡的铁路系统("隆新高铁"),区位优势独特且显要。应推动中国(福建或广东)自由贸易试验区与其对接,推动中马、中新贸易投资便利化。同时,引导中国的跨国公司将依斯干达经济特区作为其全球制造网络的重要组成部分,打造"海上丝绸之路"生产价值链,加快"走出去"步伐,形成"海上丝绸之路"国际产能合作新高地。

---

① 巴生港占据黄金海运线——马六甲海峡的交汇位置,是马来西亚最大的港口,因其快速、高效的运转功能誉满全球。

5. 发挥马来西亚华人的桥梁作用

马来西亚有 600 多万华人，在该国经济社会发展中具有举足轻重的作用。华商大企业行业分布广泛，保有强大实力；华商中小企业数量庞大，发展空间广阔，在马来西亚经济中扮演着不可或缺的角色。根据《福布斯》统计，马来西亚前 50 大富豪中有 38 个是华人①。应该以马来西亚华人企业、侨领、华人社团、华文教育机构和华文媒体为五大主体，发挥其独特优势，参与到"海上丝绸之路"建设中来。以华人企业和华文教育机构为例，马来西亚的华人企业实力在东南亚比较突出，在金融、基建、能源、贸易等各个领域具有较强实力。这些华人企业是国际产能合作的重要对象，如怡保工程、金务大、杨忠礼电力等马来西亚华人企业，他们均位列全球华商 1000 强，主要业务是公路、铁路、隧道、桥梁、港口、机场、房屋、发电厂的建设和运营等，市场范围遍及中国大陆、东南亚和中东等地，未来他们可以在"海上丝绸之路"互联互通中发挥重要作用。而马来西亚的华文教育更是备受关注，这里是除中国大陆、台湾、香港和澳门之外唯一拥有从幼儿园、小学、中学到大专院校完整华文教育体系的国家。马来西亚已经有 1200 多所华文小学，60 所华文独立中学，3 所大专院校②。这些华文教育机构对于传播中华文化，弘扬丝路精神，促进民心相通起到不可替代的作用。

---

① 根据《福布斯》2015 年数据整理，http：//www. forbes. com/malaysia – billion-aires/。

② 李其荣：《华侨华人在海外传播中华文化新探》，《广西民族大学学报》（哲学社会科学版）2013 年第 3 期，第 117—123 页。

第五章 中斯合作与"一带一路"建设

赵江林①　谢来辉②　周亚敏③

【摘要】斯里兰卡的地理位置决定了它既是"一带一路"建设的重要支点，又是中国对外战略中的"关键小国"之一。中国"一带一路"倡议与斯里兰卡制定的"马欣达"长远发展愿景高度契合，但其现任总统西里塞纳的亲印外交政策使得"一带一路"建设在斯里兰卡一度遭遇重大阻碍。为了进一步推进中斯合作，中国应首先化解印度的战略忧虑，以斯里兰卡国内的实际情况为切入点，着眼在斯里兰卡投资的公平性，改善投资宣传布局，并大力推进法律法规以及机制体制建设。

2013年10月，中国国家主席习近平提出共同建设"21世纪海上丝绸之路"的倡议。斯里兰卡是首个以政府声明形式支持这一倡议的国家，这主要是出于以下几方面的原因：第一，中斯两国友好历史悠久，是大小国家间友好相处、互利合作的典范。公元5世纪，中国高僧法显到斯里兰卡研究佛经，开启了中斯友好历史。明代航海家郑和在15世纪时先后三次抵达斯里兰卡，加强了中斯联系。1952年中斯冲破西方封锁，双方签署了著名的《米胶贸易协定》，成为中斯贸易的近代里程碑。2014年5月，

---

①　赵江林，中国社会科学院亚太与全球战略研究院研究员。
②　谢来辉，中国社会科学院亚太与全球战略研究院助理研究员。
③　周亚敏，中国社会科学院亚太与全球战略研究院助理研究员。

两国关系更进一步提升为战略合作伙伴关系。第二，斯里兰卡地理位置独特，是 21 世纪海上丝绸之路上具有重要意义的中转点，能够承接东南亚，辐射南亚，联系中东和非洲。第三，海上丝绸之路倡议与斯里兰卡的发展需求和发展战略高度契合，能为斯里兰卡带来实实在在的利益，为中斯战略伙伴关系的发展创造条件。中斯可在投资贸易、基础设施、海洋经济、海上联通、物流旅游等方面展开合作，将海上丝绸之路倡议转化为两国务实合作的成果。因此，斯里兰卡是"21 世纪海上丝绸之路"的重要参与方，也将是主要受益方。

◇◇一　斯里兰卡独特的优势与海上丝绸之路建设

自中国提出"一带一路"倡议以来，斯里兰卡由于其特殊的地理位置和独特的地缘政治优势，在中国的周边外交战略特别是"21 世纪海上丝绸之路"战略中占据重要地位。斯里兰卡地处印度洋东西航道要冲，是 21 世纪海上丝绸之路战略的重要支点，也是中国对外战略中的"关键性小国"。历史上，斯里兰卡一直是中东与南亚无法绕开的航道，到了现代，波斯湾出口的原油，只要目标买家是亚洲，依然必须绕经印度半岛和马六甲海峡，其间斯里兰卡海域是必经之路。

从地缘经济角度而言，印度洋作为 21 世纪海上丝绸之路的重要组成部分，是全球贸易、能源、原材料的航线集中地，整个印度洋的海运占据了全球集装箱运输的 1/2，大宗海上货运的 1/3，原油海运的 2/3；[1] 与此同时，中国对印度洋的依赖程度也在上升，2013 年中国超过美国成为全

---

[1]　S. Ramachandran, "Delhi All Ears in the Indian Ocean," *Asia Times*, March 3, 2006.

球最大的贸易国，其中40%的对外贸易需要通过印度洋，而且这一比例还在继续上升。2013年中国将近60%的石油进口（主要来自非洲和西亚）需要通过西印度洋的海上咽喉，这是中国在战略上的重大脆弱之处。①

自古以来，斯里兰卡（锡兰）就一直扮演着印度洋前哨的角色，它是远东和东南亚地区与西亚、欧洲、北非海上交通的要冲。斯位于印度洋的枢纽之上，临近国际海运航线，科伦坡港不仅是地区货物进出的重要港口，而且是联结东西的关键节点。斯里兰卡得天独厚的地理位置，通过借助中斯友谊共建海上丝绸之路，将有助于中国在印度洋地区的国际贸易和投资体系中取得主动地位。从地缘政治角度而言，中国在印度洋地区缺乏战略支点。中斯共建海上丝绸之路，通过经济合作带动政治合作，最终将双边经济共同体提升至命运共同体。一旦实现上述目标，中国将突破美日印等国为应对中国崛起而形成的战略合围，中国的海上运输通道安全也将获得极大保障。

反观斯方，由于海上丝绸之路战略的合作切入点在于共赢，因此也得到了斯方的高度重视。首先，"21世纪海上丝绸之路"契合斯里兰卡"马欣达"发展愿景。2009年，斯里兰卡提出了国家振兴发展的"马欣达愿景"，目标是要把斯里兰卡打造成五个中心，包括海事中心、商业中心、能源中心、旅游中心和知识中心；要在2020年将人均国民生产总值从不到2000美元提升到7000美元，从而成为中上等收入国家。此外，"马欣达愿景"还包括了很多社会和文化目标，包括：加大基础设施建设，促进旅游业发展；推进乡村发展，帮助农民实现"不离乡的发展"；实现北部冲突地区重建，完成内战后民族和解；以及发展与世界各国友好关系，在国际事务中发挥独特作用等。中国建设"21世纪海上丝绸之路构想"，和斯里兰卡制定的"马欣达"长远发展愿景高度契合。

---

① 林民旺：《印度对"一带一路"的认知及中国的政策选择》，《世界经济与政治》2015年第5期，第42—57页。

其次，斯里兰卡可以搭乘"中国快车"实现经济腾飞。斯里兰卡希望深化同中国在经贸与投资领域的合作，这一愿望契合"21世纪海上丝绸之路"构想。自2009年斯里兰卡内战结束后，斯中双方在斯各项经济社会建设领域进行了有力合作，中国公司承建了一系列大型基建项目，双方在经济领域的成功合作包括科伦坡国家大剧院、汉班托塔港、马塔拉国际机场、机场高速公路、南部高速公路，火电水电站等建设项目。

最后，斯里兰卡通过打"中国牌"，增强对印度的外交筹码。通过支持中国的"21世纪海上丝绸之路"构想，斯里兰卡可以借助中国平衡印度在印度洋地区的影响力，从而增强对印度的外交筹码。

◇◇二 中斯合作面临的机遇与挑战

西里塞纳上台后主张外交政策的核心是要降低对中国的依赖，加强与原本就有联系的日印的关系，并推行"百日施政计划"，旨在为包括中方企业在内的外国投资者营造一个更加透明、稳定、法治的投资环境，使斯成为更有吸引力的投资目的地。从斯里兰卡国内政治高层的访谈来看，斯方将"一带一路"看作中国与周边国家发展更加紧密经贸关系，并以此为基础打造辐射全世界商业网络的设想。斯方目前的国家发展战略关注地区和平与发展问题。斯方愿意在这两个层面与中国的"一带一路"框架下加强合作。但是，斯方也强调，斯里兰卡新政府会与原来关系上有些疏远的国家重新建立好友关系，希望在保持同中国、俄罗斯友好关系的同时，也同美欧国家重新建立友好关系。[1] 在这种"平衡"外交战略的思维

---

① 张凯：《中国的"一带一路"倡议有助于推动斯里兰卡经济发展——专访斯里兰卡总理特别顾问萨曼·阿萨达希提》，《当代世界》2015年第11期，第75—76页。

下，斯方的外交取向会出现多元化趋势。

1. 对中国硬件建设的态度。斯里兰卡新政府在成立之后即开启对外国投资项目的复审。虽然包括澳大利亚、伊朗等国以及斯里兰卡本国的一些项目，但由于中国目前是斯里兰卡最大的外资来源国，因此有舆论认为，斯里兰卡新政府的这一措施旨在针对中国。2015 年 3 月 5 日，斯里兰卡政府宣布决定暂停中国企业投资建设的“科伦坡港口城”项目。这个项目是中斯合作最重大的项目，也是中国“海上丝绸之路”最大的对接项目。斯里兰卡政府认为该项目涉嫌规避当地法律和环境要求，需要面临重新的评估，并要求中方公司提供相关政府部门颁发的有效许可证明。

中国在斯里兰卡的其他项目：南部铁路项目——该项目不仅有利于推动斯里兰卡铁路网升级，提升客货运量，也有利于带动铁路沿线旅游等产业发展，帮助该国重振经济。同时，南部铁路建设也有助于发挥斯里兰卡通向南亚地区的门户作用，推动“21 世纪海上丝绸之路”构想在斯里兰卡实现战略对接。① 汉班托塔港项目——由于汉班托特港特的地理位置以及中方承建的背景，项目启动以来备受关注。部分印度和西方媒体对项目建设的动机和影响进行了炒作和歪曲。

但是，西里塞纳对汉班托塔港等斯里兰卡大项目建设表示支持，并且表示政府愿与中方一道落实好两国已达成的各项协议。2016 年科伦坡港口城已经全面复工。

2. 对中国“软件”建设的态度。斯里兰卡是目前唯一一个与印度和巴基斯坦均签订自由贸易议的国家，斯里兰卡还与欧盟签有超普惠制待遇。此外，斯里兰卡还是南亚自由贸易区（SAFTA）以及亚太贸易协议（APTA）的协定国。中资企业可以通过斯里兰卡与上述国家和地区签订的自贸协定和超普惠制待遇协定等，为中国商品进入上述国家和地区市场提

---

① 黄海敏、杨梅菊：《斯里兰卡政府宣布科伦坡港口城项目现在即可复工》，新华网，http://www.xinhuanet.com/world/2016 - 03/15/c_ 128799902.htm。

供机会。

习近平主席 2014 年 9 月访问斯里兰卡期间，中斯双方决定正式开始自贸区谈判。自贸协定将有助进一步促进两国贸易和投资合作。对斯里兰卡而言，自贸协定将为斯里兰卡扩大对华出口提供契机，有助于逐步缩小双边贸易逆差，推动斯里兰卡中小企业发展，吸引更多中国投资，从而为斯经济发展增添新动力。斯里兰卡国际关系与战略研究院院长阿桑加·阿贝亚古纳塞克拉表示，中自贸协定谈判的启动将为两国带来重大惠利，贸易协定首先将有助于解决两国间长期存在的贸易逆差问题。"2014 年斯里兰卡对中国的出口仅为 1.21 亿美元，仅占斯里兰卡总出口的 1%，这是一个亟待被突破的数字。相信在签署自贸协定之后会大大缩小两国间贸易逆差，为两国间经贸往来注入更大活力和更强信心。"①

2014 年 9 月 17 日至 19 日，中国—斯里兰卡自贸区首轮谈判在斯里兰卡首都科伦坡举行。此轮谈判中，双方就谈判工作机制、覆盖范围、推进方式、路线图和时间表、货物贸易降税模式等多项议题进行了深入磋商，达成许多共识。与此同时，双方还讨论通过指导未来谈判的"职责范围"文件，为后续谈判奠定了良好基础。以后又进行多轮谈判，取得积极进展。

◇◇三　推进中斯合作的方向

一是要继续推进中斯合作，那么化解印度的战略忧虑是绕不开的话题，尤其是在斯当局亲印的情况下。中国正在向友好国家提供海上基础设施，"一路"将成为印度洋沿线国家的发展机遇。在印度南亚邻国纷纷选

---

① 2015 年 11 月，阿桑加院长在调研时指出。

择加入"一带一路"的情况下,印度选择置身事外是有悖其长远利益的。中国应该明确一点,中国与印度洋沿岸国家的合作,最终目的是扩建其港口能力,帮助这些国家增加印度洋国家自身在国际航运业中的地位,并通过这一地位的加强和能力的提高,为这些国家的工业化能力创立更好的支撑条件。因为对任何一个国家而言,港口的商业价值并不仅仅表现在与其他港口的连接性上,更表现在港口和其内陆的工业聚集地的连接性上。要让一个港口长盛不衰,单单靠转运是不够的,关键是要让港口所依托的工业聚集区域发展起来,换句话说,就是要让港口成为本地工业化水平提升的配套基础设施。而中国经济发展的外溢效应,需要实现中国工业和金融能力的全球配置,印度洋沿线国家的积极配合,会将使中国资本涌向本国。通过港口建设刺激当地国家的工业化进程,为中国工业企业以及金融资本进入这些国家创造有利条件,是中国推动印度洋沿岸国家港口建设的根本目的。①

至于印度所忧虑的中国"珍珠链"效应,首先并不是中国的初衷,其次也超出了中国的能力范围。对于斯里兰卡来说,着眼于国内发展才是头等大事,印度虽然在政治上对斯里兰卡进行干预,但又无法提供与政治影响力相匹配的经济影响力。在笔者调研斯里兰卡期间,斯政府由于削减对大学生的补贴而征收学费,每日都可在街头看见配枪军人阻挠学生游行,据当地人称已经发生了流血事件。科伦坡港口城项目停建曾导致当地建筑企业大量裁员,斯里兰卡国内目前的经济萧条,社会并不稳定。长此以往,如果斯里兰卡当局坚持因为政治上配合印度而减缓国内的经济建设,必将引发新一轮的社会矛盾和政局变动。

二是以斯里兰卡国内情况为切入点继续推进。从国内的长远发展而言,斯里兰卡也应该尽快启动中斯合作项目,积极利用中国"一带一路"

---

① 叶海林:《中国必须争取印度参加"21世纪海上丝绸之路吗?"》,载金立群、林毅夫等《"一带一路"引领中国》,中国文史出版社2015年版。

的春风，引进中国资本，抓紧时间推动本国的工业化进程，着力打造类似新加坡的集中转港、工业集聚地、地区金融中心的综合能力。从斯里兰卡本国利益出发而言，只有发展基础设施投资、实业和制造业投资才是持续发展的根本。中国改革开放四十年来的成功经验表明，通过"互利共赢、相互依存"的经济发展和合作模式，实现贸易投资自由化和区域经济一体化是发展中国家自身腾飞的根本原因。

三是未来在斯基础设施建设中应注重公平性。"21世纪上丝绸之路"的建设和基础设施的建设密切相关。从斯里兰卡早期参与"21世纪海上丝绸之路"建设的情况看，在投资和兴建基础设施上存在不平衡现象，从而造成收益不均衡的结果。目前，斯里兰卡在进行的基础设施投资，比如说空港，海港等建设，大部分都是从中国的银行取得贷款，这种投资对斯里兰卡多个部门产生影响，使斯里兰卡GDP的增长提高到一个前所未有的水平。但是，通过这些大规模投资获得的真实收益在斯里兰卡全体居民中分布不均匀，特别是在阶级和种族分布方面，有关这些真实收益是如何分配的问题仍旧存在。此外，很多基础设施建设的投资比如高速公路等，是服务于汽车的。但有很多斯里兰卡人是开不上汽车的，汽车对斯里兰卡来说是一种又贵又不保护环境的出行方式。而另一方面，斯里兰卡却存在保障性住房数量不足，城市公共交通糟糕，交通堵塞，小城市和农村缺少完善的铁路网等基础设施方面的问题。因此，未来，中国在斯里兰卡在投资和兴建基础设施上要强调公平公正性，充分考虑民众的需求，统筹协调海运、空运、公路和周边城市及农村发展。

民心沟通是打开南亚大门的钥匙。发展旅游业是中国在斯里兰卡投资的可行方向。在复杂敏感的投资环境中，中国企业应该注重民心沟通，建立互信。从斯里兰卡实地考察情况来看，中斯两国的民心相通应该说效果不错，当地人对中国人十分友善。

四是改善在斯里兰卡的投资布局和宣传布局。中国在斯里兰卡的宣传布局需要改善。正如前文提到的科伦坡港口城项目建成后 1/3 的土地由中国公司拥有，正是这一点也为新政府在媒体宣传上蓄意渲染，谣言满天飞，甚至有言论表明斯民众进入这块土地需要中国的"通行证"等，给中方项目的推进造成了巨大影响。中国企业在"走出去"过程中，由于受国内项目推动方式的影响，过于重视走"上层路线"，在民主选举制国家，这种行事方式遇到的风险极大，而忽视对民众的宣传工作也是由于过于重视"上层路线"引发的问题。中国在斯里兰卡的投资布局有待改进。中国在斯里兰卡的投资几乎都集中在基础设施——机场、港口、铁路，这种投资目标巨大、投资结构单一的投资格局导致中国项目很容易被视为众矢之的。反观日本在斯里兰卡的投资，其基本特征是集中在非经济领域，例如文化、教育和民生方面。比如日本对斯里兰卡"三种语言"计划的援助①、对斯里兰卡年轻官员的培训援助，以及对斯里兰卡学校及医疗健康的援助。② 斯里兰卡外交部长萨马拉维拉曾经表示，医疗、教育等社会保障体系是斯国亟待投资的领域，希望能借助中国的资金和人力，这也许是未来中斯合作民心相通建设的一个方向。

五是从国家战略的角度采取措施发展长期稳定的多边经贸关系，有关部门需要完善相关的法律制度建设，构建防范和化解国家风险的机制和体系。积极利用中国各种驻斯里兰卡机构密切观察斯里兰卡的产业政策、外资政策，及时为中国企业提供相应的服务和咨询，增强政府防范斯里兰卡国家风险的服务与监督功能。

另外，要注重积累规避政治风险的经验。虽然道路长且艰难，但中国企业参与海外港口建设的方式需要不断升级，要从参与港口建设到努力争

---

① 2012 年斯里兰卡启动了一项宏大的 10 年计划——使斯里兰卡成为一个 3 中语言的国家，即保证让每个斯里兰卡公民通晓僧伽罗语、泰米尔语和英语。

② 唐鹏琪：《实施"一带一路"战略的政治与经济风险——以中国在斯里兰卡的投资为例》，《南亚研究季刊》2015 年第 2 期，第 102—106 页。

取港口长期特许经营权，把握港口合作的持续动力。从大宗商品到基建项目，中国"走出去"模式已悄然改变。随着项目所在国政权易主，中国企业也在经历阵痛，如何积累应对政治风险的经验，也是必修的课程。

尽管斯里兰卡发生的情况与外部势力的影响密切相关，但根源仍然在于中国与相关国家关系治理出现了问题。2015 年斯里兰卡新政府暂停中国在科伦坡的投资项目无疑敲响了警钟，尽管斯里兰卡政府一再声称并不特别针对中国投资，但新政府采取这样的措施显然与其国内的政治斗争及地区大国印度的施压密不可分。总之，囿于缺乏"硬"手段保护这些合作项目及投资的现实，中国要顺利地推进与沿线国家的项目合作，只能在国家关系治理上加大力度。①

---

① 杨思灵：《"一带一路"倡议下中国与沿线国家关系治理及挑战》，《南亚研究》2015 年第 2 期，第 15—34 页。

第六章 "一带一路"在越南

黄惠英①

【摘要】越南是中国通往东南亚各国的重要渠道，在"一带一路"建设中扮演重要角色。本章通过调查分析"一带一路"倡议在越南的认知度、越中两国在"一带一路"上合作的现状以及越中进行"一带一路"和"两廊一圈"倡议对接的可能，指出"一带一路"五通之中"民心相通"对其余"四通"的关键意义。提出中国需要在越南用真实的行动、高质量的工程来证明自己现代化实力，并强调"更好地了解沿线国家的特殊情况、有效地与沿线国进行沟通对接"是中国建设"一带一路"的重中之重。

"丝绸之路经济带"和"21 世纪海上丝绸之路"（以下简称"一带一路"）从倡议到行动、从理念到实践已经走过了五年的时间，取得了一些成果。自 2013 年秋天中国国家主席习近平提出"一带一路"倡议之后，到目前为止已经有 100 多个国家和国际组织共同参与，中国同 40 多个国家和国际组织签署了合作协议，并在 20 多个沿线国家建立了 56 个经贸合作区。北京"一带一路"国际合作高峰论坛刚刚举行，引起国际社会高度关注。对于中国来说，此次高峰论坛是"一带一路"倡议的一个重要

---

① 黄惠英，越南社会科学翰林院中国研究所博士、研究员。

里程碑，其总结过去四年的实施成果，把倡议提升到新的理论高度，并且开拓了将来的美好景象。由中国倡议成立重点支持基础设施建设、法定资金为 1000 亿美元的亚投行目前已有 77 个正式成员国。习近平主席在"一带一路"国际合作高峰论坛上宣布向丝路基金新增资金 1000 亿元人民币。"一带一路"从 2013 年的一张蓝图开始，逐步落到实处，机制也不断在深化。中国境内，"一带一路"近几年来成为一个热词。在各个国家部门、研究机构、大学院校、公司企业等都新增了有关"一带一路"的工作机构。几乎每一个中国人都能感受到"一带一路"对他们生活的影响。中国通过发动这一宏伟的顶层设计来调动整个民族的团结和决心，"一带一路"倡议将来能否成功目前来看还是一个问号，然而这次巨大的民族凝聚力对于习近平领导的中国实现国家复兴的理想目标来说，无疑具有积极的作用。

作为"一带一路"倡议的沿线国家之一，又是中国的邻居，也是中国通往东南亚各国的重要渠道，越南在"一带一路"互联互通上扮演着重要的角色。笔者试图通过反映越南人对"一带一路"的认识、目前越中两国在互联互通上的合作状况，分析越中进行"一带一路"和"两廊一圈"倡议对接的机遇与挑战，由此提出一些个人对越中在"一带一路"背景下进行战略对接和项目建设的几点思考，希望能提供一个从沿线国家去认识"一带一路"的视角。

◇◇一 越南人如何认识"一带一路"

如上所述，"一带一路"在中国如火如荼地进行着，"一带一路"几乎成为中国老百姓无人不知的热词。那么越南人怎么认识"一带一路"？

1. 越南学术界——从模糊不清到高度关注

越南学者对"一带一路"的认识从倡议提出到现在可分为两个阶段。2015 年之前，由于"一带一路"还只是一个蓝图，更多的是一个总体框架设计，加上其涵盖的地理范围和包含的内容非常庞大，中国学术界本身对于倡议的内涵、范围、措施等问题的说法不够清晰，甚至有些混乱，没有形成统一、系统的体系，使得越中学者在此问题上进行学术性交流造成障碍。从 2013 年到 2015 年，研究中国问题的越南学术界对"一带一路"的关注度不高，一些专家在个别文章有提到，不过只停留在介绍性和总结性的程度。胡志明市国家大学张明辉武博士在他的一项研究报告中对"一带一路"进行梳理。他的报告分为五大部分：第一，中国为"一带一路"做了些什么？第二，"一带一路"地位显著的原因；第三，中国和各国学者如何看待"一带一路"？第四，"一带一路"对地区和世界的影响；第五，为越南提出一些政策建议。文章是作者在对"一带一路"认识的基础上提出一些个人的初步解释。

2015 年随着《愿景与行动》的出台，中国关于"一带一路"的研究著作如雨后春笋大量出版，由中国政府部门和研究机构组织有关"一带一路"的国内、国际会议连续不断，为越南学者全面了解"一带一路"提供更多的渠道和机会。研究中国问题的越南专家开始不断提及"一带一路"，研究内容从之前主要注重于弄清其战略的概念与含义转向往更深层次的问题去探讨，如：中国发起"一带一路"的战略思考、"一带一路"的可行性、其倡议实现的过程中对地区和世界的影响等，有学者以中美关系的研究视角或以"一带一路"与"两廊一圈"的对接问题为接入点，也有的研究试图为越南政府提供一些政策建议。在《谈 21 世纪海上丝绸之路》① 的文章中，德紧、芳阮博士较详细阐述"一带一路"的五通合作

---

① 　[越] 德紧、芳阮：《谈 21 世纪海上丝绸之路》，《中国研究杂志》2015 年第 5 期。

原则,同时分析中国和其他国家在进行"一带一路"时所遇到的机遇及挑战,其中作者比较强调中国与东南亚国家的"战略互信"下降因素对各国合作造成的负面影响。由阮德成、范士成主编的《增长的新基础建设》① 著作有一章《中国"一带一路"倡议及对越南的多方面影响》相当全面地概述了"一带一路"的经济、外交、安全等目标。在外交方面,该书认为"一带一路"高度体现中国第二次改革开放浪潮,通过落实"一带一路"建立有利于中国发挥更大作用的国际游戏的世界秩序。在安全方面,作者比较强调中国能源安全危机以及中国"孤独强国"状态在"一带一路"战略的重要意图。书中列出了中国从中央、各政府部门到省级的有关文件和政策,中国与其他国家和国际组织的双边及多边的运行机制、金融、贷款运作等。在结论部分作者侧重于基础设施建设为越南提出一些具体的政策建议。目前,越南学者关于"一带一路"最为完整的专题性著作有范士成主编的《"一带一路"——中国的战略与越南政策建议》②。该书一共有五章:第一章对"一带一路"战略做了总体性梳理;第二章对"一带一路"运作机制进行论述;第三章总结四年来有关项目的实际开展情况以及各国的反应;第四章预测"一带一路"对其他国家产生的影响;第五章为越南政府提出一些政策建议。范士成博士认为:"一带一路"经过了从倡议到战略的转变过程,2013 年为倡议提出的一年、2014 年普及中国国家各个部门、2015 年制订行动计划、2016 年为实现的一年。其战略带有很强的灵活性,有一系列多边倡议支持,体现中国的"实体外交"政策。"一带一路"带有很浓的习近平个人政策色彩,但是缺乏透彻的解释。作者把世界各国对"一带一路"的态度分为三组:

---

① [越] 阮德成、范士成主编:《增长的新基础建设》,河内国家大学出版社 2016 年版。

② [越] 范士成主编:《"一带一路"——中国的战略与越南政策建议》,世界出版社 2017 年版。

西方国家最重要的反应是建立了欧盟—中国的 ECCP 论坛。在亚洲国家之中，他认为南亚国家比东南亚国家的态度更加积极，东南亚国家分为积极参与、有选择性参与和慎重观察三种表态。非洲国家来得最晚。关于"一带一路"所面临的挑战问题，本书提出七大挑战：长期的海洋思维定位、"一带一路"的完整战略、中国企业"走出去"的失败案例、社会环保的挑战、软实力和政治信任的挑战、AIIB 的有效性和恐怖活动范围呈扩大趋势。

总体来说，中国"一带一路"战略目前还缺乏战略的详细安排、具体部署，尤其缺乏对东南亚各国的针对性统筹计划，越南对中国政府正式文件接触的机会又少，使得越南学者在进行研究时会遇到一定的障碍。

2. 越南老百姓——从一无所知到有所认识

虽然这几年来"一带一路"成为中国最热门的话题之一，不仅受到中国高层人士的普遍关注，也得到了人民群众的热烈追捧。然而越南民众对"一带一路"相当陌生。本章分为"一带一路"高峰论坛前后两个阶段来谈越南老百姓对"一带一路"的认识。

从 2013 年"一带一路"倡议提出之后到 2017 年 5 月"一带一路"高峰论坛举行之前，越南普通人民对其倡议基本上一无所闻也根本不关注。原因何在？首先，在这阶段里越南媒体关于"一带一路"的报道甚少。这说明中国对外宣传的力度不够。中国就此问题针对越南的宣传基本限于高层人士而没有形成大众化趋势。"一带一路"的"五通"包括政策沟通、设施联通、贸易畅通、资金融通和民心相通，其内容也不超过越中两国之前的合作范围。因此如果不加以说明，一般很难分清。其次，战略互疑是目前两国展开交流合作的一大障碍因素。这种互疑心态有历史根源也有现实原因。领土纠纷的历史遗留问题根深蒂固，潮起潮落，这两年来双方人民由于海上争端问题热化而互疑心态也呈现上升的趋势。出于对现实情况的考量，越南民众对中国项目普遍存在谨慎的心理。中国企业家进入越南市场比较晚。之前其他相当成熟的投标商如日本、韩国和一些西方国家的企业家进入越南市场很成功。中国企业家因此面临较大的竞争压力。中国商品经过小道进入越南，质量未通过检验，有的伪劣假冒商品在越南市场大规模进行销售，这样就使中国商品被贴上"质量问题"的标签。在越南也存在一些由中国投资的基础设施项目进度被推迟（如河内的吉玲—河东线城铁项目）或是造成环境污染（如福尔摩沙事件），这给越南老百姓生活带来了一些负面影响。再加上中国企业"走出去"，也存在"阶段性"和"区域性"问题。越南是中国的邻居，国土接壤，走进越南的第一批中国公司大部分是南方的中小型企业，在资金规模、职业规范、国际化程度都存在一定的局限性。以上原因使得中国提出的"一带一路"倡议没有受到越南老百姓的积极响应。"一带一路"在将来如能有效开展，希望越南会迎来一大批中国高水准的国际性企业，"中国品牌"口碑的"历史遗留"问题会得到解决。

2017年5月北京举办"一带一路"高峰论坛之后，此话题才相续出现在越南各媒体网站上。越南普通人民开始接触"一带一路"的概念。论坛举行之间和之后，越南各主要网站连续登载有关会议的信息。多家报纸同时引用习近平主席在高峰论坛上的开幕式致辞，也为读者提供一系列有关信息如：29位国家元首和政府首脑、来自100多个国家的1500位官员和各界人士、70多个国际组织的负责人和代表出席论坛；习近平主席在"一带一路"国际合作高峰论坛上宣布向丝路基金新增资金1000亿元人民币，本论坛一共形成成果清单270多项，签署32个双边、多边合作文件及企业合作项目，涉及18个国家和8个国际组织；未来三年向参与"一带一路"建设的发展中国家和国际组织提供600亿元人民币援助，向沿线发展中国家提供20亿元人民币紧急粮食援助，向南南合作基金赠资10亿美元，在沿线国家实施100个"幸福家园"、100个"爱心助困"、100个"康复助医"，未来5年内安排2500人次青年科学家来华从事短期科研工作、培育 5000 人次科学技术和管理人员、投入运行 50 家联合实验室。提供这些数字，越南人才能对"一带一路"有了概念。《新报》2017 年 5 月 16 日评论：美国回归"保护"而中国着急"开放"①。《青年报》2017 年 5 月 20 日认为"一带一路"需要巨大的资金来支持，而目前的情况下只有中国才有能力满足，"一带一路"就可以缩小亚太和中亚与欧洲国家的基础设施差距。② 越南最受欢迎的新闻网站 vnexpress. net 2017 年 5 月 15 日登载一篇文章，肯定此次高峰论坛将有助于中国逐渐把"一带一路"梦想化为现实。③ 越南各家报纸在谈到"一带一路"的积极作用之外，对该战略的可行性、其面临的挑战以及对地区和世界的地缘政治、地缘经济的影响都表现出一定的担忧。

◇◇二 "一带一路"在越南的可行性
——与"两廊一圈"进行对接

亚投行是中国展开"一带一路"的重要基金来源和运行机制，越南很早就表示支持并成为亚投行的创立成员国之一。2017 年 1 月越南共产党总书记阮富仲访问中国时，双方在联合公报上宣布"正式成立基础设施合作工作组和金融与货币合作工作组，同意加强上述两个组织同海上共同合作发展磋商工作组配合协调，共同推进各领域全面发展"，这体现了越南愿意与中国就"一带一路"适合内容进行合作的诚意。2017 年 5 月

---

① http：//www. baomoi. com/my – quay – ve – voi – bao – ho – trung – quoc – sot – sang – mo – cua/c/22283002. epi.

② http：//cuoituan. tuoitre. vn/tin/van – de – su – kien/quoc – te/20170520/vanh – dai – con – duong – va – trung – quoc – mong/1316505. html.

③ http：//vnexpress. net/tin – tuc/the – gioi/phan – tich/vanh – dai – va – con – duong – tham – vong – dan – thanh – hien – thuc – cua – trung – quoc – 3584243. html.

11—15 日，越南国家主席陈大光对中国进行国事访问并出席"一带一路"国际合作高峰论坛。发表在圆桌峰会上，陈大光主席认为：世界正进入关键性阶段的大环境，每个国家、地区都不断创新，尽可能发挥自己的潜力、优势，有效地利用科学技术的成果，保证和平、安全、稳定的环境和可持续发展。在这些原则的基础上，越南欢迎包括"一带一路"倡议在内的各项经济性、区域性互联互通倡议，愿意与其他国家共同研究、建设以及开展能为各国带来福祉、有利于可持续发展的项目。陈大光主席强调各国在"一带一路"框架下的进行合作时需要：跟联合国《2030 可持续发展议程》及现有的地区性、全球性合作框架连在一起；符合高效、可持续的标准；优先务实、符合各国、各地区发展需求的项目；在共识、平等、自愿、透明、开放、互相尊重、互利、遵守联合国宪章和国际法的原则基础上进行合作。谈到互联互通合作的问题上，陈大光主席分享越南在促进与邻国经济和交通畅通问题上的努力，帮助陆地国家和没有中转条件的国家更深地融入全球贸易系统。他强调应该优先国家间有效的经济联系，注重发展各大陆之间的交通互联互通，形成连接亚洲各国之间以及亚洲和欧洲、非洲、美洲大陆之间的交通系统，提升人文交流和贸易、投资的便利化。① 这一切体现越南对"一带一路"倡议的积极响应。然而在短期内如想取得成效的话，还应该把"一带一路"和"两廊一圈"很好地对接起来。

1. "两廊一圈"为建设"一带一路"打好基础

2004 年，时任越南国家总理潘文凯在对中国进行国事访问时，向时任国务院总理温家宝提出共建"两廊一圈"的构想。自 2005 年起，"两廊一圈"一直被纳入越中联合声明的内容当中。中国国家主席习近平于 2015 年 11 月访问越南期间，两国已达成共识并写进联合声明：要加强两

① http：//vov. vn/chinh – tri/viet – nam – hoan – nghenh – cac – sang – kien – lien – ket – kinh – te – 624661. vov.

国间发展对接、推动"一带一路"倡议和"两廊一圈"构想的对接，加紧成立工作组，积极商签跨境经济合作区建设共同总体方案。越南国家主席陈大光在 2017 年 5 月访问中国期间，双方发表的联合公报也明确指出："在符合各自利益、能力和条件的基础上，加快商签对接'一带一路'倡议和'两廊一圈'框架合作备忘录。发挥陆上基础合作工作组在提升两国互联互通的作用。按计划积极推进越中陆上基础设施合作领域和能源领域五年规划研究和编制工作，推动河内城铁 2 号线（吉灵—河东线）项目如期完工。"① "两廊一圈"的内容涉及越中关系方方面面，包括经济、贸易关系、投资、技术合作、环境保护、旅游问题等。"两廊"是指昆明—老街—河内—海防—广宁和南宁—凉山—河内—海防—广宁的经济走廊。"一圈"指的是环北部湾经济圈，中国境内包括广西（北海、钦州、防城），海南，广东（湛江）三省区，越南境内包括广宁、海防、太平、南定、宁平、清化、艺安、何静、广平、广治等省市。目前双方在落实"两廊一圈"时的主要成就集中在经贸关系和互联互通基础设施建设上。

首先经贸合作是"两廊一圈"地主要合作内容，也是越中关系的亮点。中国从 2004 年至今一直是越南的第一大贸易伙伴，而越南目前也成为中国在东盟国家最大贸易伙伴，双方贸易规模不断扩大。越中经贸合作上存在的最大问题是贸易不平衡问题，越南对中国的贸易一直处在严重的逆差状态。不过最近也看到有些缓解意向。中国驻越南大使洪小勇指出："去年（2016 年），越南对华出口增长了 20% 多，相反，中国对越南的出口呈下降趋势。今年上半年第一季度，这一趋势还继续保持发展势头。据统计，第一季度越南对华出口增长了 40%，总体上双边贸易结构正趋于平衡。"② 越中贸易结构也在不断优化，技术型、资本密集型产业已逐渐代替农副产品、初级工业制成品、矿产原料，成为双边贸易的主力产品，

---

① http：//zh. vietnamplus. vn.

② http：//www. haoyidian. com/5526105/20170509A06WDV00. html.

双方合作的广度和深度不断在拓展。随着"两廊一圈"与"一带一路"战略对接成为两国领导人的共识,合作项目正在稳步向前推进。据越南计划投资部外国投资局统计,2016 年前三季度,中国对越投资协议金额达10.1 亿美元,同比增长 304%。其中新项目 208 个,协议金额 6.7 亿美元。目前,中国在越直接投资项目数量 1492 个,协议投资 110 亿美元,中国成为越南第九大外资来源地。

其次是"两廊一圈"框架之内的互联互通基础设施建设情况。2014年越南河内—老街高速公路全线通车,这是越南首条连接越中边境的高速公路,耗资 14.6 亿美元,这是中国昆明—越南海防经济走廊的重要项目。2015 年河内—海防高速公路全线通车。这条公路的总长度将近 106 公里,投资额为 20 多亿美元。作为连接越南首都河内与越南北方最重要港口海防的一条血脉高速路,这无疑为越南经济发展和人民流动具有重要的作用。河内—谅山高速公路全长 146 公里,预计总投资额约 13 亿美元,分成三段完成:河内—北江段于 2014 年动工,2016 年初完成通车;北江—谅山段于 2017 年动工,预计 2019 年 12 月底通车。

2. "一带一路"是"两廊一圈"的延伸与提升

中国发起建设"一带一路"秉承共商、共建、共享原则,以"政策沟通""设施联通""贸易畅通""资金融通""民心相通"的"五通"为中国和沿线国家的合作内容。《愿景与行动》也指出,设施联通是"一带一路"建设的优先合作领域①。而这恰恰与越中两国的"两廊一圈"构想有很多契合之处。习近平主席在"一带一路"国际合作高峰论坛开幕式上的演讲中宣布中国将把"一带一路"建成一条"和平之路""繁荣之路""开放之路""创新之路"和"文明之路"。他强调:"中国愿在和平共处五项原则基础上,发展同所有'一带一路'建设参与国的友好合作。

---

① 《推动共建丝绸之路经济带和 21 世纪海上丝绸之路的愿景与行动》,人民出版社 2015 年版,第 8 页。

中国愿同世界各国分享发展经验,但不会干涉他国内政,不会输出社会制度和发展模式,更不会强加于人。我们推进'一带一路'建设不会重复地缘博弈的老套路,而将开创合作共赢的新模式,不会形成破坏稳定的小集团,而将建设和谐共存的大家庭。"① 在倡导"一带一路"建设的过程中,中国也很强调"共同安全"原则,由此形成"人类命运共同体"。按照中国的说法,"共同安全"是指自己国家的安全建立在保证其他国家安全的基础上,在捍卫本国安全的同时也使他国得到安全。这跟传统地缘政治的"安全观"不同。如果中国能遵循以上承诺开展"一带一路"合作的话,就会为地区乃至整个世界的和平、安全与繁荣做出贡献,也体现出大国姿态和大国担当。

经过多年的总结和提炼,中国对"一带一路"倡议已经形成更加完整的理论体系。"两廊一圈"是之前针对越南和中国之间所提出的合作战略,在合作理念和内容上与"一带一路"有很多契合之处,但是没有形成一套理论系统。如果能够把"一带一路"和"两廊一圈"对接起来就能延伸和深化"两廊一圈"的构想,使其更加理论化和机制化,同时也使"一带一路"在越南短期内能够有效地拓展。在实现以上两个倡议战略对接的过程中《越中跨境经济合作区》建设会起到积极作用。《越中跨境经济合作区》很早就成为两国政府的共识,如能建成不仅有利于越南和中国的互联互通,而且还有利于东南亚与中国的联通。不过当前双方还没形成共同建设方案,主要原因在于双边没把符合两国利益的共同运行机制确定下来。由此,2017 年 5 月越中在联合公报上肯定:"按照平等互利、尊重个自主权独立和领土完整的原则,在符合双方法律规定和国际惯例的基础上,加快商签越中跨境经济合作区建设共同总体方案。"② 接下

---

① http://news.sohu.com/20170514/n492975720.shtml.

② http://www.nhandan.com.vn/chinhtri/item/32881402 - thong - cao - chung - viet - nam - trung - quoc.html.

来，越中两国一方面要在适合、小范围（如云南—老街或广西—芒街）建设《跨境经济合作区》试验区；另一方面要尽快沟通商讨，找出符合两国利益的共同合作机制。

◇◇三 几点建议

毋庸置疑，互联互通对推动越中全面战略合作伙伴关系长期健康、稳定的发展非常关键。促进与中国进行全面、有效的合作是越南政府和人民始终不变的愿望。问题在于如何使互联互通发挥最大作用是两国学者要深思熟虑共同解决的问题。笔者对此提出以下几点建议。

1. "民心相通"至关重要

越中两国有着悠久的传统情谊。目前双方在政治、经济、文化、科技等领域的合作成果令人瞩目。然而，战略互疑长期以来被两国学者广泛认为是阻碍两国关系健康发展的重要因素。原因在于双方之间存在领土纠纷，以及担心对方的对外战略。近几年来，互疑心态在两国又呈现大众化趋势，引起担忧。在互联网空前发展的今天，民众具有更多的渠道去表达自己的声音。一方面他们接收的信息更加多元化，另一方面他们也有越来越多的平台来参与到国家治理。这已经成为全球性的趋势，越中两国人民也不例外。国之交在于民相亲。"一带一路"五通之中有"设施联通"，基础设施建设是中国的强项，也正是越南的短板。但在越中两国实现互联互通的合作当中，必须更加注重"民心相通"原则。"民心相通"是剩下"四通"的基础和保障，并且"五通"当中除了"政策沟通"以外其他"四通"都由两国人民来实现。在化解双方老百姓互相猜疑的工作当中，"舆论对接"这项"软联通"非常关键。双方媒体之间需要建立沟通对话机制，学者之间建立一个话语体系的工程。同时深化其他如旅游、教育、科技、民间组织等领域的交流活动。

2. 用行动来说话

在实现国家工业化及现代化过程中,越南对基础设施建设需求非常大,由此实施较多开放性的外国引资政策,也期待吸收越来越多的中国投资者,其中基础设施建设是优先领域。然而,十多年来,在越南,中国承包商的基础设施工程的确存在质量不高、期限延迟、价格提高等问题。河内城铁2号线于2011年10月动工,预期2015年12月开通,但当前延期到2018年年底估计才能完工,投资金额比预算增加3亿美元①,并且在施工的过程中也发生了一些安全事故,使得中国企业在越南投资的信用及形象受到损失,对中国提倡的"一带一路"形成负面影响。当然,不能把责任完全推卸到中国企业身上,越南的投标、管理经验薄弱,劳工专业水平有限、遵守纪律的态度不够严格,腐败现象等因素也影响到整个工程的质量。由此,越中企业家应该实事求是地看待此问题,用真实的行动、高质量的工程来证明自己的实力,重塑企业现代化和国家化形象。

3. 坚定不移维护越中友好情谊

越南和中国曾经同船而行渡过种种难关。越中两国一直珍惜胡志明主席和毛泽东主席等老前辈已经培育的"同志加兄弟"友好情深,并且努力推动两国全面战略合作伙伴关系。双方都认为,越中友谊是两党两国和两国人民的共同宝贵财富,应该得以传承和发扬光大。在"一带一路"建设背景下,两国更要坚定维护由两党针对双方友好关系所提出的"十六字"方针和"四好"精神。这绝不是一个无实质性的空白口号,而体现了越中的之间的特殊性关系。越中应在维护两国友谊精神的基础上去沟通和磋商关于"一带一路"的战略合作。越中关系因海上问题而有时发生波浪起伏状况。因此,在越南国家主席陈大光2017年5月访问中国期间,

---

① http://vnexpress.net/infographics/giao-thong/nhung-lan-tang-von-lui-tien-do-cua-duong-sat-cat-linh-ha-dong-3591133.html.

双方发表的越中联合公报也一致同意继续恪守两党两国领导人达成的重要共识《关于指导解决越中海上问题基本原则协议》①。越中必须要通过和平谈判，遵守国际法律原则来妥善管控和处理、化解分歧问题，千万不能把纠纷问题复杂化，这样才能为"一带一路"框架之下促进双方交流合作创造出有利环境。

　　国际力量正在发生变化。国际秩序在重构。基辛格在他的新作《世界秩序》中认为：由于时代和时局的急剧变化，现在需要缔造 1648 年建立的威斯特伐利亚体系和 1815 年建立的维也纳体系之后的第三个世界秩序②。在世界格局孕育着新景象的过程当中，国际社会的治理对象会更加多元化，"一带一路"给正在崛起的中国—从国际治理参与者飞跃到国际治理引领者身份的机会，也是中国重估自身价值和能力的好机会。"一带一路"是一个各国"共建"的大工程，了解沿线国家的特殊情况、有效地与沿线国进行沟通对接才能把"一带一路"推行下去和可持续发展。

---

① http：//zh. vietnamplus. vn.
② ［美］亨利·基辛格：《世界秩序》，胡利平等译，中信出版社 2015 年版。

第七章 中国—中东欧国家合作积极推动"一带一路"建设

刘作奎①

【摘要】"16＋1合作"框架为中国—中东欧国家的合作提供了重要的政策沟通平台与资金保障平台,"一带一路"在中东欧国家的建设因而迅速、稳健地进展,双边贸易额持续提升、"硬联通"与"软联通"相互推进、民心相通项目也得到了有效的落实。也存在一些问题:合作国期望值过高、地缘纷争、金融工具支撑不足,等等。为了能更好地向西推进"一带一路"建设,中东欧国家间的合作和对"一带一路"倡议的正确理解或为需要优先协调解决的问题。

2013年9月7日,习近平主席在出访哈萨克斯坦期间,首次提出共建"丝绸之路经济带"的倡议。同年10月,习主席在访问印尼期间,提出了共同建设"21世纪海上丝绸之路"的倡议。自此,陆上丝绸之路和海上丝绸之路构成了"一带一路"倡议的两个重要组成部分。2015年,中国国家发展改革委、外交部、商务部联合发布了《推动共建丝绸之路经济带和21世纪海上丝绸之路的愿景与行动》。该文件明确了"一带一路"倡议的主要内涵和实施方式等,明确以"政策沟通、设施联通、贸易畅

---

① 刘作奎,中国社会科学院欧洲研究所研究员。

通、资金融通、民心相通"为主要内容。2017年5月,"一带一路"国际合作高峰论坛期间,29位国家元首、政府首脑,70多个国际组织的领导人,1500多名来自世界各国各地区的代表前来参会。习近平主席在高峰论坛上发表重要讲话,指出要牢牢坚持共商、共建、共享,让政策沟通、设施联通、贸易畅通、资金融通、民心相通成为共同努力的目标,将"一带一路"建成和平、繁荣、开放、创新、文明之路。

2017年10月,习近平主席在中国共产党第十九次全国代表大会开幕会报告中指出,要以"一带一路"建设为重点,坚持"引进来"和"走出去"并重,遵循共商、共建、共享原则,加强创新能力,开放合作,形成陆海内外联动、东西双向互济的开放格局。

中东欧16国全部被纳入"一带一路"倡议框架下,也是"一带一路"倡议沿线国家中唯一一个全部被纳入该框架的区域,凸显了中东欧地区在"一带一路"倡议中的重要性。自"一带一路"倡议推进以来,中国和中东欧16国积极在中东欧地区推进五通,取得了显著成果,努力将"16 + 1合作"打造成"一带一路"倡议融入欧洲经济圈的重要"接口"。①

◇◇一　"16 + 1合作"成为"一带一路"建设
重要的政策沟通平台

"16 + 1合作"框架启动于2012年,略早于"一带一路"倡议的提出(2013年),但自2013年开始,罗马尼亚布加勒斯特中国—中东欧领导人会晤(推进中国和中东欧国家的互联互通)、2014年的塞尔维亚贝尔格莱

---

① 《习近平会见波兰总理希德沃》,人民网,http://cpc.people.com.cn/n1/2017/0512/c64094 – 29271761.html。

德中国—中东欧领导人会晤（打造中欧陆海快线）、2015 年的中国苏州中国—中东欧领导人会晤（推进匈塞铁路、中欧班列以及亚欧大通道建设）、2016 年的拉脱维亚里加中国—中东欧领导人会晤（通过中欧互联互通平台等渠道对接"16 + 1 合作"和中欧全面战略伙伴关系）都将"一带一路"倡议作为重要内容列入领导人会晤纲要之中。由此，"16 + 1 合作"已经成为推进中国和中东欧国家在"一带一路"倡议下合作的重要政策沟通平台。

为了积极推进"一带一路"倡议在中东欧的建设，自 2013 年开始，中国国家主席习近平先后到访捷克、塞尔维亚、波兰等国家，将"一带一路"合作理念带到各访问国，并落实互利共赢的具体项目。2016 年 3 月，习主席的捷克之行是中捷建交 67 年来中国国家元首首次访捷。访问期间，中国和捷克两国元首签署了《中华人民共和国和捷克共和国关于建立战略伙伴关系的联合声明》。同年 6 月，习主席对塞尔维亚和波兰进行国事访问。在访问塞尔维亚和波兰期间，习近平主席与塞尔维亚总统尼科利奇和波兰总统杜达共同宣布将中塞、中波关系提升为全面战略伙伴关系。李克强总理自 2013 年开始，出席了在布加勒斯特、贝尔格莱德、苏州、里加和布达佩斯举行的中国—中东欧国家领导人会晤，与中东欧各国领导人广泛交流意见和看法，达成了一系列广泛的共识。

在高层互访推动政策沟通的同时，"16 + 1 合作"平台还积极打造对话交流的基本机制化保障。2012 年，中方在中国外交部设立中国—中东欧国家合作秘书处，其主要职能是负责协调中方各机构面向中东欧 16 国的合作，并积极推进与 16 国主管部门的协作。16 国也任命了各自的国家协调员或指定机构与秘书处对接。至 2017 年 10 月，中国和中东欧国家已经举行了 10 次国家协调员会议。国家协调员会议不仅有利于落实高层领导互访的成果，也能够进一步梳理各领域合作进展情况，并就下阶段合作方向进行探讨。除了秘书处和国家协调员会议外，各方还联合建立了各领域的协调机制，例如"16＋1"投资促进机构联系机制、"16＋1"交通基础设施合作联合会、"16＋1"联合商会执行机构、"16＋1"农业合作促进联合会、"16＋1"物流合作联合会等。以这些平台为基础所形成的农业部长会议、交通部长会议、卫生部长会议、文化部长论坛、首都市长论坛等，均成为中国推动"一带一路"建设的重要政策沟通平台。

◇◇二　"16＋1合作"为推进中欧的互联互通打下良好基础

"16＋1合作"推进中欧互联互通主要体现在两个方面，一是基础设施的"硬联通"，二是推进相互交流的"软联通"。

在推进"硬联通"方面，"16＋1合作"框架过去五年主要做了下列几个方面工作。

1. 积极推进亚欧大通道建设。

亚欧大通道建设是一个横跨欧亚大陆的总体规划，连接核心欧洲市场是主要目标，中东欧国家又是沟通欧洲核心市场的重要纽带，基于此，"16＋1合作"一直在推进亚欧大通道建设上发挥重要作用。在"16＋1合作"框架推动下，国内陆续开通了多条通往或者到达中东欧的班列。中欧班列作为亚欧大通道互联互通的主要载体，一直是"一带一路"陆上交通运输的主要载体，成为"一带一路"建设的重要切入点。围绕着中欧班列建设，国内出台了一系列举措。

2014年国家发改委和铁路总公司分别牵头在重庆和郑州召开了两次重要的协调会议；2016年10月，国家发改委在前期广泛调研和论证的基础上发布了《中欧班列建设发展规划（2016—2020）》（简称《规划》）。《规划》明确了中欧铁路运输通道、枢纽节点和运输线路的空间布局，统筹利用中欧铁路东中西三条国际联运通道，按照铁路"干支结合、枢纽集散"的班列组织方式，在内陆主要货源地、主要铁路枢纽、沿海重要港口、沿边陆路口岸等地规划设立 43 个枢纽节点，建设发展 43 条运行线，并提出完善国际贸易通道、加强物流枢纽设施建设、加大货源整合力度、创新服务模式、建立完善价格机制、构建信息服务平台、推进便利化大通关七大任务，着力优化运输组织及集疏运系统，提高中欧班列运行效率和效益。

2. 积极推进中欧陆海快线建设。

中欧陆海快线则是中欧海上丝绸之路建设的标志性工程。它是由中国南部沿海城市出发，经过海运线路到地中海至希腊的比雷埃夫斯港（以下简称"比港"）。通过比港，中国货轮可以直接穿过红海、苏伊士运河在比港卸货，经由希腊—马其顿—塞尔维亚—匈牙利铁路直接运送到欧洲腹地。该线路开辟了中国到欧洲距离最短的海运航线，使中国货物抵达欧洲的海运时间缩短了 7—11 天。2014 年 12 月李克强总理访问塞尔维亚时，与相关各方会商，确定了以上述线路为基础建立中欧陆海快线的规划。

在中欧陆海快线建设中，匈塞铁路建设是关键环节。在 2013 年贝尔格莱德峰会上，中、匈、塞三方宣布共同建设匈塞铁路，打造中欧海陆联运新支点。匈塞铁路是一个多方合作项目。2017 年 11 月 28 日，匈塞铁路塞尔维亚段正式开工建设。2015 年 11 月 24 日，中匈两国政府签署了《关于匈塞铁路项目匈牙利段开发、建设和融资合作的协议》。根据该协议，由中国中铁公司的全资子公司中铁国际、中国铁路总公司旗下的铁总国际，与匈牙利国家铁路公司成立的中匈铁路合资公司，将作为匈牙利路段的总承包商。在该合资企业中，中方占 85% 股份，匈方占 15% 股份。2016 年 4 月 12 日，匈牙利会议以 123 票支持、6 票反对以及 45 票弃权的结果通过了更新布达佩斯—贝尔格莱德铁路匈牙利段的决定。

3. 积极推进同欧盟及相关国家各种基础设施建设倡议的对接合作

迄今为止，中国积极推进同欧洲国家尤其是中东欧国家的发展倡议相对接。比如匈牙利的"向东开放"政策与"一带一路"倡议对接，波兰和克罗地亚的"三海合作"（波罗的海、黑海、亚得里亚海）倡议与"一带一路"相对接，还有欧盟"多瑙河战略"与"一带一路"倡议相对接的等。在欧盟层面上，中欧双方还积极推进容克投资计划与"一带一路"倡议相对接，建立中欧互联互通平台等一系列举措。这些倡议的对接，密切了双方的务实合作，推进了各方在互联互通领域的合作共赢。

4. 一些具体合作项目纷纷落地

除了匈塞铁路外，其他基建的标志性成果也逐渐成形，塞尔维亚的"泽蒙—博尔察"大桥、黑山南北高速公路、黑山巴尔市至塞尔维亚边境的公路项目等。这些项目不仅仅是中国与中东欧国家间的标志性成果，同时也是"一带一路"倡议联通欧亚大陆的计划的一部分，并为中国的货物出口提供了更多的可选方案。

在推进中欧互联互通的"软联通"方面，"16＋1合作"也做了大量工作。

在中欧班列软联通方面，在"16＋1合作"框架推动下，中国和中东欧国家正积极推进铁路管理部门、海关、检验检疫通力合作，加强铁路沿线国家的协作，形成中欧班列运行合力，简化流程、提高通过速度，减少运输时间和提高运营效率。具体举措为：（1）加强沿线国家海关国际合作。与中欧班列沿线国家海关建立国际合作机制，推进信息互换、监管互认、执法互助的海关合作，扩大海关间监管结果参考互认、商签海关合作协定等，推行中欧"经认证经营者"互认合作，提高通关效率。（2）推进检验检疫一体化。加强沿线国家检验检疫国际合作，推进疫情区域化管理和互认，在中欧班列沿线区域打造无特定动植物疾病绿色通道，在班列沿线检验检疫机构间实施"通报、通检、通放"，实现沿线"出口直放、进口直通"，对符合条件的中欧班列集装箱货物实施免于开箱查验、口岸换证等政策。（3）进一步扩大口岸开放。支持有条件的地方建设进境肉类、水产品、粮食、水果、种苗、汽车整车、木材等国家指定口岸，对符合国家要求的，优先审批，优先安排验收。

在海上丝绸之路建设方面，2014 年，中国、匈牙利、塞尔维亚、马其顿四国签署了《中国、匈牙利、塞尔维亚和马其顿海关通关便利化合作框架协议》，以期简化协调海关手续、降低口岸查验率等。此后，中国和中东欧各国海关也积极加强沟通协调，2017 年 6 月 8 日，中国和中东欧国家海关合作论坛在宁波举办。该次论坛是中国海关与中东欧国家海关间的正式合作论坛，对于促进中国和中东欧国家海关间"信息互换、监管互认、执法互助"，进而提升中国与中东欧国家贸易便利化水平具有深远的意义。

◇◇三 在"一带一路"框架，中国和中东欧贸易合作进中求稳，投资合作增长较快

中国与中东欧国家的贸易在近几年持续改善，双边贸易额持续提升。根据中国商务部的数据，2010—2017 年，中国与中东欧 16 国进出口贸易额从 439 亿美元增至 680 亿美元。① 中国与中东欧国家的双边贸易额在中欧总贸易额中的比例不断升高。波兰、捷克、匈牙利和斯洛伐克四国与中国的贸易额大部分时间居 16 国前四位，是中国在中东欧的重要贸易伙伴。对这四个国家来讲，中国也是它们在亚洲的最大贸易伙伴。在贸易结构方面，以中匈贸易为例，在转型初期，双边贸易以纺织等轻工业产品为主，例如鞋帽等。如今，双边贸易结构逐渐转为技术含量更高的机械、电子等产品。此外，中东欧国家肉制品、奶制品、葡萄酒等优质农产品逐渐开始

---

① 详见中华人民共和国商务部欧洲司官网统计数据，http：//ozs. mofcom. gov. cn/article/zojmgx/date/201802/20180202714530. shtml。

进入中国的市场，并获得消费者的青睐。

中东欧国家开始逐渐关注在中国的产品推介工作，中国也开始积极为其提供机会。例如浙江省宁波市已经自 2015 年起连续三届举办了中国—中东欧国家投资贸易博览会；中国银行则连续多年举办中国与中东欧国家中小企业对接会；中国驻中东欧各国使馆也都积极主办各类中国—对象国的投资贸易洽谈会等。中国与这些国家间贸易的改善以及双方对推进贸易的较高积极度都将会对双边的贸易产生影响。

表 7—1　　　　　2012—2017 年中国和中东欧国家贸易增长率　　　　单位:%

年份 国家	2012	2013	2014	2015	2016	2017
波兰	10.8	3.0	16.1	-0.6	3.2	20.4
捷克	-12.6	8.3	16.2	0.3	0	13.4
匈牙利	-12.9	4.3	7.3	-10.6	10.1	13.9
斯洛伐克	1.8	7.6	-5.2	-18.9	4.8	-4.6
爱沙尼亚	2.5	-4.4	4.7	-13.4	-1.1	7.8
拉脱维亚	10.0	6.7	-0.7	-20.2	2.3	10.9
立陶宛	21.0	5.3	0.1	-25.8	7.7	27.5
罗马尼亚	-14.2	6.7	17.8	-6	9.9	14.2
保加利亚	29.4	9.8	4.4	-17.1	-8.3	29.8
斯洛文尼亚	-2.9	17.2	8.8	2.5	13.6	25
克罗地亚	-15.2	8.8	-24.5	-2.7	7.4	13.9
波黑	-1.9	60.3	185.8	-64.1	-5.4	26.4
黑山	63.6	-38.8	106.1	-24.7	-10/8	41.3
马其顿	-7.5	-24.9	-2.1	31.3	-37.6	20.2
塞尔维亚	8.5	19.1	-17.5	2.2	8.2	27.3
阿尔巴尼亚	11.6	15.8	1.7	-1.5	13.9	2.3

资料来源：详见商务部欧洲司官网统计数据，http://ozs. mofcom. gov. cn/article/zojmgx/date/201802/20180202714530. shtml。

从中国和中东欧国家的贸易增长量来看，大部分国家与中国都经历了较好的贸易增长态势,但增长幅度不够稳定,较大幅度波动情况在某些国家存在。表明中国和中东欧国家贸易易受外部市场波动影响,贸易合作仍需稳中求进。2017 年中国和中东欧国家经贸合作态势良好,大部分均保持了明显的增长。

表 17—2　　　　　　2009—2016 年中国对中东欧的投资存量统计　　　　单位:万美元

年份 国家	2009	2010	2011	2012	2013	2014	2015	2016
波兰	12030	14031	20126	20811	25704	32935	35211	32132
匈牙利	9741	46570	47535	50741	53235	55635	57111	31370
捷克	4934	5233	6683	20245	20468	24269	22431	22777
斯洛伐克	936	982	2578	8601	8277	12779	12779	8277
斯洛文尼亚	500	500	500	500	500	500	500	2686
罗马尼亚	9334	12495	12583	16109	14513	19137	36480	39150
保加利亚	231	1860	7256	12674	14985	17027	23597	16607
爱沙尼亚	750	750	750	350	350	350	350	350
拉脱维亚	54	54	54	54	54	54	94	94
立陶宛	393	393	393	697	1248	1248	1248	1529
塞尔维亚	268	484	505	647	1854	2971	4979	8268
黑山	32	32	32	32	32	32	32	443
波黑	592	598	601	607	613	613	775	860
克罗地亚	810	813	818	863	831	1187	1182	1199
马其顿	20	20	20	26	209	211	211	210
阿尔巴尼亚	435	443	443	443	703	703	695	727
总计	41060	85258	100877	133400	143576	169651	197675	166679

资料来源:参见中华人民共和国商务部、国家统计局、国家外汇管理局编《2016 年度中国对外直接投资统计公报》,中国统计出版社 2017 年版。

数据显示,中国在中东欧绝大多数国家投资均出现明显增长,这一点在维谢格拉德集团四国、罗马尼亚、保加利亚以及塞尔维亚体现明显。从投资总数看，2015 年比 2009 年也出现较大的增长，增长 15.66 亿美元，增长率达到 79%。2016 年投资存量有所下降，但并不明显。增长的市场主要在维谢格拉德集团四国以及罗马尼亚、保加利亚、塞尔维亚等巴尔干国家。

首先，一些投资项目纷纷落地，丰富了中国和中东欧合作的层次和内容，促进了双方之间的相互了解。目前，中国对中东欧投资主要集中在基建、产能、机械、节能环保产业、旅游和房地产等领域，投资广度和深度比 2012 年之前均有很大进展，并购投资和绿地投资均出现较大增长，提升了当地的就业水平，促进当地经济发展。

其次，包括黑山南北高速、匈塞铁路、塞尔维亚科斯托拉斯电站、波黑斯坦纳里电站项目等带有援助性贷款性质的投资也提升了双方的合作质量。为使与中东欧 16 国合作提质增效，中国出资 100 亿美元专项贷款，其中优惠贷款目前已经用完，投资到中东欧各国的基建、水利、高速公路等建设上，显示出明显效果。

最后，优惠贷款项目的增多，提升了中国在中东欧地区的影响力。目前，无论中方还是中东欧国家的投资数据，都不能完整反映中国在中东欧地区的实际影响力。比如，中方的投资统计数据中，未列入援助性投资和优惠贷款投资的数目。同时，中国中小企业的投资数据也并未完整纳入统计数据中。这就使得官方统计数据要比中方的实际投资要少很多，中国在中东欧地区的投资影响力某种程度上被低估。比如 2015 年中国对黑山的投资统计为 700 万美元左右，但中国对黑山南北高速的优惠贷款就约 8 亿美元。

◇◇四　"16＋1 合作"平台积极为"一带一路"倡议提供资金保障

推进"一带一路"倡议在欧洲的建设，离不开资金支持，在"16＋1

合作"框架推动下，中国出台各种融资支持举措。

1. 出台各种金融支持工具

（1）100 亿美元专项贷款

在 2012 年 4 月中国与中东欧国家领导人华沙会晤上，时任中国国务院总理温家宝提出了推动中国和中东欧国家合作的 12 项举措，其中包括设立 100 亿美元专项贷款，100 亿美元专项贷款中配备一定比例的优惠性质贷款，重点用于双方在基础设施建设、高新技术、绿色经济等领域的合作项目。中东欧 16 国可向中国国家开发银行、中国进出口银行、中国工商银行、中国银行、中国建设银行和中信银行提出项目申请。优惠贷款项目部分主要向进出口银行申请，优惠贷款利率为 1%—3%，投资的目标国只能是中东欧国家，中国的公司需要参与执行项目，如果中国资助的基建项目比率较高，中国公司一般需要完成整个项目 80%—85% 的工作。资助的贷款不需要保险费，只要求受资助方提供较低的行政管理费用。中国公司在中东欧的投资项目如果涉及第三国将得不到此项融资资助。一个项目最大贷款资助额为整个项目的 85%，贷款期限为 15 年，视情况也可延长到 20 年，需要被贷款国提供主权担保。

（2）中国—中东欧投资合作基金

2012 年 4 月，在 17 国领导人华沙会晤中，时任中国国务院总理温家宝还正式提出中国政府发起设立中国—中东欧投资合作基金，并指定中国进出口银行为基金承办单位。2013 年 11 月，李克强总理在出席第二次中国—中东欧国家领导人会晤时，宣布中国—中东欧投资合作基金正式成立。中国—中东欧投资合作基金（一期）最终封闭金额 4.35 亿美元，于 2014 年年初正式运营。基金采用有限合伙制形式在卢森堡注册成立，有限合伙人主要包括中国进出口银行和匈牙利进出口银行在内的多家国内外投资机构。基金选聘了在中东欧地区具有长期投资管理经验和良好声誉的投资管理团队，专职为基金投资提供咨询顾问服务。2014 年 12 月，李克强总理在出席第三次中国—中东欧国家领导人会晤时，"积极评价中国—中东欧投资合作基金（一期），支持中国—中东欧投资合作基金（二期）启动"。2015年11月，第四次中国—中东欧国家领导人会晤在中国苏州召开，"启动中国—中东欧投资合作基金二期"被纳入《中国—中东欧国家合作中期规划》。2017年11月的布达佩斯峰会上，李克强总理正式宣布中国—中东欧投资合作基金二期完成设立并投入运营。基金二期规为10亿美元，重点支持中东欧16个国家基础设施、电信、能源、制造、教育及医疗等领域的发展。基金采取各种多元化投资模式，如股权投资，夹层债务或混合金融产品；基金一期单笔投资规模为1000万—7000万美元。目前，基金投资超过十个重点项目，取得了良好的社会效果，为中国—中东欧国家投资合作和"一带一路"倡议贡献了力量。

（3）中国—中东欧金融控股有限公司和中国—中东欧基金

2015年11月，中国政府在第四次中国—中东欧国家领导人会晤期间倡议，由中国工商银行牵头，探讨以商业化的金融模式支持成员国之间的互联互通和产能合作。在中国工商银行和中外合作伙伴的共同努力下，在2016年里加举行的第五次中国—中东欧国家领导人会晤期间，李克强总理宣布中国—中东欧金融控股有限公司正式成立。该公司发起设立的中国—中东欧基金规模将达100亿欧元，计划撬动项目信贷资金500亿欧元。中国—中东欧基金坚持"政府支持、商业运作、市场导向"的原则，目标市场定位中东欧国家，并适当延伸至欧洲及符合中国—中东欧国家利益的其他地区，重点关注基础设施建设、高新技术制造、大众消费等行业的投资合作机会。在资金募集方面，波兰、捷克、拉脱维亚等中东欧国家，以及中外资企业、金融机构和各类社会资本均在积极接洽入资。此外，该基金还吸收了来自丝路基金的支持。在投资管理方面，除中国工商银行外，还引入了中国人寿、复星集团、金鹰国际集团等合作伙伴。在项目储备方面，正在积极跟进一批社会影响力大、经济回报良好的投资项目。

（4）中国与中东欧国家关系研究基金

在 2012 年华沙峰会提出的 12 项举措中，还包括中方每年提供 200 万元人民币中国与中东欧国家关系研究基金，支持双方研究机构和学者开展学术交流。目前，该基金已经连续滚动了五年，推动了中国和中东欧国家的学术交流。目前，该基金资助了多项课题和多个培训研讨班，产生了良好的学术和社会反响。

2. 在中东欧建立各种金融分支机构

目前，中国的金融机构如中国银行、中国人民银行和中国工商银行等分别在中东欧多个国家开设分行或分支机构。其中中国银行已经在匈牙利设立分行，并在捷克、波兰和塞尔维亚设立分支机构，中国工商银行在波兰和捷克设立分支机构。

中国银行在匈牙利开设的分行是在中东欧地区开设的第一家营业性金融机构，也是中东欧首家人民币清算行，为中国企业赴该地区投资提供了较大的金融便利。中国银行（匈牙利）有限公司成立之后，在捷克、波兰等中东欧国家相继成立了分行，为各类进出口商提供一站式服务，包括客户资信调查、船情查询、国家风险咨询、产品走势、政策咨询等。更重要的是，中国银行在 2016 年 4 月作为独家全球协调人协助匈牙利在香港发行 10 亿元人民币点心债。2017 年 7 月 26 日，中国银行再次协助匈牙利发行首支募集资金明确用于"一带一路"合作的主权熊猫债。

3. 积极加强与国际金融机构的合作

2015 年 12 月，欧洲复兴和开发银行批准了中国申请加入该行的申请，中国正式成为其一员。中国加入欧洲复兴开发银行，为中方与该行在中东欧、地中海东部和南部及中亚等地区进行多种形式的项目投资与合作提供广阔空间。中国成为该行成员后，将履行成员义务，积极参与该行事务，并加强与该行及其他成员在经验分享、联合融资和发展援助等领域的合作。与此同时，欧洲复兴和开发银行还积极参与到"16 + 1 合作"框架中，成为该框架的观察员。

◇◇五　"16＋1合作"积极推进"一带一路"倡议下的民心相通

中国和中东欧各国的人文交流丰富多彩，是"16＋1合作"和"一带一路"框架下的一个亮点。中国—中东欧国家文化合作论坛、中国—中东欧国家文化季、中国—中东欧国家文化创意产业论坛、中国—中东欧国家舞蹈夏令营、"未来之桥"中国—中东欧青年研修交流营、中国在中东欧国家举办的"欢乐春节"活动等都是推进中东欧国家参与双边合作的重要平台。中东欧国家记者访华团、中东欧国家高级别官员访华团、中国—中东欧国家高级别智库研讨会、中国—中东欧国家政党对话和青年政治家论坛等合作和交流活动也成功举行，成为推进双边民心相通的重要举措。

五年来，中国在中东欧建立5个中医中心、3所文化中心。中国与8个中东欧国家签署互认高等学位协议，双向留学生总数达近万人。这些具体成就为推进民心相通打下了牢固的基础。

◇◇六　中东欧国家对"一带一路"倡议存在的疑虑

1. "一带一路"倡议在中东欧国家并没有像想象中那样取得进展，中东欧国家对该倡议的期望值过高

"一带一路"倡议部分沿线国家对该倡议抱有较高期望值，随着部分

工程在不同国家分布和进展不一,失望情绪有所产生。2016 年 6 月 20 日在华沙召开的中波智库论坛上,有波方学者认为,目前中东欧国家对"一带一路"倡议有着非常高的期望,尤其是在基建、物流和投资领域,但实际上其在中东欧发挥的作用仍然有限,中东欧国家也没有得到期待中的中国的大规模投资,双方期待的贸易增长也没有实现。尽管中国出台了不少建议,但实际得到落实和推进的比较少。波兰国际事务研究所研究员帕特里克·库格尔(Patryk Kugiel)在 2016 年 10 月 28 日在华沙召开的国际研讨会上认为,波兰政府一直对该倡议有着过高的期望,但过高的期望值如果无法实现可能导致灾难的后果,并且使波兰对合作失去兴趣。波兰媒体警示:不要对"一带一路"倡议框架下的中波合作过于乐观,应持谨慎态度,"一带一路"倡议的重要合作伙伴是亚洲、非洲、西欧,中东欧不是主要的,而只是扮演互联互通的角色。比如,波兰加入亚投行,很多波兰公司认为能够得到亚投行的资助,但现在还没有变成现实。

2. 包括中东欧国家在内的世界上多个国家提出很多倡议,中国纷纷提出与这些倡议对接,但有些倡议事实上会与中国的倡议产生竞争,中国也很难对接这么多倡议

中国与相关国家和地区倡议对接是"一带一路"倡议推进过程中一个富有特色的想法,激发了沿线不少国家合作的热情。但也有中东欧学者质疑:中东欧国家提出很多与"一带一路"对接的合作倡议,如欧盟的"多瑙河战略"与"一带一路"倡议对接,"欧盟波罗的海战略"与"一带一路"倡议对接,欧盟也提出容克投资计划与"一带一路"倡议对接,俄罗斯推出欧亚经济联盟与"一带一路"倡议对接,还有各国不断推出的本国的发展计划与"一带一路"倡议对接。如此众多的对接倡议,必然会压垮中国,使得"一带一路"倡议在欧亚大陆布局不具有可持续性。更有不少中东欧国家认为,"一带一路"倡议的概念不明确,很多对接的工程事实上并不是中方认可的"一带一路"的工程,要么是中东欧国家

这边一厢情愿，要不是中国方面一厢情愿，工程对接尤其是大工程对接并不容易，困难重重。

3. "一带一路"倡议使得中国成为中东欧地缘政治新玩家，与此同时，中国似乎又对中东欧地区因地缘纷争产生的安全问题准备不足

从地缘政治角度解读中国的"一带一路"倡议在中东欧国家具有一定的普遍性，尤其是在波罗的海和巴尔干半岛国家具有典型性。2016 年 6 月在塞尔维亚举办的"多瑙河与新丝路"国际学术研讨会上，在谈到巴尔干这个地缘政治敏感之地的时候，有塞尔维亚学者明确提出，中国将积极介入巴尔干地区，成为地缘政治新的角逐者。中国介入巴尔干增加了该区域的地缘敏感性：这里是俄罗斯和欧洲的争端区、曾经的冷战"铁幕"、东西方文明的冲突线、四个"大棋局"接触地带中的三个、拉姆斯菲尔德定义的"新欧洲"、科恩所定义的门户区或防护带。他们认为，巴尔干的"地缘政治吸引力"让新的、未来主导力量中国十分感兴趣，必将成为新的地缘政治玩家并可能卷入这里的地缘竞争中。

与此同时，中国似乎对中东欧地区地缘安全准备不足。2016 年 4 月 25 日，波兰外长维托尔德·瓦什奇科夫斯基在中国社科院演讲时就强调："一带一路"倡议的实施有一个不可或缺的条件，那就是安全。横跨欧洲与中国之间的大陆桥应牢固地建立在可靠的支柱之上。乌克兰和俄罗斯之间的摩擦继续下去，会对"一带一路"倡议的实施造成重大伤害。乌克兰可以成为亚欧之间的一座重要桥梁，尤其是将波兰和波罗的海国家与中国连接起来，但问题是发生在乌克兰的地缘政治危机短时间内无法解决。波兰内阁成员格拉耶夫斯基（Przemysław Grajewski）在中波智库会议上也强调，波兰是中东欧最大的国家，靠近乌克兰。"一带一路"倡议要经过俄罗斯、乌克兰、波兰到达欧洲，波兰对"一带一路"建设至关重要，但这一区域的安全风险日益提升，只有中波双方共同面对并化解这种风险，才能确保合作有所成效。不过，"一带一路"倡议在安全问题上似乎

提供的解决方案不多。

4. "一带一路"创造的金融工具应充分支持"一带一路"项目,加快推进相关工程,但现在看来支持力度还不够

无论是亚投行还是丝路基金,自成立以来投资到中东欧国家并用于互联互通的资金还是比较少的,无法解决中东欧和欧洲的互联互通问题。目前,大家都在积极探讨中欧互联互通平台,"容克投资计划"与"一带一路"倡议相对接等,但要取得实效还需要很长时间,也不见得能够成功。尤其是在基建、物流和投资领域,中东欧发挥的作用仍然有限,也没有得到期待中的中国的大规模投资,大项目或旗舰项目缺乏。"一带一路"国际合作高峰论坛后,中国虽然大量增资到丝路基金和亚洲基础设施投资银行,但中东欧国家很难期盼到这些资金,中国对中东欧国家的金融支持力度仍显不足。

5. "一带一路"倡议旨在促进贸易上的互联互通,但无法解决贸易逆差问题。中国和中东欧国家的贸易逆差问题为多个中东欧国家所关切

波兰某外交部代表表示,中波之间的贸易逆差非但没有缓解的迹象,反而在不断增加。日益增长的贸易逆差使得波兰认为贸易关系的不平衡对双边经济关系带来损害,希望中国能够予以解决,切实扩大波兰对中国的出口,增加中国对波的投资。希望中国的"一带一路"倡议能够为解决这种贸易逆差作出贡献,切实把波兰产品等输送到中国。

◇◇七 回应与建议

1. "一带一路"是个长期工程,不可能一蹴而就,也并非中国一家"独唱",而是同沿线国家的"合唱"

"一带一路"倡议自推行以来,的确出现了一些结构性的问题非中国

一家能够解决，比如俄罗斯因素。无论在欧亚经济联盟还是上海合作组织内，俄罗斯的影响都比较大。俄罗斯希望在这一地区有自己的贸易安排。因此，中国的陆上丝绸之路，很大程度上要依靠俄罗斯在上海合作组织和欧亚经济联盟框架下予以支持。"一带一路"倡议还因俄欧之间的关系恶化而受到冲击。中国期待从中东欧包括波罗的海国家同俄罗斯密切依存的贸易中获益，而对中东欧国家来说，由于历史因素，同俄罗斯发展经贸合作仍是重要的选择，但目前互相制裁与敌意，使得双方贸易严重下滑，中国也是这种下滑的受害者。中欧货运班列从中国到欧洲，是一场漫长的路线，只有中亚板块、欧亚板块和中东欧板块国家与俄罗斯贸易畅通了，"一带一路"才更有希望打造贸易上的互联互通。中国也本想利用沿线繁荣和稳定的贸易，来推动更大范围的互联互通，让沿线国家受益，但从俄罗斯到中东欧这块贸易节点中断，中国期待能够尽快解除制裁，恢复贸易互联互通。从这一点看，"一带一路"的真正打通，还需要各方共同努力。建设经济带或经济走廊最大的障碍就是贸易上的互相限制和碎片化，中东欧国家和欧盟对俄罗斯的贸易尽快恢复而非采取互相制裁对于推进"一带一路"建设帮助巨大。

考虑到"一带一路"倡议的很多工程较大、耗时较长，需要多方共同参与推进才能产生效果，因此，中方推进的"一带一路"倡议是包含各方共同参与的、坚持互利共赢的项目，绝不是也决不能依靠中国单方面推进。

2. 多个倡议与"一带一路"对接丰富了中国的选择，会推动双方合作而不是压垮"一带一路"倡议

"一带一路"倡议是开放和包容的，只要有合作共赢点，都可以合作与对接，不排斥任何有意义、有价值的合作倡议，只要是能够互利共赢的项目，都可以展开合作，同时也与现存的包括美国、欧盟、土耳其、中亚国家提出的互联互通倡议不会形成竞争，也不会是相互替代的关系。中国

人说,"众人拾柴火焰高",与这些对接的倡议互相沟通、互相学习,有利于促进互利共赢。中国的"一带一路"倡议奉行市场化选择,对接可以是理念上的,也可以是行动上的,可以是部分的也可以是具体案例或工程的对接,形式多样,灵活丰富。

3. "一带一路"倡议没有地缘政治动机,中国介入地区政治博弈既无基础,也无意愿,同时也与倡议的大原则相悖。对于该地区的安全风险,中国已展开风险评估

当今世界,各国相互依存空前加深,求和平、谋发展、促合作、图共赢成为不可阻挡的时代潮流。大国制衡、零和博弈等旧思维早已过时,应被摒弃。目前,中国在巴尔干地区的投资增多,与巴尔干国家合作日益紧密,这是双方互有所需的结果,但因此推断中国有地缘政治动机是不符合实际的。事实上,中国在巴尔干未派遣出一兵一卒,也没有任何军事基地,既没有能力也没有意愿参与地缘政治博弈,而是寻求经贸等领域的务实合作。在整个中东欧地区,情况同样也是如此,中国一直避免卷入任何潜在的地缘纷争。"一带一路"倡议秉承共商、共建、共享原则,以中东欧国家能够接受为前提,在中东欧国家自愿和资助参与情况下,以积极推动务实合作为主要手段,不存在强迫,也不设战略支点,不奉行零和博弈思维,既不针对也不排斥第三方。

针对该地区面临的安全风险,中国也做积极做出风险评估,也希望该地区产生的安全问题能够在联合国和地区和平框架下能够得到妥善解决。无论如何,安全风险是"一带一路"倡议绕不过去的问题。

4. "一带一路"金融工具的使用坚持高标准和市场化,以盈利为先,推动多方合作为主

事实上,无论是亚洲基础设施投资银行,还是丝路基金,以"一带一路"倡议项目为主但又不限于"一带一路"项目(事实上"一带一路"在地域上没有严格限定,因此,可能会投向较多的发展中国家)。两个金

融工具遵循市场原则，依照国际惯例和标准办事，希望在金融领域确定更高规格的运行标准，以市场化和可持续发展为导向，充分借取各金融机构的发展经验。亚洲基础设施投资银行是多边开发机构，遵循多边程度和规则，反映投资者利益并以亚洲基础设施投资为主。丝路基金有相对应的人民币负债，不是援助性或者捐助性的资金。它通过以股权为主的多种市场化方式，投资基础设施、资源开发、产业合作、金融合作等领域。在运作上，主要投资有收益的项目，在中长期有较好的投资回报预期的项目。丝路基金不是主权财富基金，类似于私募基金，但比私募基金投资期限更长。

因此，可以认为两个金融工具的目标是要获益和盈利的，而不是见到丝路项目就投，关注的是盈利价值和前景的项目。

5. 贸易逆差是全球贸易的结构性问题，"一带一路"倡议旨在推动贸易互通，并非推动贸易平衡或贸易均衡

中国和中东欧国家的贸易逆差尤其是中波之间的贸易逆差，看似是两国贸易结构问题，其实是一个全球性问题，跟跨国公司和产品生产者的全球产业链布局有很大关系。中国不是这种贸易顺差的唯一受益者，甚至不是最大的受益者。就中波的贸易逆差来说，应该放在中国—维谢格拉德集团—德国这个大环境下予以考察。比如就汽车产业来说，维谢格拉德国家包括波兰承接了德国公司汽车生产产业链的装配环节并从中获取利润，这些由维谢格拉德国家加工的产品经由德国公司，大量出口到中国。德国从中德汽车贸易中获益巨大，维谢格拉德国家也是德国汽车产业出口到中国的巨大获益者，但这些获益是无法体现在中国—维谢格拉德国家贸易数据当中的，只表现为中国和德国之间的贸易情况。维谢格拉德国家通过承接德国汽车产业链的一部分来促进了经济的发展，并与德国的市场形成了一种共赢的格局，但德国汽车如果没有中国市场的支撑是很难想象的。

过去几年，中欧出现贸易逆差时，欧洲很多智库学者发文批判中国，

但现在通过仔细分析和研究，已经有不少欧洲智库学者放弃对贸易逆差的片面理解，并不认为贸易逆差是中国一手造成，而且会对两国贸易有多大严重的损害。紧抓贸易逆差不放，甚至政治化，是一种落后和过时的观念。另外，期待政府来出面解决也是不切实际的看法，因为很多产品流动是跨国公司的行为，政府无法左右。比如从中国出口到欧洲的笔记本、设备配件等，很多是跨国公司在中国设计、生产、装配并出口到欧洲，中国政府也无法左右这些企业行为。是因为目前贸易统计方式是采取较为落后的离岸统计方法，跨国公司在改革开放四十年来在中国投资设厂较多，因此很多出口产品也都记在出口离岸国中国的头上。

"一带一路"倡议秉承互相谅解、互利共赢的原则，近几年来中国通过积极向中东欧国家投资等办法来弥补双方的贸易数额逆差，期待挖掘更多的合作机会。但解决贸易逆差并不是仅靠"一带一路"倡议就所能做到的，因为与各国情况和全球贸易结构密切相关。

第八章 "一带一路"中的中白工业园：建设进展与发展战略

李　燕①

【摘要】境外园区逐步成为中国"一带一路"上的投资驿站，而白俄罗斯首都明斯克附近的中白工业园更是被中白两国领导人寄予厚望。作者简要分析了中白工业园的缘起、投资环境、发展战略，认为工业园面临的主要挑战是：自然条件平庸、园区招商门槛偏高、生产条件相对苛刻、本地市场较小、政策法规解读不完全、面临不客观的媒体报道等。

　　白俄罗斯是欧亚陆路交通的必经之地，在丝绸之路经济带建设中具有独特的地缘优势。2015 年 5 月习近平主席访问白俄罗斯时指出："要把中白工业园……项目打造成丝绸之路经济带上的明珠和双方互利合作的典范。"②卢卡申科表示，白方愿成为中方"一带一路"倡议的重要支柱。

---

　　①　李燕，中国社会科学院世界经济与政治研究所马克思主义世界政治经济理论研究室副研究员，中国社会科学院与白俄罗斯国家科学院、白俄罗斯共和国基础研究基金会联合资助项目"'一带一路'战略中的中白工业园区：发展战略与未来前景"的中方课题负责人。

　　②　曲颂，《打造丝绸之路经济带上的明珠（一带一路·合作共赢）》，人民网，2017 年 5 月 12 日，http：//finance.people.com.cn/n1/2017/0512/c1004 - 29270072.html。

这个工业园是白俄罗斯招商引资的最大项目,也是继"中巴经济走廊"之后中国"一带一路"倡议在海外建设的另一个旗舰项目,是中国产品走向欧洲的重要渠道。在两国领导人的共同关注与推动下,中白工业园区建设已经初见成效。

◇◇一 中白工业园区的缘起与建设进展

中白两国合作建设一个工业园,是两国历史交往和现实需求的理性结合。

最初提出中白工业园区建议的是卢卡申科总统,就任白俄罗斯总统不久,在选择国家发展道路和经济发展方式上,卢卡申科总统就提出"了解中国,学习中国,接近中国"的战略理念。还在 2010 年 3 月,时任中国国家副主席习近平访问白俄罗斯,卢卡申科总统就向他表达了在白俄罗斯境内共建工业园的愿望。2011 年 9 月,两国政府签署了关于中白工业园的协定,正式确定了这一项目。2014 年园区建设开始动工。2015 年 5 月习近平主席访问白俄罗斯,5 月 12 日,两国元首一起到园区,为园区标志"大石头"揭牌,园区建设加快。根据两国元首的要求,2015 年、2016 年园区在基础设施建设以及招商引资方面都采取了较大的动作。基础设施建设方面,首期开工 3.5 平方公里起步区,包括 11 公里双向四车道公路,给排水、供电、通讯等地下管网,"七通一平"及配套基础设施,到 2016 年年底已基本建成。

在招商引资方面,2015 年 5 月两国元首共同见证了园区管委会为首批 7 家入园企业颁发证书,另外还有甘肃聚馨麦芽、烽火通信等企业递交了入园申请书,以及青海福来喜等企业表达了入园意向。到 2016 年年底,已经有 8 家中国企业入驻,30 多家中国企业签署了意向入园协议。2017

年2月，宝莲华新能源集团公司与中白工业园区开发股份有限公司、中白工业园管委会签署入园意向协议。

目前，中白工业园区建设正以良好的势头健康有序地发展。这个园区是为"一带一路"中国走向欧洲奠基，同时带动白俄罗斯经济发展、推动社会进步的典范。体现了白俄罗斯政府及民众对中国特色社会主义道路的认可，也是对中国"一带一路"倡议的积极响应。

◇二　白俄罗斯的投资环境

1. 经济基础

白俄罗斯西近欧盟市场，东邻俄罗斯，是欧亚经济联盟创始国，交通便利，货物运输成本低，有较好的区位条件。1991年独立后，白俄罗斯率先克服了经济危机并实现了经济快速复苏1996年以后实现经济稳步增长。乌克兰危机后，白俄罗斯通货膨胀，经济下行压力较大。不过，在白俄罗斯政府的努力下，2016年后半年白俄罗斯货币已经稳定下来，经济形势也在好转。

2. 营商环境

白俄罗斯共拥有31家银行，外资占50%以上的银行有20家，外国资本在白银行中的比重为17.11%。白俄罗斯卢布与多种外币挂钩，可自由兑换，外国投资者可以不受限制地将其投资所得以自由货币形式汇往国外。2014年白俄罗斯金融形势恶化，但对大型外国投资者影响较小。据白俄罗斯TUT. BY门户网站报道，在世界银行最新公布的《2017年营商环境报告》中，白俄罗斯在参评的190个国家中居第37位。

3. 政局与社会弹性

苏联解体后，白俄罗斯并没有经过太大的政局动荡，也没有太激烈的政权更迭。卢卡申科执政 20 多年，国家局势始终很稳定，内部冲突不大。不同民族间以及不同政治派别间的冲突不明显。乌克兰危机后，尽管白俄罗斯民众生活水平下降，但因养老金、就业以及社会保障等引发的社会矛盾并不是很突出。白俄罗斯安全形势也比独联体其他国家，甚至比现在正在被难民问题困扰的西欧一些国家都要好。

4. 外交环境

白俄罗斯处在欧亚经济联盟与欧盟连接处，它是欧亚经济联盟成员，独联体成员，与几乎所有独联体国家或者欧亚经济联盟国家成员都有经济关系，与欧洲的很多国家也有经济关系。在俄乌争端以及独联体外交事务中，白俄罗斯多半充当斡旋角色，不只提高了白俄罗斯在地缘政治与国际关系中的地位，也为白俄罗斯争取外部支持、吸引外资创造了比较好的条件。

5. 对华关系

中白两国空间上相隔甚远，但建交以来一直开展友好交往，2013 年确立了战略合作伙伴关系。中国人民赞赏白俄罗斯独立二十多年年来，能够保持社会稳定和经济持续发展，不断提高全民福利水平；白俄罗斯民众钦佩中国改革开放四十年里的成就。在白俄罗斯复制"中国经济奇迹"成为共识，"白俄罗斯为有中国这样的伙伴而骄傲"也成为广泛民意。

6. 政策优惠

除以上条件外，中白工业园区的另一个突出的投资优势就是所享有的优惠政策。白俄罗斯政府尽最大努力为全球投资商营造最为宽松优惠的投资环境。

◇◇三 中白工业园区的发展战略

中白工业园区位于白俄罗斯明斯克州斯莫列维奇区，毗邻明斯克国际机场，距首都明斯克市 25 公里，距立陶宛在波罗的海的克莱佩达港口约 500 公里，距俄罗斯莫斯科约 700 公里，距柏林约 1000 公里，有国际公路、洲际公路、铁路穿越园区，交通便利，有良好的区位优势。在园区北边的是生产区，西南是一个湖，还有大片原始森林。有优美的生态环境和生活环境。

园区总占地面积 91.5 平方公里，总建设期规划为 20 年（2010—2030 年），分两期建设，每期各十年，其中前期开发 17.37 平方公里，投资 14.11 亿美元，项目结束后实现滚动开发。

园区将重点发展精细化工、电子信息、生物医药、高端制造产业，与之配套的物流仓储、交通设施、生活设施、科研机构、医疗机构、教育机构等也将逐步完善，也具有旅游度假等功能。根据长期发展规划，未来中白工业园将吸引超过 200 家高新技术企业入驻，形成结构布局合理、产业协调发展、科技水平含量高、社会经济效益明显的综合性开发区，和集生态、宜居、兴业、活力、创新五位一体的国际化空港新城。

目前的主要运营商是中白工业园合资公司，公司前期投资主要在中方，占 68% 的份额。其中，招商局占 20%，国机集团和中工国际占 45%，哈尔滨投资公司占约 2%。白俄方占 32% 的份额，主要是明斯克州和市出资。前期主要投入在金融、交通基础设施、港口。

根据中白工业园合资公司中方代表徐保民副总经理的介绍，中白工业园运营采取前港、中区、后城的模式。

前港：建设港口，作为向外发送货物的港口。主要解决市场问题。白俄罗斯本身人口不到 1000 万，市场小，又是一个内陆国家，在园区生产了产品，必须到海外寻找市场。其货物主要通过立陶宛的克莱佩达港，这是它的传统出海港，此外还有拉脱维亚的里加、爱沙尼亚的塔林，但是前者最有优势。目前中方已经在同立陶宛协商克莱佩达港的建设。

中区：中部一个区——中白工业园区。它的前期主要功能是作为物流集散地，把内地的产品运往海外，在这里主要投向欧洲。后期将集生产、加工、仓储、商业贸易、休闲娱乐、日常生活服务等于一体，建成一个大的生产消费区——"城中城"。白俄罗斯希望这里成为其经济发展的火车头，起到引擎作用。

后城：依托一个大城市，就是明斯克。明斯克是莫斯科到基辅以及柏林还有欧洲其他地方的交通枢纽，也是欧亚联盟与欧盟中间的一个纽带。

关于园区建设，白俄罗斯方面根据本国情况以及明斯克作为首都的长远发展规划，将中白工业园区从人口、地域、功能、经济作用等多方面进行了定位，将园区定位为一个高新技术区，带动明斯克和整个国家的科技、经贸、社会发展。按照白方规划，中白工业园区到 2020 年将建成容纳 25 万—30 万人的小城区，而到 2030 年，将建成可以容纳 130 万人的以高科技为主的明斯克的卫星城。

◇◇四　中白工业园区建设中的问题

作为一个海外园区，中白工业园建设一方面是开拓；另一方面也是对中国海外工业园区建设经验在东欧国家的一次实践，其中不可避免地存在一些问题。

一是白俄罗斯自然条件带来的问题。白俄罗斯作为古罗斯文化的发祥地之一，原本也有一些古老的历史文化和建筑。但是"二战"中多数被损毁了。这对它发展旅游业带来很大影响。在早期招商引资活动中，几乎没有旅游品牌可打。

二是园区怎样进一步招商问题。从 2010 年 3 月卢卡申科总统提议建立工业园开始，至今已经过去了 7 年，目前进驻企业不超过 10 家，真正进驻的还不多。这里的主要问题既有扩大宣传，让更多的中国企业了解中白工业园的问题，也有一些细节性的技术问题，阻挡了一些中资企业的入驻。如，在进入园区的"门槛"上，白俄罗斯方面对企业的环保标准、安全标准、技术规程、人力资源的使用等有严格要求，有些企业因环保或者安全标准等原因，不具备准入条件，被拒之门外；有的企业只做基础工程，没有具体产品；还有的企业因为生产流程的大部分在国内或者其他地方，也不符合白方"至少有50%的生产过程是在园区完成"的入园要求，等等。

三是园区生产条件：白俄罗斯的气候条件跟中国大部分地区不一样，一年中雨雪天气很多。有些高精技术产品对温度、湿度等有很严格的要求，有的企业不了解这个情况，去实地考察后才发现这个问题。

四是白俄罗斯市场。白俄罗斯人口不到1000万，市场小，2015年GDP总额约565亿美元，还不如一个中国沿海城市多。生产的产品坐地销售的很少，必须依靠其他市场，比如俄罗斯、独联体国家、欧盟、中东欧等，这就面临关税问题和运输问题。

五是政策法规的解读。有的企业看到了白方的优惠政策，提出入园要求，但是它自身可能因前述环保、安全等标准不符合要求而无法进入；有的企业提出疑问，那些优惠政策只适用于园区内的企业，一旦生产行为离开园区就不再享受。总体看，白俄罗斯的一些政策法规的细节中国企业以及管理者不是十分了解，因此，对政策法规的解读理解也是一个需要补充的环节。

六是一些媒体对白俄罗斯投资环境和风险的不很客观的评价。比如，有些文章大谈白俄罗斯的"颜色革命"风险，有的渲染卢卡申科结束任期后可能的政治风险，还有一些根据世界银行数据等做出的风险评估，对白俄罗斯投资环境的评估水平较低。对于企业向海外拓展这些问题的确需要提前做出研判，但是不等于要完全依靠这些论断做决策。实际上，在白俄罗斯的中国人没有感受到不安全，也没有感受到"颜色革命"的临近，更没有感受到卢卡申科将要退下去所带来的威胁。白俄罗斯的社会比较稳定，民众也比较理性，其政府在社会治理方面比较成功，为外来投资创造了安全的投资环境。

第九章 "一带一路"与中非产能合作：成效、问题与前景

姚桂梅①

【摘要】中非产能合作虽然潜力巨大，但目前非洲的现实情况表明其在短期内无法承接中国大规模的产能转移。中国企业"走出去"到非洲不仅面临非洲经济基础设施薄弱、政府和金融机构支持保障不足、园区开发理念和文化差异等问题，其自身在参与"一带一路"国际产能合作的过程中，也并不具备走进非洲投资的各种智慧和经验，特别是对投资合作国的市场需求和特点并不十分了解。中非产能合作需要循序渐进，切忌大规模蜂拥而上，应继续坚持在重点地区的重点国家推进重点项目落地生根，然后以点带面地有序推进。

2017年5月，"一带一路"国际高峰论坛在北京隆重举行。习近平主席在开幕式的主旨发言中指出，"一带一路"建设根植于丝绸之路的历史土壤，重点面向亚欧非大陆，同时向所有朋友开放。习近平主席的讲话不仅消除了许多非洲国家搭不上"一带一路"建设快车的忧思，而且为密切中非贸易联系、设施联通、产能合作指明了方向。未来，中非命运共同

---

① 姚桂梅，中国社会科学院西亚非洲研究所南非研究中心主任、研究员，创新工程"中国与非洲产能合作重点国别研究"项目首席研究员。

体将在共荣共生中发展壮大。

◇◇一 非洲："一带一路"西向推进的重要组成部分

2013 年 9 月，中国国家主席习近平首次提出"一带一路"合作倡议，目的就是建立一个开放型的国际区域合作的平台。它是一个由多条路、多个带形成的经济网络：其一是通过建设"丝绸之路经济带"，沟通中国与欧洲国家特别是与制造业大国——德国的联系；其二是通过建设"21 世纪海上丝绸之路"，密切中国与东南亚、西亚和非洲国家的合作。峰会前，在《中非合作论坛》引领下，中国与非洲国家在政策沟通、设施联通、资金融通、贸易畅通、人心相通五个层面的合作硕果丰硕。如果从合作的广度和深度上论及中国的影响力，那么许多非洲国家远超一些榜上有名的"一带一路"沿线国家。换言之，中非合作机制与举措在某些方面是领先带路建设的。

从政策沟通和战略对接来看，中国政府历来重视非洲方面的战略指向和政策诉求，并在此基础上结合中国发展的优势，为中非长远合作开篇谋局。2000 年成立的中非合作论坛，成为引领中非合作的高效机制。针对非盟 2001 年提出的自主发展与国际协调并重的《非洲发展新伙伴计划》、2007 年的《非洲加速工业发展行动计划》、2013 年的《非洲基础设施发展规划》以及 2013 年的《非洲 2063 愿景》，中国政府出台与非洲发展诉求相辅相成的政策及配套方案。例如，2014 年 5 月，李克强总理访问非洲四国，提出中非合作的"461"框架：四个原则（平等、务实、真诚、守信），六大工程（产业、金融、减贫、绿生态环保、人文交流、和平与安全），1 个平台（中非合作论坛），首次为中非合作布局。2015 年 1 月，中国政府与非洲联盟签署推动"三网一化"建设的备忘录，这是一项跨越 48 年，覆盖非洲全境的高铁、高速公路、航空和工业化基建设施，不仅有力推动非洲基础设施的互联互通和工业化，而且将带动中国的装备走进非洲。尤为重要的是，2015 年 12 月，习近平主席出席中非合作论坛约翰内斯堡峰会，公布《中非合作论坛——翰内斯约堡行动计划（2016—2018）》，提出 2016—2018 年中非合作的"五大支柱"（政治上平等互信、经济上合作共赢、文明上交流互鉴、安全上守望相助、国际事务中团结协助）与"十大合作计划"（工业化、农业现代化、基础设施、金融服务、绿色发展、投资贸易便利化、减贫、公共卫生、人文交流、和平安全），并为此配套 600 亿美元资金，深度打造中非命运共同体。

在中非合作论坛引领下，中非经贸合作成效卓著。2014 年中非贸易规模达到 2218.8 亿美元，2015 年和 2016 年在全球经济不景气和贸易萎缩背景下，中非贸易虽然连续两年下滑，但中国无论是进口还是出口方面都一直保持着非洲第一大贸易伙伴的地位，而且工程设备和机电产品出口占据半壁江山。在基础设施建设方面，中国企业已经成为非洲基础设施建设的主力军，中非基建合作逐步从双边向区域、从单纯承包向建营一体化迈进。截至 2014 年年底，中国在非洲累计工程承包合同额 4667 亿美元。2015 年中国在非洲新签合同额 762 亿美元，完成营业额 548 亿美元，聘用当地员工约 40 万人。[①] 在对非投资方面，以产能合作为核心的对非投资规模不断扩大。截至 2015 年年底，中国对非直接投资存量 347 亿美元，有近 3000 家中资企业主要投资在非洲的矿业、建筑业、制造业、金融业、科学研究和技术服务业等领域，而且随着时间的推移，中国企业将更多投向制造业、金融业和零售等消费为导向的服务业，对非投资行业分布将更加多元与平衡。值得指出的是，中国的投资仍相对集中在赞比亚、尼日利

---

① 丁栋：《中国已与 30 多国签署"一带一路"合作协议》，中国新闻网，2016 年 6 月 2 日，http://www.chinanews.com/cj/2016/06-02/7892586.shtml。

亚、南非、埃塞俄比亚、坦桑尼亚、加纳、肯尼亚、安哥拉、乌干达、埃及等国。尽管近年来南非经济表现不佳，但中资企业与南非投资合作热情不减。2016年3月，中国出口南非的全球功率最大的窄轨内燃机车下线，在南非设立的电力机车组装工厂产品也陆续交付使用；6月，由浙江民营企业万德邦集团组建的安兰医疗出资2.6亿兰特，并购两家南非知名医疗器械企业特迈克公司和爱立特公司；8月，北汽集团南非公司在东开普省伊丽莎白港的库哈工业园正式开工，设计年产10万辆整车，总投资8亿美元，既是中国在非洲最大的汽车组装项目，也是南非近40年来最大绿地投资项目，被南非祖马总统誉为"南非的底特律"。可见，南非仍是中国对非经贸合作中最重要的国家之一。

◇二 中非产能合作在先行先试中推进

毋庸置疑，经贸合作是"一带一路"建设的重要内容之一，而基础设施联通和国际产能合作又是经贸合作的两个重要引擎。国际产能合作主要是围绕生产能力新建、转移和提升的国际合作，以企业为主体、以市场为导向，以制造业及相关基础设施、能源资源开发为主要领域，以直接投资、工程承包、装备贸易和技术合作为主要形式。为此，中非产能合作的实施也正围绕着基础设施与园区建设推进。

虽然，"一带一路"国际高峰论坛已经正式将全非洲通盘纳入"一带一路"建设，但事实上，由于非洲国家众多，国家间经济发展水平悬殊，中国有关部门正在有针对性地试点推进以互通互联和工业化建设为核心的中非产能合作。例如，选择政局稳定、经济增速和一体化进程较快、对华长期友好的东非地区为中非产能合作的优先"试水区"；优选南非这个非洲大陆经济强国为重点实施国家；选定古代郑和下西洋到过的肯尼亚、坦桑尼亚，以及非洲第二人口大国埃塞俄比亚，还有中部非洲的刚果（布）为中非产能合作的先行先试国家。目前，在上述非洲国家和地区都有代表性项目发力对接，有的已经取得阶段性成果。

（一）设施联通：中国标准和发展理念开始浸润非洲

受益于人口红利和区位优势，埃塞俄比亚成为中非产能合作的先行先试的示范国家。在那里，中国公司修筑了埃塞第一条环城高速公路、东非第一条现代化轻轨、非洲第一条中国Ⅱ级电气化标准铁路（亚吉铁路），援建的非盟大厦成为亚的斯亚贝巴最显眼的城市建筑。尤其是亚吉铁路的通车是一个具有里程碑意义的事件，它不仅为埃塞俄比亚这个内陆国打通吉布提这个出海通道，而且也带动了中国装备、技术、资金乃至标准、规范和发展理念进入埃塞、深入非洲①。更为重要的是，作为亚吉铁路的主要承建商之一，中国铁建旗下的中土集团还利用修建电气化铁路之机进行海外战略转型，多方位地参与埃塞的投资和建设。中土集团不仅获得亚吉铁路六年运营权，而且成功竞标铁路沿线4个工业园的建设。目前，阿瓦萨工业园已经竣工并开始运营，孔博查工业园、阿达玛工业园、德雷达瓦工业园正在建设中。截止到2018年6月，阿瓦萨工业园已经建成并投入使用，迅速成为"埃塞工业化的里程碑项目"。孔博查工业园、阿达玛工业园和德雷达瓦工业园已经基本建成，即将投入使用。未来，随着亚吉铁路的正式投入运营，中土公司还将介入沿线高速公路建设、房地产开发，与埃塞俄比亚政府合力打造铁路沿线经济带，助力埃塞实现"非洲制造业中心"的目标。

肯尼亚是东非地区综合实力最强的国家，同时也是地区海陆空交通运

---

① 中国驻埃塞俄比亚大使腊翊凡："非洲屋脊"上的丝路情缘，网易新闻，2017年5月7日，www. 360doc. com/content/17/0507/10/32712951_ 651772374. shtml。

输枢纽，近些年该国采取了诸多吸引外资的措施，电力接入的提高和信贷准入的便利等措施，使其成为中非产能合作的最佳落脚地。2012 年 7 月，中国交运集团辖下的中国路桥为肯尼亚设计、建设了一条全长 480 公里连接首都内罗毕至东非第一大港蒙巴萨的现代化标轨铁路（中国 I 级，内燃机驱动），即蒙内铁路。该铁路自 2014 年 10 月开始动工，2017 年 6 月 1 日投入运营，在历时两年半的时间里，中国建设者利用中国标准、中国资金、中国技术、中国管理、中国装备、中国理念克服了资金、技术、人才、环境等方面的诸多障碍，高效环保的建成了的东非第一条高标准现代化交通设施。蒙内铁路是中国铁路产业链、中国铁路技术标准全方位走出国门，成功服务于肯尼亚交通基础设施建设的典范。蒙内铁路的开通，终结了东非地区 40 年没有新增一条铁路的尴尬历史，将为沿线地区进一步发展经济、削减贫苦、解决就业、降低物流成本注入强劲动力。肯尼亚铁路局局长阿斯塔纳·麦依纳预计蒙内铁路施工阶段将至少劳动肯国民生产总值额外增长 1.5 个百分点。①

此外，在尼日利亚、赞比亚、莫桑比克、安哥拉、津巴布韦、多哥等国也有重要的基建项目，它们或是"一带一路"建设的重要落脚点，或是"三网一化"的支点国家。

（二）产能合作：园区搭建互利共赢新桥梁

为回应非洲国家学习中国经济特区发展经验的诉求，2006 年中非合作论坛北京峰会上，时任国家主席胡锦涛宣布，将在非洲国家建立 3—5 个经贸合作区等八项重要举措，以中非工业合作来带动非洲制造业的发展，使其有更多的出口产品。为积极响应国家政策号召，一些中国企业大

---

① 《繁荣之路——纪实蒙内铁路》，2017 年 5 月 25 日，http://www.crbc.com/site/crbc/380/info/2017/46881768.html。

胆实践,中非经贸区(或工业园)应运而生。据不完全统计,截至 2015 年年底,中国在非洲建设的园区超过 20 个,投资额超过 305 亿元人民币,累计纳税超过 36 亿元人民币,解决当地 2.6 万人就业,[①] 对促进非洲国家产业升级和中非双边经贸关系发展发挥了积极作用。

根据建设资金来源,中国在非洲建设的园区可分为国家级、省市级和企业自建等三个类别。目前,在中非合作论坛框架下,中国政府在非洲五国建立了六个经贸合作区,但只有埃及泰达苏伊士经贸区、尼日利亚莱基自贸区、赞比亚—中国经贸区、埃塞俄比亚东方工业园达到商务部的考核指标,成为名副其实的国家级园区;而毛里求斯晋非经贸区、尼日利亚奥贡经贸区也在加紧建设和招商,力争早日达标。与此同时,中国地方政府也积极支持本省企业跻身中非产能合作大潮,比如乌干达的辽沈工业园、埃塞的湖南阿达玛工业园、埃塞俄比亚的德雷达瓦工业园中的昆山产业园,正在加紧园区建设。此外,一些中资企业利用在非经营的各种资源优势,投入园区建设大潮。例如,华坚集团在埃塞的国际轻工业园、安徽外经在莫桑比克的贝拉经贸区、北汽集团在南非的库哈工业园,河南国基在塞拉利昂建设的国基工贸园区,都已取得初步成效。限于篇幅,本文主要简要介绍四个国家级园区的发展业绩。

埃及泰达苏伊士经贸区:创建于 2008 年 7 月,位于"一带一路"建设连接亚非大陆的重要交会点上。经过九年多建设与运营,泰达苏伊士经贸区已经成为"一带一路"非洲园区建设的领航者。截至 2016 年年底,1.34 平方公里的起步区累计投资 1.05 亿美元,资产价值 1.53 亿美元,共吸引 68 家企业入园,包括巨石集团、牧羊集团、西电集团等大型企业,形成了以石油装备、高低压电器、纺织服装、新型建材和机械制造在内的五大产业园区,涵盖加工制造、物流、保税、技术开发、商贸和现代服务

---

① 施劲华:《"一带一路"海外园区建设的非洲实践研究》,《中国经济时报》2016 年 6 月 21 日。

业等主要产业，融各功能区为一体的国际化产业基地和现代化新城。不仅填补了埃及国内市场的不足，更能借助埃及辐射欧洲、非洲、中东市场的优势，进入更广大的国际市场。起步区共引协议投资额近10亿美元，实现年销售额1.8亿美元，进出口2.4亿美元，为当地创造2199个就业岗位。2016年初，6平方公里的扩展区建设全面启动，2016年年底，扩展区一期市政基本设施全部完成，累计投资4400万美元，招商工作进展顺利。预计二期扩展区建成后将吸引企业150家，吸引投资30亿美元，实现年收入150亿美元，提供就业机会约4万个。①

尼日利亚莱基自贸区：位于尼日利亚拉各斯莱基半岛上的莱基自由贸易区规划面积30平方公里，是中国在非洲最大的经贸合作区。经过中非莱基投资股份有限公司多年打造，吸引了像玉龙钢管、亚非国际（重卡）、华创钢结构、华鼎电源等一批规模企业入园投资建厂，并带动了上下游企业的入园。截至2016年12月底，已有114家中外企业入园并办理了营业执照，协议投资额约11亿美元，经营范围涉及生产制造、商贸物流、石油天然气仓储、工程承包、金融、房地产、酒店、设计咨询、清关服务等各个领域；其中的50家企业（中资26家）已投产经营或兴建，协议投资额为5.91亿美元；入园企业累计完成实际投资超过1.54亿美元，实现总产值超过1亿美元。莱基自贸区作为中尼经贸的合作平台粗具规模。

埃塞俄比亚东方工业园：由江苏省永元投资股份有限公司（民营性质）中标承建。经过多年打拼，吸引了包括华坚鞋业、力帆汽车、东方印染、地缘陶瓷等65家企业入园投资设厂。入园企业不仅带动了中国产品的出口、对富余产能进行了转移，而且积极为埃塞政府缴纳税费，创造了大量的就业岗位。截至2016年年底，入园企业共创造总产值6.3亿美元，

---

① 《泰达海外模式助推国际产能合作》，《一带一路国际产能合作园区联盟》特刊2017年4月创刊号，第20—21页。

上缴东道国税费总额 5159.33 万美元。园区从业人员超过 10000 人，其中为东道国解决就业 8000 多人。入园企业华坚鞋业成为中埃劳动密集型制造业合作的典范。

中国—赞比亚经贸区：是中国政府在非洲设立的第一家经贸区。该区由中国在赞比亚最大的中资企业——中色集团开发运营。分为两个园区：谦比希园区主要是围绕铜矿石这个有色金属资源开展开采、加工、仓储、物流等业务，而卢萨卡园区主要是围绕商贸服务、现代物流、加工制造、房地产开发等进行配套服务。截至 2015 年年底，园区累计投入基础设施建设 1.87 亿美元，已有 55 家企业和租户入驻，实际完成投资 15.7 亿美元，区内企业累计实现销售收入 110.45 亿美元，为当地创造 8500 个就业岗位。①

◇◇三　中非产能合作中的问题与挑战

尽管中非产能合作已经取得了良好的阶段性成果，但是从总体上看，中非经贸合作区的建设仍处于从初创向经营阶段过渡，面临着不少的困难和挑战。

其一，某些非洲国家政局稳定性、政策连续性欠佳。国际合作经验表明，一个国家吸引外资的多少与该国投资环境和投资政策密切相关。而非洲大陆上的有些国家恰恰在政局稳定、政策连续性方面有不好的记录。例如，2011 年埃及爆发"1·25 革命"，推翻了穆巴拉克 30 年的政权，埃及政局陷入动荡，中埃·泰达苏伊士经贸区的招商等业务处于瘫痪或维

---

① 中华人民共和国驻赞比亚使馆商参处：张德江委员长视察赞比亚中国经济贸易合作区卢萨卡园区，商务部网站，http://zm.mofcom.gov.cn/article/e/201603/20160301286803.shtml。

持状态，入园企业停工停产，各项业务无法正常推进。埃塞俄比亚的东方工业园也因部分工人卷入 2016 年 10 月的事态被捕导致停产损失，影响外商投资活动。至于政策连续性差更是屡见不鲜。在津巴布韦，从 2007 年至今，本土化政策在备受争议和诟病中走过了 10 年历程，对外国投资者来说，该政策始终像一只悬挂在头顶半落的靴子令人担忧，对津巴布韦开放市场和中津产能合作是极大的阻碍。另外，美元加息背景下，本就外汇短缺的非洲国家货币贬值严重，一些国家出台新的外汇政策。例如，2016 年 11 月，埃及央行放弃汇率控制，允许自由浮动。埃及汇率新政的出台，使得中国企业的利润空间变小、持续运营艰难。例如，埃镑贬值对天津泰达苏伊士园区、江苏牧羊埃及仓储项目、埃及美的项目、华晨汽车项目、奇瑞汽车项目、海信集团埃及冰箱项目在原材料进口、生产运营、收益回流等方面产生较大影响，直接体现为加大了财务报表中的汇兑损失。随着埃镑进一步贬值，还会进一步侵蚀项目经营利润，影响项目正常生产经营。

其二，大多数非洲国家经济基础非常薄弱。当前国际大宗商品价格持续低迷背景下：许多项目成本大幅度提高，延迟项目回报期限。作为中非产能合作的重要平台——中非经贸区建设过程中就遇到区外基础设施缺失（道路老化失修、天然气和水电供应不足、通信设施不配套）的问题，滞后于区内发展进度与需求的问题。是众所周知的亚吉铁路已举行盛大的通车仪式，对于人口众多而受没有出海口之困的内陆国埃塞俄比亚来说，无疑就是一条生命线。然而，这条电气化铁路却因为埃塞电力供应不稳定以及供电线路不配套导致延迟投入运营。另外，对中国企业而言，也是一种承建转经营，再到拉动全产业链走出去的模式创新，但检验"亚吉模式"成功与否的关键还要看日后铁路运营能否实现预期应有的效应，仍将取决中埃两国的决策者和建设者能否妥善解决合作中遇到的现实问题。

其三，中国与非洲在园区开发理念、文化方面存在诸多差异。园区建设是舶来品，结合中国国情，形成中国经济成功发展的经验。如政府主导开发和运营，运营模式大多采用资本大循环模式，即通过"基础设施开发建设——招商引资——运营——获得企业税收——反哺园区基建及园区运营"的步骤，以企业税收反哺园区基建。在中国园区建设中，政府具有园区的行政管理权，可以充分利用政府力量和资源，协调各部门关系，机构精干、办事高效，对园区项目给予自主的优惠。而在非洲国家的经贸区大都由公司市场进行运作，而且由于非洲国家"小政府、大社会"的特色，不仅基础设施缺失、政府效率低下，而且工会、教会、非政府组织势力强大，在这种背景下，合作区的运营企业往往要在基建方面大量投入，并承载部分政府职能。而实际上，园区运营商在与非洲驻在国政府商谈项目时地位完全不对等，效率难免低下。而非洲政府和民众急于分享园区发展成果的理念，与园区运营商筑巢引凤、细水长流、长期回报等开发理念等存在明显差异。非洲国家日渐增多的要求，既要鱼又要渔，既要产能又要市场，既要基建又要产业，中非产能合作不会一帆风顺。

其四，园区建设普遍面临融资困难、金融支持力度不足问题。中国在非洲经贸园区的承建单位或多或少都面临着建设资金需求量大、投资周期长的情况，因而融资需求特别迫切。但是，中国商业银行对于国内企业的境外融资需求均要求其母公司以其信誉和授信额度为其子公司海外项目提供担保，子公司的海外项目自身资产不具备抵押融资的资格，无法获得相关的贷款支持，导致大部分海外园区在初创阶段区面临着持续发展的资金压力。融资困难、资金短缺的问题在民营企业——江苏永元投资有限公司全资承建的埃塞俄比亚东方工业园的建设运营中表现得更为突出。目前东方工业园负债率已近10%，如果在只靠自身"滚动式发展"，必将严重影响园区发展速度，从而错失向非洲"产能转移"的良机。另外，入园企业也大多为民营性质的中资企业，他们在投资过程中更是普遍面临着建设资金短缺、融资门槛高、融资诉求更难以实现的窘境，迫切呼唤构建一个灵活、立体、多元的金融支持促进体系，从根本上解决民营企业融资难、融资成本高的问题。

其五，许多中国企业并没有做好走进非洲进行产能合作的准备。"一带一路"建设语境下，许多中国地方省市和企业将"一带一路"倡议视为"唐僧肉"，争先恐后、想方设法地要搭乘上这趟"免费出海列车"，但其自身并不具备走进非洲投资的各种智慧和经验，特别是对投资对象国的市场需求和特点并不十分解，难免形成中资企业主观愿望与非洲市场客观需求严重错位。这种无序和乱象无助于中国企业走进非洲、融入非洲。据悉，在引导中资企业投资非洲过程中业已发挥重要的中非发展基金，虽然寻找到了许多适合非洲发展需要的潜在合作项目，却因在国内却找不到合适的中国合作伙伴而被迫搁置。再者，即便有些企业走进了非洲，但是受当地的政策约束无法将增值的资本、利润带回国内，也不能算是成功的投资。

◇◇四　中非产能合作需要循序渐进

"一带一路"国际合作高峰论坛已将正式接纳全非洲为合作伙伴，这给中非产能合作赋予了新的内涵，也带来了新的机遇。首先，处于全球化边缘地带的非洲国家一直青睐中国的发展经验，与中国密切合作的民意基础日益巩固，他们渴望全洲纳入中国的带路建设版图，从中更多受益。现在，非洲国家的诉求得以实现，"共商、共建、共享"的合作理念指导下，中非务实合作得以深入开展，非洲自主发展能力必然得到进一步提升。其次，从资金融通而言，中非合作论坛（2016—2018年）已有的600亿美元配套资金，再加上可利用的国开行和口行的"一带一路"建设专项贷款（3800亿美元）渠道，必将为中非投资合作注入更多的关注、资金和动力，形成倍增效应。

然而，"一带一路"语境下的中非产能合作并非一路坦途。尤其是 21 世纪前十年令人振奋的非洲"经济崛起"态势目前已然让位于经济"多速增长"的新常态下，南非、刚果（金）、埃及等国政局或安全形势不稳，政策连续性受到挑战，再加上非洲国家固有的基建赤字、就业赤字、劳动观念、治理落后、恐怖袭击、社会冲突等复合问题，中非互利合作的战略目标与非洲的现存的真实环境还有相当的差距，需要中非携手共同化解挑战。

特别需要指出的是，尽管非洲大陆被公认为中国富余产能向外转移的潜在承接地，但一个只拥有大量人口但购买力低下、交通通信普遍"肠梗阻"的大陆只是一个潜在的市场而不是一个真实的市场。因此，在非洲大陆经济一体化尚未根本成型之前，54 个主权国家呈现出"碎片化"的市场特征表明，中国不应过高指望通过非洲来实现中国化解过剩产能的任务。中非产能合作切忌大规模蜂拥而上，应继续坚持在重点地区的重点国家推进重点项目落地生根，然后以点带面地有序推进方为上策。

最后，中非产能合作当然不同孤立的推进。作为研究非洲问题的中国学者，当务之急应该是深入地研究如何与非洲国家进一步推动"五通"，特别是中非之间的政策沟通和民心相通，这方面的研究亟待深入。

（原文发表于《国际经济合作》2017 年第 6 期，题为《中非产能合作：成效、问题与前景》）

第十章 新疆丝绸之路经济带建设的核心内涵与突破路径

王宏丽①

【摘要】 新疆建设丝绸之路经济带核心区既是国家战略的西北体现，也是新疆发展的重大机遇。但新疆建设丝绸之路经济带核心区建设仍然面临发展动力支撑不足、机制创新认知不深、平台开发绩效不佳以及内外环境难及预期等问题。作者的研究结论是：新疆丝绸之路经济带核心区的建设应在理念上坚持创新发展，增强经济发展新动力；在行动上切实转变政府行政理念，重点突出体制机制创新；在规划上深刻理解供给侧改革，注重提高投入产出效益；在实施中加快推进"先行先试"，奠定"自贸区"发展基础；并在发展中开展相关专业研究，提高指导实践能力。

2013 年 9 月，习近平主席倡议"共同建设'丝绸之路经济带'"，同年 11 月，新疆迅速提出"建设丝绸之路经济带上的核心区"。

2014 年 5 月，第二次中央新疆工作座谈会明确新疆建设丝绸之路经济带核心区，使新疆成为国内首个被国家明确丝绸之路经济带发展定位的省区，在全国产生了较大影响。同年 9 月，新疆出台《关于推进新疆丝绸之路经济带核心区建设的实施意见》和《关于印发推进新疆丝绸之路经

---

① 王宏丽，新疆社会科学院经济研究所副所长、副研究员。

济带核心区建设行动计划（2014—2020 年）的通知》，全面部署核心区建设。

2015 年 3 月，《推动共建丝绸之路经济带和 21 世纪海上丝绸之路的愿景与行动》发布，新疆和福建分别被赋予“一带一路”的核心区定位，成为“稳定西北、经略东南”国家战略的现实体现。

新疆，被定位于丝绸之路经济带核心区，是以新疆独有的历史传承、地缘优势、人文优势、资源优势和政策优势①为条件，根基于国家战略中新疆地位的快速提升，立足于经济社会的发展现状及未来发展潜力。但是，何为丝绸之路经济带核心区？有优势、有地位、有潜力就能成为核心区吗？新疆建设丝绸之路经济带核心区还要走多远、如何走？这些问题都需要在探讨中寻找理论答案以及在实践上寻求突破路径。本篇以空间经济学为研究视角，尝试阐释丝绸之路经济带核心区的内涵，明确建设路径，探寻当前发展的现实困境，提出应对策略，以期构建丝绸之路经济带核心区建设的新疆方略。

◇◇一　丝绸之路经济带核心区的内涵

核心，即中心、主要部分，主要指事物或事情最重要、赖以支持其存在的那一部分。

“核心区”这一概念，来源自空间维度下的“核心—边缘”（center - periphery）理论。美国著名区域经济学家弗里德曼（J. Fridmann）的空间结构思想下“核心—边缘”理论认为：核心区被定义为地域上有组织的一级社会系统，并能产生和吸收创新变化；而边缘区域是由核心区机构决

---

① 王宏丽：《立足实际，应对挑战，科学筹谋丝路新战略》，《克拉玛依学刊》2015 年第 5 期，第 3—4 页。

定其发展途径的次级系统，并与核心区处于一种坚实的依存关系。① 核心区与边缘区共同构成了一个完整的空间系统。在成功的经济增长过程中，核心区是创新变革发源地，资本、技术和政策都有明显优势，并且政治机构集中，处于稳定发展和支配地位。之后，由于核心区繁荣发展，大大促进了相邻地区的发展，投资、资源和人口迁移增多，呈现明显经济增长趋势，这样核心区与边缘区的边界将发生改变，空间关系重新组合，如果这样的发展能按照一定的秩序进行，直到实现完全的空间经济一体化。当然，也有可能随着核心区的逐步发展，边缘区受各种因素影响，人口、资源、资金等被核心区吸引而出现迁出效应，会使边缘区呈现更加不利的发展局面。空间经济学的重要贡献在于在时间和空间的结合上对于解释和预测经济活动的变化规律方面有所作用。"核心—边缘理论"指出区域经济增长要追求经济要素要增强空间结构关联中的流动性，要加大空间结构聚集形态的变动，并提出空间结构优化演变促进区域经济增长的规律。

丝绸之路经济带核心区，就是在丝绸之路经济带这一区域空间体系中具有重要作用及中心影响的区域。

中国倡导的丝绸之路经济带，是基于区域合作发展的目标，因此，在丝绸之路经济带沿线国家的基础上，中国倡议更大范围、更多沿线的周边国家的加入，以寻求亚洲、欧洲、非洲及全世界各国的互利合作。因此，丝绸之路经济带的空间体系较难准确界定为某一区域或某些国家，空间体是以丝绸之路经济带沿线国家为基础的空间延伸。

基于以上空间体系的论述，中国倡导的丝绸之路经济带建设的现实推动路径和步骤，基本是以中国西、西北、北、东北向外扩散式、渗透式推进，有目标、有重点、有阶段性地逐步实现与中亚经济带、环中亚经济带

---

① 曾菊新：《空间经济：系统与结构》，武汉出版社 1996 年版，第 163—165 页。

和欧亚经济带①上的国家和地区的合作发展。

因此，现阶段新疆建设丝绸之路经济带核心区，主要是指空间体系自中国东部沿海向西北内陆、通过新疆走出国门的“中国内地省区市——新疆——新疆周边国家”。

（一）空间体系的核心

自东向西的区域空间“中国内地省区市——新疆——新疆周边国家”，新疆无疑是这一空间体系的中心。

空间差异性推动中国区域经济空间格局的发展演化，经济发展要素在空间地域配置的差异性以及由此差异性累积因果循环更进一步形成的空间区域的差异性，推动着区域经济发展格局的演变。中国“十三五”规划提出“以‘一带一路’建设、京津冀协同发展、长江经济带发展”推动东、中、西、东北四大区域板块协调发展。东、中、西、东北四大区域板块，空间区域范围广、行政区划分布不均，基于各种影响因素判断下又可划分成空间体系更小、空间经济联系更为紧密的不同经济区，当前，讨论较多的是八大经济区②。

---

① 中亚经济带、环中亚经济带和欧亚经济带的提法和范围引自胡鞍钢、马伟、鄢一龙《“丝绸之路经济带”：战略内涵、定位和实现路径》，《新疆师范大学学报》（哲学社会科学版）2014年第2期，第3页。中亚经济带包括哈萨克斯坦、吉尔吉斯斯坦、塔吉克斯坦、乌兹别克斯坦、土库曼斯坦等中亚五国；环中亚经济带包括中亚、俄罗斯、巴基斯坦、印度及土耳其、伊朗等西亚国家；亚欧经济带包括环中亚地区、欧洲和北非。

② 八大经济区：东北地区包括黑龙江、吉林和辽宁3省；北部沿海地区包括北京、天津、河北和山东2市2省；东部沿海地区包括上海、江苏和浙江1市2省；南部沿海地区包括福建、广东和海南3省；黄河中下游地区包括陕西、山西、河南、内蒙3省1区；长江中游地区包括湖北、湖南、江西、安徽4省；西南地区包括云南、贵州、四川、重庆、广西3省1市1区；西北地区包括甘肃、青海、宁夏、西藏、新疆2省3区。转引自《中国（大陆）区域社会经济发展特征分析》，国研网数据库，http://d. drcnet. com. cn/eDRCNet. Common. Web/DocSummary. aspx? DocID = - 62226&leafid = 4076&chnid = 1002。

以交通网络为支撑的空间经济区域，新疆成为中国内陆省区八大经济区向西延伸，走进中亚西亚、跨入欧洲的必经之路，成为扼守亚欧两大洲陆路通道的咽喉。所以，新疆成为现阶段丝绸之路经济带空间体系的核心。

新疆与八个国家接壤①，拥有 17 个一类口岸，12 个二类口岸，在航空、铁路、公路、管道运输等多种类型的空间交通网络的支持下，新疆意在打造北、中、南三大通道形成贯通内地东、中、西地区与新疆周边国家的互联互通。北通道自交通网络京津唐经山西、内蒙古，进入新疆伊吾，沿巴里坤、富蕴、北屯、阿勒泰，向北可至俄罗斯，向西可到哈萨克斯坦，向东辐射蒙古国。中通道沿第二亚欧大陆桥陇海、兰新线经新疆哈密、吐鲁番、乌鲁木齐和博州（阿拉山口）或转至伊犁州（霍尔果斯、都拉塔、木扎尔特等口岸）均可进入哈萨克斯坦。北通道和中通道通过连接中国东部发达的环渤海经济圈和长三角经济圈，形成东北、北部沿海、东部沿海、黄河中下游地区与西北地区间的陆路畅通。南通道自广东经湖南、重庆、四川、青海，进入新疆若羌，经且末、和田、莎车、喀什，从红其拉甫口岸和卡拉苏口岸分别至巴基斯坦和塔吉克斯坦。南通道通过连接中国最早的改革试验区珠三角经济圈，形成南部沿海地区、长江中游地区、西南地区与西北地区间的陆路畅通。新疆成为中国最发达三大经济圈、八大经济区向西北进发最终的汇集地和走出国门的必经核心。

"一带一路"建设，成为协调中国东、中、西、东"北四大板块"、优化区域发展格局、拓展发展空间的"三大发展战略"之一。丝绸之路经济带，作为"一带一路"陆路通道上重要一翼，新疆在其的核心区地位，毋庸置疑。

---

① 分别是：蒙古国、俄罗斯、哈萨克斯坦、吉尔吉斯斯坦、塔吉克斯坦、阿富汗、巴基斯坦、印度。

（二）政策创新的核心

"历史经验和经济理论都表明，……政府干预——通过提高信息、协调软硬件基础设施的改善，以及补偿外部性——对于帮助经济体从一个发展阶段过渡到另一个发展阶段同样是不可或缺的。"① 这里，软件基础设施，就是包括制度、法规、社会资本、价值体系和其他社会经济安排。政府在经济增长过程中提供的各种干预措施所产生的积极作用，是有目共睹及有理论依据的。特别是在空间视角下处于经济要素集中度低、发展增长极作用乏力甚至是经济要素处于"溢出"效益的经济空间，政府"因势利导"的重要作用和政策"积极有效"的促进作用，就尤为重要。

"创新是引领发展的第一动力"，党的十六大报告中就已经明确"实践基础上的理论创新是社会发展和变革的先导"。因此，基于政府行为结果的"规则、政策、制度体系"的创新，是增强经济发展新动力、推动空间经济由"洼地"向"高地"转变的重要路径。要寻找和启动经济社会发展的新动力，必须谋求要素资源的优化配置、制度体系的深化改革，必须根源于创新，必须谋求于创新发展。

新疆，构建丝绸之路经济带核心区，必须体现空间区域范围内的政策创新的核心。这个政策创新的核心，包含两个层面。

首先，在国家层面，必须足够认识到要，应以更大力度支持新疆的发展，要突破基于新疆属于落后发展地区的顾虑，在政策创新上有所作为。例如，金融结构对经济发展的重要影响已经毋庸置疑，"国际金融中心成长的动力主要有两种拉力（科学技术、经济发展），三种推力（供给因素、

---

① 林毅夫：《新结构经济学：反思经济发展与政策的理论框架》，苏剑译，北京大学出版社 2014 年版，第 202 页。

历史因素和城市因素)，以及地方政府公关政策的作用力"①；"银行业的发展对低收入国家的经济有非常强劲的影响，尤其在外部融资依赖性强的产业表现得特别明显"②。但是，中国有"中国西部金融中心"的成都、建设"长江上游区域金融中心"的重庆和建设"中国西部区域性金融中心"的西安，乌鲁木齐却没有任何发展定位；成都和重庆双头领衔西部区域金融中心发展，分别排名全国第六和第八。西安排名全国第13位，乌鲁木齐综合竞争力居全国区域金融中心排名第25位（总排名共31位），与成都、重庆和西安有着十分明显的差距。③ 基于以上金融发展的理论，基于乌鲁木齐所处的发展窘境与其战略地位不和谐的发展现实，基于只有期望金融创新推动新疆经济快速提高的发展思路，必须基于创新路径，而且是必须基于国家层面的政策创新。

第二，在自治区层面，政策创新是引领当前形势下新疆和谐发展、推动治理能力现代化的重要路径，没有新疆自我发展理念的政策支持和创新推动，新疆打造丝绸之路经济带核心区仍缺乏最为关键、最为重要的核心内涵。

(三) 交流交往的核心

交流交往，必是空间视域下各种经济发展要素的集中、流动、交换等在空间范畴下的动态演示过程，劳动力、资本、土地、技术、管理等要素，在空间体系内交流、交往、聚集，是经济发展动力来源，是形成经济

---

① 冯德连、葛文静：《国际金融中心成长的理论分析》，《中国软科学》2004年第6期，第43—47页。

② 林毅夫：《新结构经济学：反思经济发展与政策的理论框架》，苏剑译，北京大学出版社2014年版，第321页。

③ 《第七期"中国金融中心指数"》（CDI·CF－CI7）发布金融中心信息网，http://www.cfci.org.cn/html/2015/09/24/20150924101634004864208492.html. 2016－07－05. pp. 19－20.

"增长极"及发展核心区的重要路径。其中,最基本的要素,是人;最关键的行为,是人的交流交往。正是基于上述理论基础和发展实践,中国倡导的《推动共建丝绸之路经济带和 21 世纪海上丝绸之路的愿景与行动》中,民心相通成为合作重点内容之一。民心相通的重要发展基础,就是重视人的交流交往。

新疆自古以来是东西方多元文化的交汇点,独特的民族地域文化承载着多民族长期的共融发展,维吾尔族、哈萨克族、柯尔克孜族、塔吉克族、俄罗斯族等众多跨界民族语言相通、习俗相近、互信互交,具备丝绸之路经济带人文认同与交流交往的重要基础。只有在这一重要发展基础之上,落实发展并确实成为交流交往的核心,成为联通东西、接连内外,成为众多肤色、各方语音聚集,多国多地人员交往、流动的中心,而不是发展成为交流交往的"通道",新疆丝绸之路经济带核心区才"名副其实",才真正具有空间视域下的核心区内涵。

(四) 和谐稳定的核心

能否顺利推动中国所倡议的丝绸之路经济带建设,实现愿景目标和行动方案,一个重要的风险因素及推动障碍,就是丝绸之路经济带空间范畴下的地区稳定问题。如果没有足够的空间地域内的和谐稳定,如果没有充分的国际间、地域间信任合作、联合反恐,如果没有确保稳定、防范风险在意识、政治、机制等方面的保障,丝绸之路经济带建设的根基就难以稳固。

新疆构建丝绸之路经济带核心区建设,其中一个重要的政治内涵,就是必须建立和谐稳定的核心,这不仅是空间视域下,新疆内部经济社会核心稳定发展,更重要的是和谐新疆、繁荣稳定话语体系的核心。

和谐稳定的核心,必须保证新疆经济社会和谐稳定发展,没有新疆的核心稳定,丝绸之路经济带东西贯通、内外联通的空间体系就无法建立,新疆，必须是核心稳定的核心。

和谐稳定的核心，还要求新疆必须建立反恐稳定、新疆治理话语体系，并使其成为坚实核心。新疆必须更加主动、更加积极地融入与内地反恐合作及与相关国家间的反恐合作，向世界展示新疆民族地区治理的成功经验和独特有效的治理方式，敢于发出新疆声音。新疆必须构筑丝绸之路经济带永不塌陷的稳定高地，必须构筑全方位的安全核心，必须建成丝绸之路经济带和谐稳定的核心。

（五）空间结构的核心

丝绸之路经济带，首先是基于空间经济学视角的带状发展空间区域，新疆构建丝绸之路经济带核心区，也可以说是基于空间视域下点轴发展理论中，追求建立以新疆为经济增长极进而发展为经济核心区的经济带，是基于禀赋差异或竞争优势所造成的发展程度悬殊有异的空间结构。因而，丝绸之路经济带核心区最终的发展内涵及发展目标，仍是空间视域下经济带发展的经济核心。因而，必须追求新疆成为丝绸之路经济带空间结构的核心，这个空间结构的核心，包含经济发展要素有效发挥功能，进而建立可持续的空间视域下经济结构、产业结构、技术创新、制度结构乃至经济绩效的核心。

推动丝绸之路经济带核心区建设，既是新疆开放型经济发展的重要内容和最终目标，也是中国丝绸之路经济带建设进程中的至关重要的组成部分。上述五大核心区内涵，空间体系的核心是最具备建成条件的核心，是毋庸置疑的核心；政策创新的核心，是最为重要的核心，是必须首要突破的核心，是关系新疆核心区建设成败的至关重要的核心；交流交往的核心，是发展基础的核心，是经济发展要素汇集的基础核心；区域稳定的核心，是事关丝绸之路经济带能否成功的核心，是政治保障、国家安全的核心；空间结构的核心，是新疆丝绸之路经济带核心区建设的最高表现形式和最终建成标准，完全实现空间结构的核心，标志在新疆丝绸之路经济带核心区建设的完成。当前，距离新疆丝绸之路经济带核心区建设仍有较长的推进过程，所面临的风险挑战和现实困境，应在新疆核心区建设内涵的指引下逐步改善。

◇◇二　丝绸之路经济带核心区建设的现实困境

以"政策沟通、设施联通、贸易畅通、资金融通、民心相通"为合作重点的"一带一路"愿景正在全国各省市的实践行动中积极推动。新疆提出建设"五中心、三基地、三通道和十大进出口产业集聚区"①，引领丝绸之路经济带核心区建设进入实质性推进阶段。但是，必须认识到新疆建设丝绸之路经济带核心区所面临的挑战，诸如：新疆正面临丧失毗邻中亚地区独有的地缘优势、与周边国家经贸合作的发展环境不尽如人意等②。同时，更要注意到丝绸之路经济带建设中的现实困境。

（一）核心区建设发展动力支撑不足

1. 实体经济经营发展困难

当前，新疆经济下行压力比较大，企业发展增势较为缓慢，企业发展

---

① 五中心（区域性交通枢纽中心、区域性商贸物流中心、区域性金融中心、区域性文化科教中心、区域性医疗服务中心）、三基地（国家大型油气生产加工和储备基地、大型煤炭煤电煤化工基地、大型风电基地）、三通道（能源、交通、通信大通道）、十大进出口产业集聚区（机械装备、轻工产品、纺织服装、建材、化工、金属制品、信息服务、进出口油气加工、进口矿产加工及农林牧加工等）。

② 王宏丽：《立足实际，应对挑战，科学筹谋丝路新战略》，《克拉玛依学刊》2015年第5期，第4—5页。

意愿以"平安度过"为基本愿望，较少采用扩大经营和走出国门的经营方针，各大产业园区企业开工不足，发展速度减缓趋势明显。同时，新疆实现"走出去"战略的企业，仍以国有大中型企业为主，仍以中央企业和内地驻疆企业为主，在新疆注册经营的本地"土生土长"的企业少，中小型企业少。而新疆本地企业，由于企业规模小、自身管理水平低、战略视野不清晰、人才（特别是专业人才和跨国经营人才）匮乏、投资领域和投资结构不合理、投资方式单一等自身发展不足明显。尤为引人担忧的是，新疆本地企业，在大规模援疆政策、各领域优惠政策及丝绸之路经济带核心区建设的实施过程中，难以享受各类优惠政策，更是加大了与内地来疆投资企业的竞争压力，更加弱化了有利发展环境，再加之自身存在的发展不足，走出国门、迈向世界的竞争劣势更加明显。

2. 通道经济的区域经济发展效应日显弱化

新疆历来存在一个问题，即新疆当地生产、当地加工的产品如何实现贸易对外出口和对内地市场的销售，新疆仍长期仅是一个货物集散地，货源和货物目的地都在内地市场和国外市场，是典型的两头在外的过货通道，通道经济的区域发展效应，难以成为对新疆经济具有推动和增长作用的动力源泉。现在更为明显的一个趋势是，新疆制定的"货物集散基地和国际物流中心"的功能正在弱化，新疆著名的几大进出口商品集散交易市场经营惨淡，国外采购贸易更多地直接在内地市场完成，新疆变为更加赤裸裸的"过货通道"。

3. 口岸经济发展趋缓

口岸经济是新疆外向型经济发展的风向标，是新疆进出口贸易发展形势的缩影。2015 年，新疆口岸对哈萨克斯坦进出口贸易总值为 707.4 亿元（占新疆同期口岸进出口外贸总值的 35%），同比下降 35.6%。其中，新疆口岸对哈萨克斯坦出口 426.9 亿元，自哈萨克斯坦进口 280.5 亿元，同比分别下降为 32.9% 和 39.3%。① 2016 年第一季度,新疆口岸对哈萨克斯坦进出口贸易总值为 104.4 亿元,同比下降 26.7%;其中,出口和进口同比分别下降 21.1% 和 34.1%。② 由于新疆钢铁企业基本处于停产与半停产状况,2015 年新疆口岸铁矿砂进口同比降幅达 80%。③ 而纵观 2015 年新疆全年货物进出口总额,同比下降 28.9%。其中,出口和进口同比下降分别达到 25.4% 和 48.2%。④ 由此可以看出,各种"下降"成为当前口岸经济发展的现实困难。

(二) 核心区建设机制创新认知不深

创新发展,已成为中国未来经济发展建设的主旋律;创新发展,已成为中国经济社会发展的新引领和新动力;创新驱动发展战略,已成为中国经济社会发展关键时期的重大战略决策。无论是应对当今经济发展形势、丝绸之路经济带核心区建设,还是大力申请自由贸易试验区,其核心都在于"制度创新、改革发展",不再是简单地争取各种优惠政策、减免优惠税收、形成政策洼地,而是要着重考虑推进体制机制创新、形成改革高地。这创新的首要任务,或者说借助创新的思路,我们着手要解决好体制机制问题。例如,霍尔果斯有"一区四园",阿拉山口有"一区三园",喀什经济开发区涉及喀什市和克州伊尔克什坦口岸,"十三五"时期,喀什提出要建设的中国丝绸之路喀什国际经济合作区也涉及"一区几园",

① 《2015 年新疆口岸对哈萨克斯坦贸易下降超过 3 成》,陆桥网,http://www.landbridgenet.com/yaoujingmao/2016 - 02 - 01/26461.html. 2016 - 07 - 01。
② 《综述:新疆口岸首季对哈萨克斯坦贸易下滑》,中新网,http://finance.chinanews.com/cj/2016/05 - 04/7858465.shtml。
③ 《2015 年新疆口岸铁矿砂进口大幅下降 同比降幅达 80%》,生意社,http://www.100ppi.com/news/detail - 20151224 - 715487.html. 2017 - 06 - 28。
④ 《新疆维吾尔自治区 2015 年国民经济和社会发展统计公报》,中国统计信息网,http://www.tjcn.org/tjgb/31xj/32884.html。

以上在新疆对外开放格局中最具代表性的三个地方，都存在由于行政区划，分属不同的县域行政范畴，这其中存在的利益交织和博弈，只有具体执行落实部门的领导所知晓、所无奈，而又想迫切改变的现状。再如，在霍尔果斯市、阿拉山口市成功建市之后，在不能增编增支却又缺人缺钱的现状下，能否有行政创新手段和措施加以解决？能否借鉴、能否推广？只有在这些方面上多思考多实践，而不是一再强调要编制、要支持，我们可能才会有大跨步的发展。

对"自由贸易试验区"认识深度不足。中国在上海、广东、福建、天津四地设立自由贸易试验区（以下简称"自贸试验区"），意味着东部沿海、东南沿海以及北部沿海再次形成了南北呼应的中国新一轮改革的"试验田"。但是，在承载中国丝绸之路经济带核心区定位的新疆，并没有像福建一样进入"两区"① 时代，这意味着自贸试验区缺失了在中国西北内陆的重要战略布局，这对于实现中国倡导的"共建丝绸之路经济带"而言，不能不说是缺少了空间支点、制度引擎和经济增长引擎的助推。因此，无论从国家宏观战略格局，还是为促进新疆经济社会稳定发展而言，新疆都必须进入自由贸易区（Free Trade Zone）时代。这是新疆必须要抓的第二个机遇。

新疆各级政府，特别是地州市县政府，虽然对自贸试验区建设给予了十分重要的认可度和十分高涨的参与热情。但是，在认识层面和采取的措施上，仍处于提"概念"的状态，仍处于以向上级部门"要政策、要资金、要项目、划地域"的阶段，对优惠政策、支持资金、发展项目纳入上级规划的期许十分迫切，并没有深刻厘清、明确提出"我们要自贸试验区，究竟要什么，究竟干什么"，并没有牢牢抓住"制度创新、改革开放"这一自贸试验区建设的核心，在制定发展目标上、在制定发展路径

① "两区"指自贸试验区和核心区。

上,依旧采用的是政府为主导、基础设施建设为重点、项目引入为手段、政策倾斜为支撑、各类援疆为动力的惯性逻辑思维模式,而在跨越贸易便利化、走向投资开放、金融创新、制度创新的更深层次、更广领域的改革措施上,触及较少、讨论较少。各级领导干部、特别是基层干部没有展开讨论、没有更深领悟"制度创新、改革开放"这一核心思想,那么转变发展思路、开辟新的发展路径、找到新的经济增长点,就是空谈。

"体制机制不顺"问题依然存在。自从新疆提出大力发展外向型经济、口岸经济以来,体制机制不顺畅,几乎就一直是个上至自治区和各地州,下至各县市、各口岸都存在的、反映很久的问题,但是,直至今天,这个问题依旧不断被提出,特别是其中条块分割、部门协作、软件建设不足等问题依然"微妙"的存在。这其中,确实有需要国家层面推动解决的问题,但自治区层面及各地州存在的"体制机制障碍",还要我们靠自身重视解决。

(三)核心区建设平台开发绩效不佳

喀什经济开发区和霍尔果斯经济开发区是新疆丝绸之路经济带核心区建设的重要支点和重要平台。两个开放区均有跨行政区域的各类园区,各园区建设中土地有效利用率有待提升。县域经济运行中存在的"同质化"发展倾向明显,各自行政区域内,均有较大规模的园区建设,各种物流园区、工业园区、商贸园区林立,并均在着手推进二期、三期发展规划的基础设施建设项目,因此,明显产生以下不足:第一,园区建设中土地利用率不高,审批规划给企业土地面积过大,造成入园企业一超过二三十家,园区便再无土地可用,不得不要着手园区二期、三期发展;第二,已入园的各类企业,厂房实际生产经营、生活配套、厂房利用率不足,当前运作最好的企业,实际设备购入率和开工率也都没有达到厂房建设预期规划,造成园区土地利用率严重不足，因此，单位土地的经济产出效益难以提升；第三，有些规划设计存在忽视本地区经济发展阶段、发展基础、发展现实的问题，在方圆几十公里之内，鉴于不同行政县域投资元成本的各种园区荒寂孤立，这即使有当前宏观经济发展的外在因素导致的现实实效难如预期发展的原因外，在根本上，规划设计也存在缺乏政策持续性、存在弱化实际经济发展能力的倾向、存在基于各自县域行政力量割据区域一体化发展实际等问题，一味地求规模、求发展，造成空置现象突出。在当今重点解决去库存、去产能的重点任务下，如果还在按照老思路重点以投资拉动经济的模式进行发展，推动新城区建设、推动各类园区建设，就有可能还在不断创造新的库存问题与产能问题。

（四）核心区建设内外环境难及预期

新疆建设丝绸之路经济带核心区，必须要有一个适宜经济快速发展的内外环境。新疆周边国家经济社会发展及国际环境变化对新疆地区经济社会稳定及丝绸之路经济带核心区战略影响巨大。中国及新疆积极推动丝绸之路经济带愿景与行动，殷切期望与周边国家建立互利互信、深入合作关系，中国与周边国家在国家层面互相签署及推动了一系列政策措施和项目计划。但是，必须认识到，由于受其他大国力量或政治势力的影响，以及受历史等因素的影响，中亚地区的国家仍是存在刻意保持与中国交往交流的距离，新疆周边国家的政策措施及行动力远远不及中国，行政态度和行政效率难以达到预期。即使是与我们发展意愿强的国家，由于经济发展实力不足，基础设施落后，能提供的市场空间和跨国贸易中保障服务支撑能力还远无法满足新疆发展需求。在政策制定方面，中亚国家面为减少对中国的依赖而采取的多元发展战略，无疑是削弱了中国的竞争优势；同时，由于这些国家"一关两检"、签证办理、货币互换、人员限制、投资等方面的诸多限制，以及难以消除的灰色清关、法律体系不健全等问题的长期存在，市场开拓形势短期内难以达到预期。因此，向西的市场需求与中国及新疆期望拓展的外部空间市场的要求仍存在较大的差距，市场开拓形势、供需合作空间范畴及合作程度短期内难以达到预期，仍需要长期的交融交往以提升合作发展空间。

◇◇三　丝绸之路经济带核心区建设的应对策略

由中国发出的"一带一路"倡议日益得到世界的瞩目及相关国家的回应，但是，这一理念由倡导发展至行动绝非一朝一夕之事。新疆建设丝绸之路经济带核心区，风险与挑战不容忽视，实现当前现实困境的突破更是刻不容缓，对此，建议采取以下应对措施。

（一）坚持创新发展，增强经济发展新动力

坚持创新发展，增强经济发展新动力。经济社会发展动力，来源于劳动力、资本、土地、技术、管理等要素资源的有效配置，来源于规则、政策、制度体系的有效推动，来源于需求供给的有效增长。因此，要寻找和启动经济社会发展的新动力，必须谋求要素资源的优化配置、制度体系的深化改革以及需求供给的放量扩大，这一切目标的实现，必须根源于创新，谋求于创新发展。

必须激发以"大众创业、万众创新"为宏观发展环境下要素资源更有活力、更为优化的配置格局，谋求制度创新带来的巨大推动作用，必须释放新的需求和创造新的供给，从而进行创新、坚持创新。

坚持创新发展，必须在要素资源优化配置中，大力进行科技创新、人

才创新、管理创新和制度创新；必须在各领域各体系的制度创新中积极探索政府创新之路；必须以科技创新、制度创新推动释放新需求、放量新供给；必须以理论创新、文化创新、企业创新、产业创新等各领域各行业的创新实践行动，切实提高发展质量和发展效益，切实拓展发展新领域、新空间，切实构建形成全方位创新体系和创新体制。

（二）切实转变政府行政理念，重点突出体制机制创新

针对全国范围内同样存在的各地发展注重各类规划、忽视管理体制机制及政策的问题，特别是要抓住全国第三批自由贸易试验区的机遇，新疆首要必须解决好一个问题：重点突出体制机制创新。

第一，要切实改变体制机制不顺畅的现实问题，喀什、霍尔果斯经济开发区发展至今仍然存在的属地行政干预、难以释放发展活力的问题要有彻底的解决方式，在这一问题上，博州"跨区域整合资源、打破县市行政区域界线，创新园区体制机制"的做法值得讨论和学习。

第二，要营造一个自上而下地注重体制机制创新的行政环境，改变各级政府官员向上"要优惠政策、要资金支持"的行政思路，鼓励先行先试，大胆创新。至少应该掀起创新行政思路的讨论高潮，从下到上听想法、听思路，从上至下大讨论、大学习。

第三，要不断总结、扩大交流"体制机制创新"的经验和做法，形成重注创新、解决关键问题（特别是遗留问题）的行政风气。

第四，转变政府管理经济的方式，减少政府干预市场行为。例如，我们进行的去产能、去库存的工作重点，不是让政府出面决定要压哪里的产能、去哪里的库存，而是要创造一个环境，让没有能力在市场竞争中生存的企业退出市场，让市场中生存的企业不再是政府干预的下才能生存的僵尸企业。目前现在推行的一些去产能、去库存的任务分解的做法，如果执

行得不当,就是另外一种产生"僵尸企业""保大去小""保上级单位的企业去地方单位的企业"等干预市场行为的做法。

第五,政府要切实注重经济发展制度、经济发展政策的重要性和政策绩效评价的重要性,要加强政策制度制定的科学性研究以及政策制度落实的评价工作,例如,应在"投资准入政策、货物贸易便利化措施、扩大服务业开放等方面先行先试",而行什么、试什么,都应该有比较、有研究。

(三)深刻理解供给侧改革,注重提高投入产出效益

中国"十三五"规划明确提出:必须以提高供给体系的质量和效率为目标,实施宏观政策要稳、产业政策要准、微观政策要活、改革政策要实、社会政策要托底的政策支柱。

"宏观政策要稳",要求我们在实际工作中,要保持政策持续性,不能国家一提出新战略新思路,就立即启动一个新规划新发展,不能主管领导一更替,就立即转换发展思路发展理念,另起炉灶规划、另开新区建设,要切实提高政策的连续性、保持地方发展的一致性。

"产业政策要准",要求我们能提出适合新疆实际发展需要的产业目录和产业政策,并以此来影响国家制定的产业政策。

"微观政策要活",要求我们不要拘泥于条条框框,只要国家不限制不禁止,就要先行先试,要自我发展。国家相关主管部门不禁止的,自治区相关部门就不要禁止,转变"国家没有说可以发展,我们就不能去发展"的一贯思维,要鼓励基层部门以推动实践发展为方向,大胆创新。

"改革政策要实",要确实将现有政策落实、落地,发挥政策的最大绩效,更要以实践为基础出台好政策、管用的政策。这是目前最难执行彻底的一项工作:一是新疆的很多优惠政策,并没有落到实地,并没有起到预期的促进经济大发展的作用;二是新疆要创新的政策要有执行力和执行

效果。

以上是"十三五"时期国家的政策要求和新疆落实的难点，同时，我们还要面对一个现实问题，就是当前供给侧改革的迫切实际，要提供"有效供给"，注重投资精准。这对新疆而言，既是机遇，也是困难。机遇在于新疆以投资拉动经济的现实短期内难以改变，因此在供给侧大有可为；困难在于要提供的是"有效供给、高质量的供给"，要切实将"供给体系的质量和效率为目标"落到实处，因此，必须注重投资的精准和投资的效益。目前新疆一些地州进行的基于有"国家专项、援疆支持"等资金来源，大规模地进行新区建设，各种园区、物流基地等同质化发展思路明显，因此，应注意控制建设规模，对于规划设计要理性、要严格，对于项目实施要评估、要效益，切实提高资源开发利用效率，防止制造新的产能过剩。

（四）加快推进"先行先试"，奠定"自贸区"发展基础

对喀什、霍尔果斯、阿拉山口、乌鲁木齐这些在新疆具有对外开放标志性的四地进行"先行先试"体制机制创新研究和实践，为新疆"自贸区"的设立和发展奠定坚实基础。目前，以投资拉动经济为主，国有资本背景投资独大，贸易规模和质量下滑、生产开工不足、物流运营成本较大、金融创新基本没有落实的现实局面下，学习借鉴现有国内自贸区颁布的标志性改革措施，能加以利用的要加以利用，有更好做法的要大胆提出，加快进行体制机制创新进程。例如，福州对整车进口口岸非中规车业务，实行的"匪类管理、验证改装、事后监管"检验检疫监管模式。其他三个自贸区是如何监管的，可否适用于新疆霍尔果斯和阿拉山口整车进口口岸也应予以研究、学习和借鉴。再如，"先进区后报关"模式是上海自贸试验区海关监管创新之一，现已被复制推广至江苏、长沙等国内其他

保税区，那阿拉山口、喀什、乌鲁木齐这三个综合保税区可否借鉴？总之，认真梳理总结全国已有的经验，落实、夯实新疆的经验。

启动评估程序，对 2010 年全国新一轮大规模援疆以来，特别是自喀什、霍尔果斯国家级开发区政策实施以来的运行情况进行第三方评估，唯有在清晰认识政策实效的基础上，才能看到到底是什么因素推动的开发区建设，在多大程度上推动了建设成果，国家的政策支持是否扎扎实实地落地，当地的政策创新是否切实有效，多年来制约口岸发展的根本性障碍究竟在哪里，这些问题予以彻底解决才能扭转"一直要政策、要资金，政策来了效果不大"的怪圈。归根到底，新疆的经济发展落后，更多是与认识上的落后与执行力上的不足有关。

（五）开展相关专业研究，提高指导实践能力

加快开展相关领域专业研究，切实提高理论指导实践能力。第一，当前，在新疆周边国家市场开放程度及合作意愿、合作能力难以与中国及新疆预期匹配的现状中，该如何应对？企业如何"走出去"？对于今后周边国家基于安全风险如何防范？如何发展经济？新疆的开放程度和开放能力等问题也都亟须深入研究。

第二，加强国际法律法规政策研究也是很早就提出的迫切问题。当前，新疆提出"五大中心"，其中，国际医疗、国际旅游、国际教育等众多现实问题，迫切需要新疆出台专项法律法规。

第三，亚投行和丝路基金是中国力推的两大对外资金项目，在加强周边国家基础设施建设方面，应该是大有作为。但是，在如何参与、如何运作等方面的内容各级部门提及得较少，这说明各级干部了解得少，这需要新疆有关部门加强研究、加强宣传，增强各级干部对国家政策的了解程度。

第四，加强对周边国家的经济、社会、宗教、法律等众多领域的研究工作，定期发布权威和有影响力的信息，提高新疆的话语权，引导全国向西的注意力，增强全国企业对新疆及新疆周边国家的专注度。

（原文发表于《实事求是》2016 年第 4 期，题为《内涵·困境·突破：丝绸之路经济带核心区建设的新疆方略》）

第十一章 服务资金融通将上海打造为"一带一路"金融枢纽

张恒龙①

【摘要】具备金融制度改革先行先试的优势，上海自贸区是我国融入经济全球化、推进人民币国际化战略的重要载体。作者认为我国应以上合组织为平台，将上海自贸区进一步打造成为"一带一路"金融枢纽，充分发掘金砖银行和在拟议中的上合组织开发银行在推动国际和区域发展上的潜力，积极改善全球经济治理，更好地为"一带一路"建设提供资金。

当前，中国参与全球经济治理的愿望和能力都在不断增强。旨在倡导新型全球化的"一带一路"倡议，重点实施"五通"，其中资金融通将建立金砖国家开发银行（以下简称"金砖银行"）、亚洲基础设施投资银行（以下简称"亚投行"）和上海合作组织开发银行（以下简称"上合开发银行"），并通过这些多边开发性金融机构来推动建立新的国际经济秩序。上海作为国际经济与金融中心，在这一进程中必须服从服务于国家战略，发挥更大的作用。

党的十八大以来，中央做出建设上海自贸区的重大决策，作为我国进一步融入经济全球化的重要载体，推动"一带一路"和长江经济带建设，

---

① 张恒龙，上海大学上海合作组织公共外交研究院副院长、教授。

同时将实现人民币自由兑换这一重大战略任务交给了上海自贸区。可以说，上海金融中心建设的政策环境有了质的飞跃，但是，作为正在建设中的世界级金融中心，上海与中央的要求还有很大距离，因此，需要思考如何将政策利好转变为自身优势，结合开发性金融机构在全球经济治理中的重要作用，更好地为"一带一路"战略提供资金融通方面的支撑，同时，在这一过程中加快上海国际金融中心建设。

◇◇一　上海需要进一步提升在"一带一路"金融体系中的地位

世界经济格局正呈现出美国继续占据优势，中国紧随其后的竞争态势。美国等西方国家已开始正视中国必将成为世界第一大经济体的大趋势。2015 年 5 月 17 日，美国时任国务卿克里在接受中国媒体采访时就表示："不管发生什么，中国将成为世界第一大经济体，我们对此表示欢迎。"当前，随着金砖国家开发银行的成立，上海正迎来建设世界金融中心的重大战略机遇。

1. 上海首先应该成为新兴经济体的金融中心

世界经济史的基本规律显示，从 19 世纪末到第二次世界大战，随着美国逐步取代英国成为头号资本主义的经济政治军事强国，纽约也取代伦敦成为全世界最有影响的金融中心。随着中国经济赶超美国成为世界第一大经济体，客观上需要中国有自己的金融中心——上海，去赶超纽约，以获取在世界金融秩序中的话语权。

过去 40 年，上海对外开放的主要方向是美欧日等发达国家和地区。随着新兴经济体的勃兴，上海应积极承担起代表国家参与国际竞争与合作的角色，尽早完成对世界各地区尤其是新兴经济体和发展中国家的开放，增强配置全球金融资源的能力，以更好地服务"一带一路"倡议。自金砖银行总部确定设在上海以后，围绕建设世界金融中心目标，上海必须首先成为新兴经济体的金融中心。要成为新兴经济体的金融中心，就应该抓住"金砖银行"落户上海的契机，强化为新兴经济体服务的意识，把上海打造成金砖之都。

2. 上海打造世界级金融中心应充分利用自贸区作为载体

在"一带一路"沿线国家中推进人民币国际化具备明显的优势，但这种优势必须放在一定的制度环境下才能充分发挥。根据中央部署，上海自贸试验区将是我国融入经济全球化的重要载体，并在推动"一带一路"和长江经济带建设中发挥积极作用，上海自贸区具备金融制度改革先行先试的优势。2015年10月29日印发的《进一步推进中国（上海）自由贸易试验区金融开放创新试点 加快上海国际金融中心建设方案》（以下称《上海自贸区金改40条》）明确上海自贸区要率先实现人民币资本项目可兑换、进一步扩大人民币跨境使用等。这意味着上海自贸区是我国推进人民币国际化战略的重要载体。同时，随着我国进一步融入经济全球化，金融风险问题日益突出。上海自贸区还应该进一步发挥金融协调机制作用，加强跨部门、跨行业、跨市场金融业务监管协调和信息共享，研究探索中央和地方金融监管协调新机制，从而成为我国金融监管重镇和创新基地。显然，上海自贸区具备必要的制度环境，如果将"一带一路"资金融通的重要机构总部放在上海自贸区内，将实现"1＋1＞2"的整体优势，有助于促进人民币国际化。

"金砖银行"总部选址在上海自贸区世博A片区。世博园区A地块主要面对地区总部，目前招商工作已基本结束。B地块主要面向央企，目前已基本建成。该区域未来必将成为上海面向全球的经济、贸易、金融服务的核心地带。围绕金砖银行的建立和发展，着眼建设金砖之都，上海应积极探索系列配套的经济、文化措施，将自贸区建设的重大战略使命和建设金砖之都目标落到实处。

◇◇二　金砖银行与上合开发银行对上海国际金融中心建设意义特殊

1. 金砖银行比丝路基金等层次和定位更高

2014 年 7 月，"金砖银行"正式成立，总行设在上海，同时设立金砖国家应急储备基金。其与目前炙手可热的亚投行之间尚存在相当的差异。

一是层级不同。金砖银行是由各国最高领导人在第六次金砖国家峰会上宣布成立的。而亚投行则是由包括中国、印度、新加坡等在内 21 个首批意向创始成员国的财长和授权代表在北京正式签署了《筹建亚投行备忘录》宣布成立的。

二是目标和功能不同。根据金砖银行的协议，金砖银行的目标是盘活资源，以支持金砖国家和其他新兴经济体以及发展中国家的基础设施建设和可持续发展的项目，并补充其他多边和区域性金融机构对全球经济增长和发展所做出的努力。同时，金砖银行也是为了减轻金砖国家对美元和欧元的依赖，建立一个机制以提升各国基础设施融资的能力。而亚投行是为亚洲量身定制的政府主导的多边金融机构，它的运作方式也是按照国际上多边金融机构的规则来运作的。金砖银行旨在服务于改进全球经济治理，更具有基础性，而亚投行则是为了促进亚洲区域的基础设施建设。

随着"一带一路"倡议的推开，我国正在建设的多边开发性金融机构—金砖银行，亚投行，丝路基金和拟议中的上合开发银行成了建设新型国际经济秩序的四大金融支柱。其中，丝路基金是由我国投资，为"一带一路"沿线国家基础设施、资源开发、产业合作和金融合作等与互联互通有关项目提供投融资支持。而拟议中的上合组织开发银行是区域性的，针对的是上海合作组织成员国。

因此，相比较而言，金砖银行不仅仅可以在"一带一路"沿线发挥作用，而且是一家全球性开发银行，更有可能突破美国主导的旧的国际金融秩序，具体理由如下。

第一，从未来的角色看，金砖银行更像是金砖国家和新兴经济体的"准中央银行"，并和"应急储备基金"相互配合，形成一个新的全球金融稳定网络，帮助发展中国家稳定货币和金融体系。第二，从使命来看，无论是亚投行还是丝路基金或是上合开发银行，他们的主要任务是通过发放贷款或者开展中长期股权投资为亚洲国家以及"一带一路"沿线国家的基础设施和经济发展提供资金。而金砖银行不仅承担上述职能，还将为新型世界金融秩序的形成打下扎实的制度基础。第三，从治理结构看，金砖银行的成员国更加平等，更能凸显新型国际经济秩序的民主平等的特色，体现了国际关系民主化的大趋势。因此，金砖银行更能够帮助中国和广大发展中国家突破旧的世界金融秩序，建立一个更加平等的国际经济秩序。

2. 上合开发银行是中国金融国际化的新载体

拟议中的上合组织开发银行是区域性的，在中国推进的各个国际金融组织中别具特色，是其他开发性金融机构和基金所不能替代的，对我们开展区域性金融组织的实验、试点、积累经验都非常重要。尤其是在推进人民币国际化过程中，拥有一个由中方主导的，涵盖周边国家的区域性金融机构是非常有利的。因此，无论解决中亚区域融资问题，还是探索人民币国际化，组建上合组织开发银行都是一种有益的尝试。

中国和中亚国家的发展呼唤新的开发性金融机构。上合组织地区是中国实施"一带一路"倡议，构建全方位开放新格局的重要区域和外交重点方向，推进该区域金融一体化对我国具有重要的政治与经济价值，上合组织开发银行就是其中重要的形式与抓手。多年来，中亚国家一直期待我国早日兑现关于推动上合组织金融合作深层次发展的承诺,这就意味着,推动组建上合组织开发银行对我国而言,兼具政治宣示意义和实际经济利益。而俄罗斯限于当前的内外挑战,其立场也有所软化,因此,上合组织开发银行的筹备已经被提上议事日程。

中亚经济发展需要新的开发性金融机构。据有关机构估计,中亚地区基础设施建设的资金需要超过千亿美元,而现有的相关金融机构的资金量尚不能满足这个需求。此外,中亚国家正处于从资源型国家向工业国家转型的过程,资金需求量很大,组建上合组织开发银行是当务之急。

俄罗斯长期抵制组建上合组织开发银行。2010年11月25日,时任国务院总理温家宝在杜尚别出席上海合作组织成员国第九次总理会议时,代表中方提出组建上合组织开发银行。俄罗斯一直回避具体的成立事宜,甚至一度宣称:如果单独成立上合组织开发银行的话,俄罗斯将有限参与,上合组织开发银行业务范围将不覆盖俄罗斯。

事实上,俄罗斯一直致力于在独联体国家范围内加速经济一体化。早在2006年,俄罗斯和哈萨克斯坦组建了欧亚开发银行,总部设在哈萨克斯坦阿拉木图。2008年12月,该银行同意接纳塔吉克斯坦、白俄罗斯和亚美尼亚为其成员国。为了对中方有所交代,俄罗斯提出,由欧亚开发银行承担上合组织开发银行的功能,中国可以加入欧亚开发银行。在乌克兰危机爆发以后,俄罗斯受到西方的严厉制裁,自身经济状况又从货币危机逐渐转向全面危机。在内外交困之下,俄罗斯对上合组织开发银行的态度明显积极。

但是,俄罗斯的外交经验非常丰富,历史上出尔反尔的情况不少。要防止俄罗斯度过最困难的情况后,对上合组织开发银行再次消极。此外,上海合作组织已经启动扩员程序,印度已经成为上海合作组织的正式成员。印度在国际社会中经常扮演"搅局者"的角色,在金砖国家开发银行和亚投行的筹备和组建过程中,其搅局作用已有所体现。鉴于此,未来两年将是组建上合组织开发银行的最佳时机，我国应在俄罗斯尚未摆脱危机之时和印度尚未发挥重要影响力之前完成这一任务。

◇◇三 上海打造"金砖之都"应与 自贸区建设统筹联动

上海打造"金砖之都"应同时带动自贸区发展，自贸区建设也应同时为上海成为"世界金融中心"服务。因此，建议以自贸区为载体，从硬件、软件和配套建设入手，重点推进四方面的工作。

第一，可学习布鲁塞尔的"欧洲区"（European Quarter）模式，在自贸区内建设"金砖区"。比利时首都布鲁塞尔是欧盟总部所在地，因而又被称为"欧洲的首都"。围绕欧盟总部，在布鲁塞尔形成了一个在欧洲乃至国际政治经济生活中都举足轻重的"欧洲区"。上海要建设成为金砖之都，不妨考虑效仿布鲁塞尔"欧洲区"建设，围绕金砖银行所在地，在自贸区范围内规划建设一个高度国际化的"金砖区"，吸引金砖国家和其他新兴经济体的经济、文化等相关机构落户。

第二，可在自贸区范围内，以金砖银行所在地附近为宜，建立"金砖学院"，配合上海第二文化中心建设。上海应建立起以新兴经济体为服务对象的智力支持体系，具体可参照位于比利时布鲁日的欧洲学院的做法，成立"金砖学院"。金砖学院应成为致力于新兴经济体研究的研究生教育及学术机构，一方面，可以获取较大的资助力度，培养来自新兴经济体的博士和研究型硕士；另一方面，金砖学院可同时把来自不同新兴经济体、致力于研讨本国或本地区未来发展的学者和学生们聚集起来，从建立国际政治经济新秩序的角度来研究新兴经济体和发展中国家，为新兴经济体和发展中国家的发展提供智力支持，成为新兴经济体的重要智库和未来政治家的摇篮。

第三，上海应增强为新兴经济体的服务意识，加强与包括金砖国家在内的主要新兴经济体金融机构的联系。上海可以考虑会同金砖银行、财政部和央行召集 G20 成员国中新兴经济体（中国、俄罗斯、南非、阿根廷、巴西、印度、印度尼西亚、墨西哥、沙特阿拉伯、土耳其、韩国）的主要金融机构定期召开"新兴经济体金融稳定论坛"。借鉴中央将亚信会议发展成为北京亚洲安全论坛的做法，将"新兴经济体金融稳定论坛"逐渐发展成为"新兴经济体金融稳定委员会"，发挥上海作为全国经济中心的重要作用，与北京形成呼应之势。

第四，上海应加强与金砖国家金融中心城市，特别是印度孟买和巴西圣保罗的公共外交。一个全球性的金融中心的发展往往需要次级区域性国际金融中心的支持。上海应紧跟中央的战略部署，加深与新兴经济体的金融中心城市的合作和交往。印度孟买和巴西圣保罗分别是两国的金融中心，又同时是上海的友好城市，在迈向成为全球金融中心的征途上，上海应积极支持这两个"姐妹城市"成长为区域性国际金融中心，从而夯实上海成为世界级金融中心的基础。

◇◇四　以上海合作组织为平台，将上海自贸区建设成为"一带一路"金融枢纽

中国经济的发展达到一个瓶颈。经过改革开放四十年的发展，中国已经成长为世界第二大经济体和"世界工厂"，发展成就举世瞩目。但是，不可否认，作为一个制造业大国，我们仍然处于产业链的下游，技术水平不高。从英国、美国的发展历史来看，它们都是由制造业大国发展为金融霸主，由商品输出大国转变为资本输出大国，并成为世界金融市场的支配

者。因此,中国经济也面临着从低水平的制造业向高水平制造业升级的挑战,并要把自己的产业结构从单一的制造业提升到以制造业和以金融业为核心的现代服务业并重的新境界,进一步推动中国的经济和金融与国际接轨。

无独有偶,上海的经济发展也面临新的挑战。金砖银行和中保投资基金已经落户在上海,大大增强了上海服务国家"一带一路"建设的金融能力。但是,也应该看到,金砖银行的最初目标并不是为"一带一路"建设服务的,中保投资基金的经营目标也比较多元化;而总部位于北京的亚投行和丝路基金是专门为"一带一路"建设服务,影响越来越大。因此,上海应该争取一家以服务"一带一路"沿线国家为主要目标的大型国际金融机构的总部落户上海,进一步提升上海在"一带一路"金融体系中的作用。而正在商讨中的上合开发银行正是这样一个绝佳的候选者。

1. 上海合作组织金融合作可助力"一带一路"建设

资金融通是"一带一路"建设的重要内容与支撑,上合组织金融合作有利于解决"一带一路"融资问题。为解决"一带一路"建设融资问题,我国已推出一系列金融机构和基金。但"一带一路"建设覆盖范围广泛,需要更多金融平台支持。上合组织可以充分发挥平台作用,将"一带一路"建设的金融需求与上合组织金融合作相结合,发挥上合组织金融合作对"一带一路"建设的推动作用。

上合组织首先是一个安全合作机构,主要目标是防范"三股势力"。但是,缺乏密切经济社会联系的地区性组织很容易因为成员国内部政局变化而产生问题。目前,中亚多个国家的政局仍然有诸多不稳定因素,这也是上海合作组织的隐患之一。2016年9月2日,乌兹别克斯总统卡里莫夫逝世,该国政局已经产生微妙变化。因此上合组织成员国的关系需要从单纯的安全合作向全面的经济社会合作升级转型。只有突破这个瓶颈,上合组织的发展才会迎来更加广阔的前途。而突破这个瓶颈最好的办法就是通过制度设计，推进各成员国在经济领域尤其是金融领域的合作，使成员国的经济发展和国家利益更加密切地结合起来，真正做到风雨同舟、休戚与共。针对上合组织、中国经济和上海发展的现状，笔者认为：加快成立上合开发银行，并将总部争取在上海不仅是当务之急，而且是一个多方共赢的举措。

上合组织是"一带一路"建设的重要平台。"一带一路"建设是在同中亚各国实现区域经济合作的基础上，向中东地区延伸，扩大区域经济合作范围，连接亚太经济圈和欧洲经济圈。上合组织成员国均是"一带一路"建设的重要参与者和合作者，正从一个安全合作机构转向安全与经济双轮驱动组织。上合组织成员国所在区域是连接欧亚大陆的主要通道，是"一带一路"运输网络建设的重点区域，能成为"一带一路"建设的重要平台。

2. 上合组织金融合作的前景展望

尽管上合组织金融合作面临着诸多挑战，但上合组织区域不论是从基础位置条件来看，还是从经济条件及政策平台的角度来看，该区域都具有深化区域金融合作的较大潜力。首先，上合组织组织成员国之间的地理位置优势为上合组织金融合作提供了便利条件。上合组织是一个地处亚太和中亚的国际性组织，其成员国包括中亚国家、俄罗斯和中国。从地理位置的角度来说，上合组织成员国基本都是彼此接壤的邻国，彼此接壤的地理关系缩短了上合组织区域内贸易的运输距离，降低了贸易成本，为上合组织区域经济合作的顺利开展提供了便利条件，进而推进上合组织区域金融合作的发展。

其次，上合组织成员国特有的地缘经济利益为上合组织经济金融合作提供了强大的内在动力。上合组织成员国中的中亚国家（哈、吉、塔、乌）均属于内陆国家，缺少直接出海口，多年来，这已经成为各国谋求对外经济发展的最大障碍。而通过开展上合组织区域经济金融合作，形成第二座欧亚大陆桥，中亚国家可以直接延伸到太平洋沿岸的各大口岸，并进入东亚和东南亚各国。同样，俄罗斯可以借道中国将其丰富的油气资源销售到东亚和东南亚市场。此外，通过开展上合组织区域经济金融合作可以帮助俄罗斯解决资金、人力不足等阻碍经济发展的主要问题。对于中国，不论是为了帮助周边国家实现经济增长以提升我国在国际社会中的地位，还是为了降低我国货物进入欧洲的运输成本等，中国都强烈希望加强推进上合组织区域经济金融合作。

再次，"一带一路"倡议推动上合组织金融合作。"一带一路"倡议旨在同中亚各国实现区域经济合作的基础上，向中东地区延伸，扩大区域经济合作范围，形成新的连接于亚太经济圈和欧洲经济圈的欧亚区域经济合作模式。而上合组织成员国所在区域是连接欧亚大陆的主要通道，是"一带一路"运输网络建设的重点所在，因此，上合组织是"一带一路"建设的重要平台。由于金融是建设"一带一路"的重要支撑，而仅仅依靠中国的金融支持是远远不够的，此时，就要求充分利用上合组织这一重要平台，将"一带一路"建设的金融需求与上合组织金融合作相结合，发挥上合组织金融合作对"一带一路"建设的推动作用。

3. 上海应把握上合组织扩员机遇，着力打造"一带一路"金融枢纽

随着上合组织扩员，有关国家的金融合作也将从主要立足于"新丝绸之路经济带"沿线国家转向"新丝绸之路经济带"和"21世纪海上丝绸之路"并重的新格局，原来以中俄合作为主轴的安全和经济合作也将延展为中印俄三方合作。

2015年7月，上海合作组织的乌法峰会启动了扩员程序，印度和巴基斯坦将成为新的正式成员。伊朗成为上海合作组织正式成员国的可能性也越来越大。2016年1月，中伊两国在德黑兰发表联合声明，"中国重视伊朗作为地区大国的重要影响，高度评价伊朗积极参与上海合作组织有关活动，支持伊朗申请成为上海合作组织成员国"。到了2016年10月，俄

罗斯驻联合国代表维塔利·丘尔金表示，在伊朗核问题局势进行调节后，已经不再存在阻止伊朗成为上合组织成员国的理由。因此，伊朗加入上海合作组织的可能性越来越大。

随着印度和巴基斯坦将成为上海合作组织的新成员，上合组织的金融合作也将从主要立足于"新丝绸之路经济带"沿线国家转向"新丝绸之路经济带"和"21世纪海上丝绸之路"并重的新格局，原来以中俄合作为主轴的安全和经济合作也将延展为中印俄三方合作，中亚的枢纽地位有所下降，南亚的地位急剧上升。

上海应把握上合组织扩员机遇，着力打造"一带一路"金融枢纽。当上合组织金融合作仅仅立足于"新丝绸之路经济带"沿线国家时，上海同西安、乌鲁木齐、喀什以及中亚城市相比，欠缺打造"一带一路"金融枢纽的地缘优势。但是，随着上合组织金融合作从主要依靠"新丝绸之路经济带"沿线国家转向"新丝绸之路经济带"和"21世纪海上丝绸之路"并重，上合组织金融合作将形成中俄合作与中印合作的双增长极，呈现以上海为支点的扇面辐射格局。在这一背景下，上海在建设"一带一路"金融枢纽方面的整体优势非常突出，明显优于北京、西安、乌鲁木齐、喀什等国内竞争对手，也优于中亚和俄罗斯等国家的相关城市。

4. 上海建设"一带一路"金融枢纽的对策

我国的经济已经发展到一个崭新的阶段，一方面需要产业结构实现升级换代；另一方面也要求人民币实施"走出去"的国际化战略，使得我国在国际金融市场掌握更多的话语权。而要实现人民币国际化战略，就需要建设一些事实上由我国主导的国际性金融机构，为人民币国际化提供机构平台。目前我国正在建设的几个国际性金融机构中，金砖银行虽然总行在上海，但是该机构的理事会董事会和管理层均分别由俄罗斯、巴西和印度官员主导，而且俄罗斯等国对金砖合作机制也有自己的想法，因此，我们对金砖银行更多应该采取着眼于长远的态度。亚投行现在已经有57个成员国,在国际上影响也很大,但是亚投行成员国的本币中有欧元这样影响力比人民币更大的货币,也有伦敦这样比我国的上海地位更高的金融中心,因此通过亚投行推动人民币国际化也不是简单的事情,更何况目前亚投行还是以美元为结算货币。相比之下,上合开发银行在实施人民币国际化战略中具备得天独厚的优势。不过,这种优势必须放在一定的制度环境下才能充分发挥,而上海自贸区在金融制度改革方面先行先试的优势就可以充分发挥作用。

因此,上海自贸区应该借助上海合作组织金融合作的平台,发展成为"一带一路"金融枢纽,并采取以下对策。

(1)欢迎包括开发银行在内的各种上合组织金融合作机制在上海落户。在继续争取上合组织开发银行总部落户上海的同时,可以考虑向中央建议争取组建其他形式的上合组织金融机构,实现上合组织的制度化金融合作。

(2)鼓励上合组织成员国企业和个人在上海自贸区开设自由贸易账户。中亚国家外汇管制严重,可以吸引愿意到中亚国家投资的企业在上海自贸区设立投资性公司,为这些企业结汇提供全面服务。

(3)加强上海自贸区和阿斯塔纳国际金融中心、瓜达尔港自贸区等的合作,形成以上海为中心的亚洲离岸金融网络。

(4)加强上海金融市场和上合组织成员国大宗商品部门合作,为竞争人民币定价权而努力。俄罗斯和中亚国家油气资源非常丰富,乌兹别克斯坦的黄金储量在全世界是第四位。上海可以通过加强和这些国家的合作确定自己大宗商品定价中心的地位。

第十二章　建设连云港"一带一路"交汇点核心区和先导区

杨东升①

【摘要】作为江苏省"一带一路"建设的核心区和先导区，连云港市的建设目前仍然面临着开放层次低，与国际贸易的要求不适应、经济总量小，与承担的责任不匹配以及城市功能弱，与交汇点核心区和先导区的地位不相称等多重问题。为了将连云港市建设成为联结"一带一路"的综合交通枢纽和推进其龙头地位，国家战略的引导和扶持或是当务之急，为此，可考虑采取若干措施，如建立海州湾直辖市、建立连云港自由贸易区、设立海州湾新区等。

2014 年 12 月 14 日，习近平总书记在江苏考察工作结束时的讲话中明确提出"江苏处于丝绸之路经济带和 21 世纪海上丝绸之路的交汇点上"。2015 年 5 月 5 日至 6 日，江苏省委、省政府召开贯彻落实"一带一路"国家战略、大力拓展对内对外开放新空间工作会议，明确连云港为全省"一带一路"建设的核心区和先导区，要求建设成为联结"一带一路"的综合交通枢纽和物流中心、开放型经济新高地、服务中西部的自由贸易港

---

① 杨东升，全国"一带一路"沿线城市智库联盟理事长，江苏省连云港市哲学社会科学界联合会党组书记、主席、研究员。

区。推进"一带一路"交汇点核心区和先导区建设,是连云港今后的重要战略性任务。

◇一 连云港是"一带一路"交汇点核心区和先导区的理论依据

综观世界各国现代化发展的历程可以发现,经济增长的重心在沿海,引擎在国际性港口、工业、金融、商贸城市。进入 21 世纪,我国提出"西部大开发"和"中部崛起"战略之后,中西部各个省的省会城市群雄并起,龙头之争愈演愈烈。习近平总书记提出"一带一路"倡议后,我国西部和东南部多个城市竞争"一带"或"一路"的起点。然而,从国际区域经济发展的规律来看,从我国中西部发展的现实需要来看,中部崛起与西部开发的关键不在中西部而在沿海,而沿海的龙头应该是连云港,特别是"一带一路"的唯一交汇点是连云港。

1. 从世界地理来看,连云港是陆上丝绸之路与海上丝绸之路的交汇点,是连接中国东中西区域与中西亚及欧洲诸国和中国南北沿海地区与环太平洋沿岸国家或地区的一个中间枢纽

连云港地处中国万里海疆的脐部(意为中部),是中国万里海岸线与横贯东中西部陇兰铁路的唯一交点,是中国东西最长的高速公路——连霍高速与中国南北最长的高速公路——同三高速的唯一交点。向西去,是一条由无限延展的大铁路连接成的新亚欧大陆桥,从东桥头堡——连云港到西桥头堡——鹿特丹,是一条连结亚欧大陆的客货运输大通道,连云港在文化史上又是《西游记》中孙悟空陪同唐僧去西天取经的出发地;向东去,是世界经济发达的日本、韩国,再越过太平洋就是经济更发达的美国、加拿大,连云港在传说中还是秦代徐福东渡日本的启航处;向北去,

是具有发展潜力的环渤海湾经济区（包含山东半岛与辽东半岛），可直达东北亚地区各国；向南去，是中国经济文化最发达的长三角地区，可直达东南亚各国及澳大利亚。可见，连云港具有独一无二的区位优势，是连接太平洋沿岸与大西洋沿岸，以及亚欧大陆各国家或地区的东西南北过渡交汇的一个中间枢纽，是中国与世界国际金融贸易的一个中心。连云港在世界经济交流与合作中的重要区位和战略地位，决定了连云港是服务"一带一路"建设和带动我国东中西区域协调发展的龙头城市。

2. 从世界交通经济来看，连云港是新亚欧大陆桥东桥头堡，是为促进世界经济一体化和亚欧大陆间国际货运服务的铁水中转站

新亚欧大陆桥东起中国连云港、西至荷兰鹿特丹，全长 10900 公里，以中国、独联体、欧洲铁路为桥梁，连接辐射亚欧两大洲 40 多个国家和地区，连通大西洋和亚太两大经济圈，是国际资本与国际贸易的必经之路。新亚欧大陆桥使中国内陆腹地与中西亚、欧洲国家紧密连接起来，实现东西双向开放，为日本、韩国、北美地区与东欧、西欧、西亚、中亚各国的经贸发展开辟了一条便捷的通道。这条通道就是"一带一路"，其唯一交汇点就是连云港。这条通道是亚欧间最密集、最具有开发潜力的资源走廊，是全球规模最大的国际贸易走廊和贸易市场，还是国际金融和国际资本流动最活跃的地区之一，具有极大的国际利用价值和极强的经济能量释放潜力。大陆桥东桥头堡的内涵：一是大陆桥运输的跨国性决定了作为桥头堡的港口性质是国际集装箱过境运输枢纽港。在连云港相邻的港口中，日照港曾是主要以煤炭输出为特点的能源输出港，上海港是我国最大的集装箱运输集散港，但并不是以过境运输为主的枢纽港。作为陇海兰新铁路东端起点连云港的性质被国家确定为国际集装箱过境运输枢纽港。二是大陆桥运输的经济性决定作为桥头堡的港口必然是大陆桥运输线路中最便捷、最顺直的港口，是运输时间最短、运输成本最低的港口。按照这个条件选择，新亚欧大陆桥的东桥头堡只能是连云港。新亚欧大陆桥比西伯

利亚大陆桥缩短陆上运距 2000—5000 公里,到中亚、西亚各国,优势更为突出。从远东到西欧的货物,经新亚欧大陆桥比绕过好望角、经苏伊士运河、经巴拿马运河的海上运输线缩短运距分别为 15000 公里、8000 公里、11000 公里。三是陆桥运输技术的多重性与跨国协调的复杂性,以及陆上铁路运输的特殊性,决定作为桥头堡的港口应是经过国家行政主管机关确定的港口。1992 年以后,连云港作为新亚欧大陆桥东桥头堡已经得到我国国家领导人及国际社会的确认。《中国 21 世纪议程》将新亚欧大陆桥地区可持续发展计划列入首批优先项目,明确把连云港市规划建设为"连接太平洋沿岸国家与中亚地区的国际性港口城市、环境优美的旅游中心、国际商贸中心与交通枢纽"。与此同时,陇海兰新沿线地区也都认识到连云港的不可替代的地位和作用,中西部各地在连云港设立的办事处达 400 多个。

3. 从中国经济地理来看,连云港是中国沿海与沿桥的战略节点,是中国陇兰经济带融入环黄海经济圈最经济的出海口和最顺直的门户

在中国地理的架构中,长江流域和陇海兰新线是东西两条主轴线,它与东部沿海南北主轴线相交,形成了我国对外开放的"π"形战略格局。在"π"形开放战略格局中,连云港和上海分别处于沿海与沿桥、沿海与沿江的节点上,因此,连云港和上海的战略地位一样,上海是沿长江流域开发开放的龙头,连云港就是沿陇兰线地区开发开放的龙头。

如果以郑州西端为起点,中西部省区从连云港进出口货物分别比天津、青岛、日照、上海等港口缩短 309—537 公里。由此可见,连云港是中西部地区运输时间最短、成本最低的出海口岸。因此,作为我国实施沿海地区外向型经济发展战略和东中西区域协调发展战略的重要接合部,实施建设"一带一路"的唯一接合部,连云港有条件承担转移功能,应该承担更大的责任。作为地处中国沿海特别是沿黄海的中心位置的城市,连云港必将成为联系中日韩的环黄海经济圈的关键节点。环黄海经济圈是中

国对外贸易和利用外资的主要区域，也是中国对外合作的主要国际空间。

　　国家实施西部大开发和中部崛起战略，带动我国东中西区域协调发展的连云港的战略地位日益凸显。2009 年 6 月 10 日国务院常务会议通过了《江苏沿海地区发展规划》，将以连云港为龙头的江苏沿海开发上升为国家战略。2011 年 5 月 31 日国务院批准在连云港设立国家东中西区域合作示范区。国务院于 2011 年 6 月 9 日公布的《全国主体功能区规划》和 2014 年 3 月 16 日公布的《国家新型城镇化规划》，都确定了全国"两横三纵"的城市发展战略格局，将以新亚欧大陆桥东桥头堡连云港、日照为中心城市的东陇海地区确定为国家重点开发区域。"两横"与"三纵"轴相交的沿海城市有四个：上海、连云港、天津、香港，内陆城市也有四个：西安、郑州、重庆、武汉。可见，连云港市既不是中央直辖市，也不是副省级城市，却位列八大节点城市中，说明其地位极其重要。

◇◇二　连云港在"一带一路"建设中的地位和作用

1. 连云港市在"一带一路"建设中的龙头地位

　　龙头城市即区域经济发展中的中心城市。龙头城市由于有雄厚的经济实力、灵敏和及时的经济信息、发达的科技力量、方便的交通通信网络，在城市与区域相互作用系统中居于支配性的地位，成为区域经济发展的指挥中心、调节中枢、服务中心。龙头城市的繁荣强盛是城市—区域系统发展的前提和基础，同时也是城市与区域共同发展的主要动力。

　　连云港是古代海陆丝绸之路的龙头城市，也是当代"一带一路"建设中的龙头城市。在我国长期的农业社会发展史上，中原和关中地区曾是经济文化最发达的地区和政治中心，当时连云港被秦始皇确立为"秦东门"，并派连云港赣榆方士徐福出使日本，连云港成为中国早期海上丝绸之路的起点。但随着长江流域经济的崛起，东南沿海港口城市的兴起，不仅中原和关中开始落伍了，而且海上丝绸之路的起点连云港也落伍了。在20世纪初，孙中山先生来连云港考察，并在《建国方略》中将连云港列为全国沿海计划建设的31个港口中的第五位东方大港，1933年连云港口建成。为了实现孙中山的理想，1935年1月，陈果夫申报国民政府设立江苏省第一座现代城市连云市。翌年完成了包括七大市区的与上海媲美的国际性海滨城市的宏大规划，但因抗日战争爆发而未能实施。为了实现中华民族的伟大复兴，必须实现中原与关中地区的复兴，而中原和关中地区的复兴，必须首先将"一带一路"交汇点核心区和先导区的连云港建设成为国际性海港中心城市。

2. 连云港市在"一带一路"建设中的枢纽作用

一是资源转换作用。资源要素的转换对地区经济快速发展和产业结构调整带来良好的机会。连云港曾是全国八大海港之一，十大集装箱港之一，海陆交通拥有得天独厚的便利条件。随着近年来港口基础设施不断完善，货物吞吐能力不断提高；作为新亚欧大陆桥的东方桥头堡，大陆桥沿线货物运输十分便捷；特别是四条城际铁路、新机场建设加速推进，交通运输体系不断完善，交通枢纽地位愈发显现，连云港在推动"一带一路"沿线国家及地区之间丰富的资源要素转换必将大有可为。

二是要素集聚作用。要素集聚主要源于中心城市的规模效益、市场效益、信息效益、人才效益等，使得区域中的人才人口、原料、资金和科技向中心城市集聚。随着连云港市工业化和城市化的加速推进，服务业快速发展，城市配套建设不断完善，可以更多地吸收中西部地区进城的剩余劳动力及工作创业，转化中西部地区技术成果，中西部地区资源到连云港进行深加工等，发挥资源要素集聚作用。

三是要素扩散作用。当城市发展到一定阶段，中心城市的扩散是不以人的意志为转移的规律，这源于中心城市自身结构的优化，科技进步的推动，也源于土地价格的上涨，生活费用的上升。作为"一带一路"交汇点的核心区和先导区，通过发挥核心区和先导区的优势，推动对"一带一路"沿线地区，特别是中西部地区进行要素的扩散，从而进一步促进加快"一带一路"建设和中西部地区开发的进程。

◇◇三　连云港"一带一路"交汇点核心区和先导区建设的主要成效

1. 综合交通运输体系不断完善，交通枢纽地位凸显

从港口基础设施建设情况看。30 万吨级航道一期工程、30 万吨级矿石码头等一批重大港口提升工程相继投用，建成万吨级以上泊位 63 个，30 万吨级航道二期工程已获批建设，赣榆、徐圩两翼港区开港运营。连云港港被交通运输部确立为全国"一城一港"首个低碳主题性试点港，总长 5 公里的连云港区绿色环保防风抑尘网建成使用，全球首台 LNG 装载机、LNG空箱堆高机投入码头日常生产。船用岸电技术应用全国领先。2016 年货物吞吐量、集装箱运量分别突破 2.2 亿吨和 465 万标箱。从提升口岸功能情况看。深化"三互""三个一"试点，积极推进陆桥沿线区域通关一体化；深入实施国家集装箱海铁联运物联网示范工程，加快口岸信息平台建设，船舶网上申报审批系统开通运行，船舶进出港数据实现"一单五报"，大陆桥检验检疫合作机制和苏北五市"直通放行"模式走在全国前列。中韩陆海联运列为全国试点，启运港退税政策落地见效。赣榆、徐圩港区实现临时开放，白塔埠机场获批一类开放口岸。开通"连新亚"班列、"连新欧"国际班列和至郑州、西安等地"五定班列"，在侯马、西宁等内陆城市建立十余个"无水港"，港口服务、口岸区域通关扩大至陆桥沿线 15 个省区。从

交通运输情况看。临海高等级公路连云港段全线建成通车。连云港至临沂高速公路建成通车，连盐铁路、连淮扬镇铁路开工建设，连盐、连青、连淮扬镇铁路、连徐客专建设全线推进。灌河口拦门沙整治基本完工，具备了2万吨级通航能力。通榆河北延工程顺利竣工并实现送水通航，盐河航道整治完工。新机场选址获得国家民航局批复同意。

2. 开放载体建设扎实推进，对外开放合作不断深化

一是中哈物流合作基地建成启用。在习近平总书记的亲自见证下，中哈物流合作基地一期工程铁路专用线于2014年5月建成投用，成为"一带一路"首个落地的国际经贸合作实体项目，二期工程散粮筒仓项目具备开工条件。积极推动与哈国铁互投共建边境物流场站，完成东门特区无水港项目部分股权收购。开通运营"连新亚""连新欧"国际出口班列。二是上合组织国际物流园建设全面展开。成立园区管委会，出台园区建设实施意见，完成规划修编，同步展开功能建设和项目招商，公路港一期工程建成投用。2015年8月，中哈两国元首共同见证江苏省政府与哈国铁签署战略合作框架协议，上合组织物流园建设提升到国家合作层面，铁路装卸场站、保税仓库、大宗商品交易中心等项目纳入共同开发计划，保税物流中心（B型）封关运作。三是连云港"国家东中西区域合作示范区"建设加快推进。徐圩新区是国务院批复设立的国家东中西区域合作示范区的先导区，是江苏沿海开发和承担国家"一带一路"建设的重要实施载体。经过近几年的拼搏奋战，示范区基础设施建设框架已经全面拉开，临港主导产业项目取得较大突破，各项工作呈现出强劲的发展态势，丝路产业合作园、示范区资源采购中心、大陆桥产品展览展示中心等各项建设稳步实施，连云港市成为国家"一带一路"建设的综合交通枢纽和物流中心，成为《全国主体功能区规划》重点开发区域。四是连云港国际商务中心建设取得新成效。制定出台区域性国际商务中心建设意见，连云新城国际商务中心核心区功能基本配套，成功举办三届"中国（连云港）丝

绸之路国际物流博览会",新亚欧大陆桥安全走廊国际执法合作论坛永久会址、"一带一路"国际执法安全培训和研究中心正式落户连云港,全国"一带一路"沿线城市智库联盟秘书处常设在连云港。

3. 要素集聚扩散能力增强,经济结构加快转型升级

一是城市功能显著提升。2015 年 8 月完成市区区划调整,赣榆撤县设区加快融入中心城区,城市建成区面积拓展至 204 平方公里,市区人口增至 220 万人,空间布局和功能定位更加明晰,国际化海港中心城市框架全面拉开;加大城市基础设施配套建设力度,建成沿海高等级公路、海滨大道和快速公交系统,东部城区海滨城市特色逐步显现,城市对产业发展的支撑功能显著提升。二是工业项目建设取得新进展。连云港入选国家重点建设的七大石化产业基地,炼化一体化项目获得国家批准,新海石化、珠江钢管、益海粮油等投资体量 100 亿—500 亿元的临港产业大项目相继落户,田湾核电等能源项目相继建成投产。三是创新能力不断提高。连云港被确立为全国创新型试点城市,连云港高新区升级为国家级高新区。恒瑞、康缘、豪森 4 家药企跻身全国医药研发企业 20 强,中复连众、天明机械、鹰游纺机等企业自主创新能力行业领先。高新技术产业产值快速增长,连续获评"全国科技进步先进市",全市科技进步贡献率提高到53%。现代高效农业快速发展,占农业总产值比重达 40% 以上,一批重要的农副产品生产加工出口基地已经建成。

◇◇四　连云港"一带一路"交汇点核心区和先导区建设存在的主要问题

1. 开放层次低,与国际贸易的要求不适应

在国内,改革开放以来,尽管已经走过了开发区、出口加工区、保税

区、保税物流园区、保税港（综保区）、自贸区的开放路径，连云港仍然停留在改革开放初期开发区、出口加工区的层级上。国家级开发区和省级重点开发区产业层次和集约发展水平还有待提高，综合保税区尚处于申报阶段，自由贸易港区申建工作短期内难有实质性成效，开放平台对产业发展和城市综合承载能力的带动作用尚未充分显现。连云港面临着区域间"引进来与走出去"货物贸易与服务贸易进口与出口不平衡的结构性矛盾的挑战，特别是连云港的开放层次与中西部对开放的需求不适应。

2. 经济总量小，与承担的责任不匹配

连云港承担了"一带一路"交汇点核心区和先导区对"一带一路"沿线地区，特别是我国中西部的辐射带动作用，但连云港的经济总量与赋予的功能作用不匹配。工业经济发展不快、项目支撑不足，重大临港产业尚未突破，缺少有影响力、能带动产业发展的大型企业和有支撑作用的规模企业，缺乏创新型领军企业产业，千亿元企业空白，百亿元企业仅有4家，全市经济体量占江苏的比重仅为3%，经济总量、产业规模总体偏小，产业集群集约集中度不高，无论与我国东部沿海地区主要开放城市还是省内苏南地区相比，差距依然较大。即使在江苏沿海三个城市中的经济总量仍然滞后。这反映出连云港整个经济的"逆开放"走势，对交汇点核心区和先导区建设提出了更高的要求。

3. 城市功能弱，与交汇点核心区和先导区的地位不相称

连云港市虽然处于"一带一路"建设中的龙头地位，但龙头带动作用不强，城市建设集聚度不高，海滨特色不够鲜明，城市化水平低，交通等基础设施不完善，吸纳要素能力弱；供给侧结构性改革力度尚需加大，供给体系质量和效率尚需提高；科技创新短板突出，高端人才不足。连云港无论是与沿海南翼的南通、盐城，还是与北翼的青岛、日照相比，都已形成一定的发展差距。特别是在"一带一路"沿线相近城市中，连云港相比青岛、郑州、西安等差距明显。连云港是地级城市，而西安、青岛都

是副省级城市，西安、郑州都是省会城市，无论在城市功能，还是利用行政资源上，连云港都处于明显的劣势。因此，连云港市区域竞争力与区位作用不适应，交通运输体系与综合交通枢纽不匹配，城市功能与发展需求不平衡的矛盾较为突出。

◇◇五　连云港打造"一带一路"交汇点核心区和先导区的战略目标

根据世界经济与城市发展的规律，从区域经济发展的需要和连云港市情考虑，将连云港市发展目标定位为"四个城市四个中心"。

1. 国际性的海滨城市和金融商贸中心

综观全球，当今的国际性城市90%以上处于海陆、水陆交通枢纽，扼守国际贸易通道的咽喉。目前，中国中部崛起与西部开发和"一带一路"建设，迫切需要在东部沿海港口开辟直接沟通海外的开放度更高的贸易门户，通过繁荣和活跃运输业及国际贸易，带动采矿业、加工业和农牧业的迅速发展，推动该地区的经济腾飞。连云港是位于海州湾内、陇海铁路起点的海港城市，是中国综合交通枢纽，有国家出口加工区和保税物流中心，具备建设金融商贸中心的基础条件。因此连云港必须明确国际性海滨、金融、商贸中心的建设目标。

2. 世界著名的港口城市和物流中心

港口是带动区域经济发展的核心战略资源。要昂起中西部开发的龙头，推进"一带一路"建设，必须加大港口建设的投入，开辟新港区、建设深水泊位，把连云港建成为我国对外贸易的重要口岸，亚欧大陆桥水陆联运重要中转港。连云港已具备深水大港的条件，并与世界上160多个国家和地区的1000多个港口有贸易往来，其独特的区位、交通优势和新丝绸之路经济带丰富的资源条件决定了要建设以港口物流业为主的综合性全能型国际物流中心。

3. 现代化的工业城市和科技研发中心

日本、韩国创造经济奇迹有一个共同点,就是港口城市兴建大批临港工业。要提高连云港对"一带一路"和我国中西部地区的推动作用,必须大力发展大工业。中国经济地理以连云港为界,南缺能源北缺水,对发展大工业带来困难,而连云港能源和水资源都很丰富,有全国设计年发电量最大的田湾核电站,还有滩涂160万亩、盐田45万亩、荒地近千平方公里可以转化为工业用地,为发展临港工业提供了更大的发展空间和成本低的难以再生的载体。连云港后方铁路、公路及水运条件便利,发展临港工业的基础条件十分优越,特别是适合发展以钢铁、造船、电力、汽车等行业为中心的重工业和以炼油、石油为中心的化学工业。同时,有连云港国家创新型试点城市和一批科研院所等优势,适合建设工业研发中心。依托港口,把世界各地廉价优质的资源通过成本低廉的海运变成自己的资源,把国际市场当成自己的市场,将促使产业带快速发展。

4. 国内外向往的旅游城市和休闲娱乐中心

连云港市有山、海、岛、河、温泉、滩涂、盐田、湿地、浴场、港口、古城、遗迹等丰富的旅游资源,其中有"中国最值得外国人去的50个地方"之一的《西游记》中的花果山和海州湾国家海洋公园等;有海、陆、空、铁、水等便利多样的交通条件,而且其广大腹地的中西部地区有广阔的游客市场,所以,具有丰富自然资源和人文资源的连云港市是打造"东方洛杉矶"、建设国际知名的文化娱乐和休闲旅游城市的理想之地。

◇◇六　连云港打造"一带一路"交汇点核心区和先导区的战略举措和建议

1. 国家推动战略：批准设立海州湾直辖市

"一带一路"建设的一个关键是要看交汇点连云港这个龙头能否昂起。多年来，在我国行政区划调整的研究中，对东陇海地区有两种建议方案：一是将苏北、鲁南、豫东、皖北的地级市合并设立淮海省，省会徐州；二是将苏北、鲁南的地级市合并设立沂河省，省会新沂。近年来，我国重视都市经济圈的合作和统一规划，在制定长三角经济圈发展规划时，将连云港市、徐州市、宿迁市纳入其中；在制定环渤海经济圈发展规划时，将日照市、临沂市纳入其中。然而，根据经济圈中心城市对周边地区中小城市的集聚辐射和引擎带动作用由中心向外逐渐递减的原理，连云港、徐州、宿迁、日照、临沂等市接受经济中心城市的辐射带动作用在经济圈内是最小的。因此，由于客观地理因素等原因，连云港、徐州、宿迁、日照、临沂等市存在被长三角经济圈和环渤海经济圈边缘化的问题。但是，这也成就了东陇海地区可以独立成为经济中心城市的优势。为此，建议国家像设立重庆直辖市一样，实施行政区划调整，将江苏省连云港市、徐州市、宿迁市，山东省日照市、临沂市管辖的全部区域合并，设立海州湾直辖市。

我们认为，整合设立海州湾直辖市是东陇海地区行政区划调整的最佳方案。其理由：一是我国中央直辖市太少，多数省的面积太大，要减少地市级行政层次，就要缩小省的面积，增设直辖市。设立淮海省和沂河省的面积都较大，且都是欠发达地区，对区域发展的带动作用不大。而连云港地区具有独特的"一带一路"交汇点核心区的区位优势和战略地位，应该首先考虑升格为中央直辖市。二是国际性海港城市对区域经济发展的辐射带动作用是明显的。在东陇海地区再建一个以农业为主的省,不如再建一个以工业和贸易为主的国际性海港城市,更有利于推进区域协调发展。设立海州湾直辖市既可以解决我国中部崛起与西部大开发缺少国际性经济中心城市带动的问题,促进中西部的振兴和中华民族的伟大复兴,又可以解决新亚欧大陆桥东桥头堡地位之争和东西桥头堡不匹配的问题,促进我国对外开放与国际贸易的发展和"一带一路"建设。三是海湾型经济是区域经济发展的重点和引擎,对腹地发挥辐射和吸纳作用。海州湾横跨江苏和山东两省,由于长期以来的行政管理限制,265 公里长的海州湾地区仍为欠发达地区。设立海州湾直辖市不仅可以解决海州湾经济区被行政区划分隔而不能统筹规划开发的问题,打造带动我国东中西区域协调发展的新增长极,而且可以实现海州湾地区与中西部资源的高效合作开发,推进"一带一路"建设。四是设立海州湾直辖市有较强的可行性。连云港和日照、临沂、徐州、宿迁的市域在历史上多个时期为同一行政区,有强烈的文化认同感;五个市同处海州湾和东陇海经济带,有资源优势整合互补并与中西部合作的强烈愿望。

2. 开放拉动战略:批准建立连云港自由贸易区

辟建连云港自由贸易区,是呼应"一带一路"建设的需要。丝绸之路经济带国内段 4131 公里辐射的范围超过 450 万平方公里,人口近 3 亿。该地区目前的资源开发程度和经济发展水平同自然资源的丰富程度相比,具有强烈的不协调的反差,大部分资源尚未得到开发,已开发的资源远未充分利用。连云港市作为为中西部服务的国际金融商贸中心建设的目标,要求顺应经济全球化、区域一体化发展的必然趋势,形成海陆空立体开放通道,使连云港在开放度上实现质的飞跃,成为按国际规则运行的人财物流集聚的平台。为此,建议中央批准建立连云港自由贸易区,将连云港作为中日韩自贸区承载市建设,因为按照"抵近运输"的原则,连云港比其他沿海港口城市与日本、韩国之间的海运是最顺直、最经济的。同时，允许并引导中外合作银行及其他境外银行在连云港设立分支机构；批准成立海州湾开发银行和大陆桥发展银行，并将总部设在连云港。

3. 创新驱动战略：批准设立海州湾新区

"一带一路"交汇点连云港这个龙头能否昂起，关键要看思想解放的程度、体制创新的深度和科技创新的力度。建议中央在连云港国家东中西区域合作示范区、国家级经济技术开发区和高新技术产业开发区的基础上，设立海州湾综合改革创新特区（简称"海州湾新区"），在项目审批、财政、金融、税收、人才开发等方面给予比老特区更特殊的政策。同时，将连云港纳入国家生产力布局体系，在新型钢铁、石化、造船等重化工和高科技项目布点上对连云港予以倾斜；批准淮海工学院恢复为淮海大学，筹办中外合作或合资的连云港大学、连云港理工大学等。同时批准建设连云港至北京和上海的高速铁路，构成铁路枢纽；尽快批准在连云港市区内新建苏北和鲁南共用的海州湾国际机场，打造便捷的交通体系和发展环境。

4. 环境带动战略：批准连云港为全国环境友好型城市示范市

"一带一路"交汇点建设需要塑造一流的环境，建造高质量的要素承载平台。连云港市自然资源丰富，生态环境独特，又毗邻日本、韩国，建议中央批准连云港为全国首个环境友好型城市示范市，在硬件、生态、人文、服务和法制环境方面率先建设，发挥示范作用。

第十三章 "丝绸之路"陆桥运输：问题与思考

宣昌勇①

【摘要】结合中亚、中欧班列运营中高额补贴与来自西伯利亚大陆桥的激烈竞争，作者认为我国有必要重新审视"一带一路"战略的本质、亚欧大陆强中国段物流的协调等问题。作者强调，连云港市在国家"一带一路"《愿景与行动》中的缺位与连云港市在"一带一路"建设中的重要地位不相匹配。

◇◇一 "丝绸之路"陆桥运输的现状

"丝绸之路"陆桥运输线路分为西中东三条路径：西部通道是吸引我国中西部进出口（过境）货源，经陇海、兰新等铁路干线运输，从阿拉山口或霍尔果斯出入境。在我国境内铺设了 13 条班列线。以连云港为起点的陇海兰新铁路为其中的一条。西部通道中在新疆又增加了一条经喀什的南线，向南进入吉尔吉斯斯坦。可以看出西部通道竞争最激烈。中部通道是吸引我国华北地区进出口（过境）货源，经京广（京九）、集二等铁路干线运

---

① 宣昌勇，淮海工学院商学院院长、教授。

输，从二连浩特出入境。在中国境内铺设有 2 条线路。这条线路有打通与中部沿海地区的规划。到时将进一步加剧沿海港口间的竞争。东部通道是吸引我国东南部沿海地区进出口（过境）货源，经京沪、哈大等铁路干线运输，从满洲里或绥芬河出入境。在中国境内铺设有 6 条班列线。

2015 年沿边口岸进出口货物运输方面阿拉山口口岸进出口同比减少 28.7%，其中进口同比减少 26.1%，出口同比减少 39.7%。霍尔果斯口岸进出口加在一起同比减少 46.9% 满洲里口岸：进出口量保持微长，不到 1%。二连浩特口岸进出口量共减少 23.0%。

2015 年大陆桥相关港口过境运输情况方面连云港总体同比减少 44.3%，其中东行减少 11.4%，西行减少 51.2%。天津港总体同比减少 18.1%，青岛港经阿拉山口的过境量减少 34.9%，营口港连续 4 年以 50% 的速度递增，但 2015 年总运量 2.5 万标箱。

2015 年中欧班列发运 815 列，同比增长 165%，中亚班列 1535 列，同比也有大幅增长。截至 2015 年年底，全国各省市冠名的中欧、中亚班列共有 23 条。2016 年又增加了几条，如南通开通了至阿富汗的货运列车，估计今后全国开行的中亚中欧班列还会有增加。中亚、中欧班列的回程运量虽然逐年增加，但到 2015 年回程运量还不足去程运量的 25%。造成运力的巨大浪费。

中亚、中欧班列的主要货种包括 IT 产品、汽车配件、机器设备、服装百货等。其中来自重庆、成都、郑州、武汉、苏州等地开出的班列主要以 IT 产品、汽车配件、机器设备为主；从义乌开出的班列以日用小商品为主。

◇◇二 "丝绸之路"陆桥运输存在的问题

1. 中亚、中欧班列开行数量越开越多，但是过境运输量却大幅减少

（虽然可能是暂时的）。

2. 高额的政府补贴成为支撑大多数中亚中欧班列运行不可缺少的条件。如成都市对"蓉欧快铁"运费补贴3年，重庆市直接参照海运费进行补贴，郑州不仅按照海运费对中亚中欧班列进行补贴，而且对内地货源到郑州的集结费用全额补贴等。各地都有高额的补贴。

3. 来自西伯利亚大陆桥激烈的竞争。西伯利亚大陆桥东起俄罗斯太平洋沿岸的东方港、纳霍德卡或海参崴港接入西伯利亚大铁路，向西通向莫斯科，然后通向欧洲各国，最后到达荷兰鹿特丹港。在俄罗斯境内可以折向南，进入哈萨克斯坦，然后到达中亚地区。虽然新亚欧大陆桥在运输距离和地理条件上比第一条欧亚大陆桥优越，但是自2013年以来却逐渐被第一条大陆桥超越。尤其是对日韩及东南亚国家的国际过境集装箱运输方面竞争力被严重削弱。据了解，自2013年以来，西伯利亚大陆桥几乎抢走了日韩及东南亚国家的七成过境集装箱货物运输。究其原因，在于西伯利亚大陆桥运输在运输综合协调、价格灵活性、开行快速货运班列、信息服务和通关手续便利化等方面下足了功夫。

◇◇三 一些思考

1. 我国"一带一路"倡议的本质是什么？是政治的？经济的？是短期的？长期的？笔者认为最终是经济的，否则不可持续。既然是国内各地靠补贴开通的中亚、中欧货运班补贴是否合算？要补贴多久？

2. 中亚国家对我国"一带一路"倡议的期盼是什么？笔者认为可能更多的是我们的投资和基础设施建设的支持。这也是大力发展陆桥运输的关键所在。

3. "一带一路"倡议的一个目的是国际产能合作，在目前去产能的背景下，我们是否正在重复着另外一个产能过剩的故事？据商务部最新统计，截止到 2015 年，我国服务贸易连续 20 年逆差，而其中运输服务贸易位列第二，这与世界第一贸易大国的地位极不相称。因此，各地的政府能否回归理性？

4. "一带一路"中国段的物流亟须进行协调，但是如何进行顶层设计，如何进行协调？但是如果政府的角色定位不准，如何进行协调？

5. 如何使市场机制在"一带一路"建设中发挥决定性作用？因为这才能实现经济性、理性的和长久性的统一。

6. 连云港如何发挥在"一带一路"建设中的作用？中哈（连云港）国际物流基地是"一带一路"建设的首个实体平台。目前上合组织（连云港）国际物流园正在建设。应该说，连云港在"一带一路"建设中地位独特。但是从国家的"一带一路"《愿景与行动中》找不到江苏，更找不到连云港，在国家批示的 7 个自由贸易区中没有连云港，而我们连云港苦苦争取了近 20 年。因此，江苏沿海地区是我国沿海发展的洼地，也是"一带一路"沿线发展的一块短板。从补短板的角度看，国家应该重视连云港的发展。国家刚刚批复建设雄安新区，能否考虑在连云港设立海州湾新区？

第二部分
"一带一路"实践：
政策、国企与民企

在这一部分，我们侧重于"一带一路"的建设实践。首先，我们从官方视角展示福建、新疆两地的核心区建设。而后展示两家代表性的金融机构（亚投行与中非基金）如何服务于"一带一路"建设。接着是一些企业（中交建设、中国港湾）在全球拓展的体会。然后是一些园区案例：中白工业园、莱基自贸区、吉布提港、西哈努克港经济特区、东方工业园、罗勇工业园、中马钦州产业园。考虑到亚吉铁路的代表性意义，我们也将之放在这一部分予以展示。

第一章 发挥福建优势全面推进 21 世纪海上核心区建设

福建省政府发展中心
《海上丝绸之路核心区建设》课题组①

【摘要】着眼于福建省在 21 世纪海上丝绸之路建设中的独特地位与重要作用，本章比较详细地展示了福建推进海上丝绸之路核心区建设的成效，并讨论了福建下一步推进海上丝绸之路建设的五方面举措：突出互联互通，建设通陆达海的重要枢纽；聚焦产业合作，建设经贸合作的前沿平台；大胆先行先试，建设机制创新的先行区域；着眼民心相通，建设人文交流的桥梁纽带；加强对接融合，建设两岸共同家园。

"一带一路"建设是我国新时期对外开放和经济外交的顶层设计。福建是海上丝绸之路（简称"海丝"）的重要发祥地，是东西方多元文化交融的重要节点。在"一带一路"建设中，中央确定福建作为 21 世纪海上丝绸之路核心区，这既为福建在新的历史条件下扩大对外开放带来了重大机遇，也赋予了福建重大历史责任。面对这样一个历史时机，福建充分发挥比较优势，实行更加主动的开放战略，通过全面推进 21 世纪海上丝绸

---

① 福建省政府发展中心《海上丝绸之路核心区建设》课题组：黄端、林坚强、刘林思、陈俊艺、陈素颖、郑林岚、吴金平。

之路核心区建设,进一步形成新的改革开放高地,开创对外开放新局面,在国家“一带一路”战略布局中展现积极作为,唱响福建声音,发挥引领示范聚集辐射作用。

◇◇一　福建在 21 世纪海上丝绸之路建设中地位独特、作用重要

“一带一路”传承历史,又赋予新的使命和内容。作为古代海上丝绸之路重要起点的福建,在“21 世纪海上丝绸之路”建设中具有天然优势和现实责任。

(一) 福建是古代海上丝绸之路的重要起点和发祥地

古代丝绸之路绵亘万里,延续千年,积淀了以和平合作、开放包容、互学互鉴、互利共赢为核心的丝路精神,这是人类文明的宝贵遗产。从唐宋到明清直至近代,福建都是海上丝绸之路最重要的参与者与见证者,福建的泉州港、福州港和漳州港,在不同时间对海上丝绸之路发挥了重要作用。

泉州是海上丝绸之路鼎盛时期(宋元)的主港之一,被誉为当时的“东方第一大港”。在鼎盛时与多达近百个国家有密切往来,交换的物品种类繁多数量巨大。泉州是宋元时期中国的主要造船基地,宋至明初的市舶司所在地,以及中国历史上纺织品、陶瓷器等海上贸易大宗商品的重要产出地、输出地。海外贸易的繁盛给泉州带来丰富的宗教、文化交流,西方文化也在泉州繁衍,并与当地文化融合。

福州港是我国东南沿海重要通商口岸,以及外销陶瓷器等海上贸易大

宗商品的重要产出地，对于东南沿海的商贸格局和经济繁荣具有肇始和推动作用。唐、五代时，福州商贸达到全盛，与广州、扬州、明州并列为唐代四大贸易港口。明代随着郑和船队在此驻泊与扬航，福州港的商贸地位不断提升，明成化年间市舶司从泉州迁此。

漳州是明代中后期至清代前期中国东南沿海地区海外交通贸易的中心，是这一时期中国海上丝绸之路重要港口城市。自明隆庆元年（1567年）开海禁以来，以月港为中心的漳州一带成为唯一官方认可的民间外贸口岸，并开创了经菲律宾马尼拉至美洲的海上丝绸之路新航线。此外，漳州民窑是明代海上丝绸之路的贸易物品外销陶瓷器的重要生产地。

（二）福建是"鲜活的丝绸之路"的重要区域和重要支点

历史上的"一带一路"曾经辉煌过，但是随着时代变迁，一些地方因各种原因中断或消失，而福建是少数以不同方式和不同形式延续至今"活着的海上丝绸之路"的重要区域和重要节点。在福建，海上丝绸之路不仅是过去时，而且是现在时，更是将来时。

以东南沿海为起点的海上丝绸之路从古至今在福建一直没有中断过，特别是改革开放 40 年来福建一直走在全国前列，与世界各国和地区的经济、文化、人员交流的规模不断扩大、水平不断提高，成为一条连绵不断的"活海丝"。泉州作为古代东方曾经的第一大港，是一个多个宗教、多种民族和多元文化融合并存的城市，历史上东南亚和阿拉伯地区一些后裔通过海上丝绸之路在闽繁衍生息、枝繁叶茂，成为今天泉州人的一分子，目前泉州的阿拉伯后裔有 5 万多人，成为独特的"南方回族"。1991 年泉州被联合国教科文组织确定为全球首个世界多元文化展示中心，2013 年又与日本横滨、韩国光州一道当选为首届"东亚文化之都"。湄洲妈祖信仰也随着海上丝绸之路的延伸遍布全球，目前有 2000 多座妈祖宫庙分布在世界各地，东南亚每年有数以万计的信徒来湄洲妈祖祖庙谒祖进香。当资本主义自由贸易兴起时，漳州月港应运而生。清中后期以十三行总商福建泉州人伍秉鉴为代表的闽籍商人，延续着海上丝绸之路的薪火。改革开放以来，一批又一批的福建人通过各种方式走出国门，遍布世界各地，成为新一代华侨、海外华人，并积极融入当地社会，福建成为新华侨华人最多的省份之一。

（三）福建具有成为"海丝"互联互通枢纽的条件

福建是连接台湾海峡东西岸的重要通道，是太平洋西岸航线南北通衢的必经之地。作为海洋大省，福建拥有广阔的海域面积和丰富的海洋资源，海岸线长 3752 公里，岛屿岸线长 2804 公里，居全国第二位；沿海有大小港湾 125 处，其中沙埕湾、三都澳、罗源湾、兴化湾、湄洲湾、厦门湾、东山湾等 7 个优良深水港可大规模开发建设 10 万吨级以上泊位；有40 多公里岸线可建设 20 万—30 万吨级大型深水泊位，深水岸线资源居全国首位。截至 2017 年底福建已建成万吨级以上泊位 168 个，集装箱外贸航线达到 138 条，沿海港口开通至"海丝"沿线国家以及香港、台湾地区航线超过 100 条。与此同时，福建着力构建"三纵六横"铁路网主框架、"三纵八横"高速公路网，已有 7 条出省铁路，9 条出省高速公路，实现了市市通高铁、县县通高速、乡乡通干线、村村通客车，并开通中欧国际货运班列，实现了"一路"与"一带"的有效对接。福建还开辟了国际航线 46 条，港澳台航线 17 条，打造了福州、厦门两大门户枢纽机场和晋江、武夷山、冠豸山、沙县四个区域干线机场，厦门新机场、福州长乐机场二期等项目前期工作正加紧进行。立体交叉联通的"海陆空"交通体系，使得福建在加强以东南亚地区为重点的"海丝"互联互通进程中，具备了极为有利的条件。

（四）福建在"海丝"建设中的人脉优势突出

海上丝绸之路建设，核心要靠人。综观历史上的"一带一路"建设就是靠人走出来的、靠人干出来的，其中华侨华人是当之无愧的先行者、见证者和实践者。目前华侨华人已经融入"海丝"沿线国家和地区的经济、政治、社会、文化等各方面。发挥好他们的人脉作用，既是我国实现与周边地区全面融合的关键，也是福建融入"海丝"建设区别于其他地区的最重要特色。福建是著名侨乡，"海外福建"总人数不亚于现有福建人口。旅居世界各地的闽籍华侨华人达 1580 万人，其中在东南亚超过1200 万人，东南亚的华侨华人有 1/4 是福建籍。不仅东南亚，台港澳也有众多的福建籍华侨华人。台湾居民超过 80% 是福建籍，香港居民有 1/6是福建籍，澳门居民也有 1/5 是福建籍。闽侨也很有实力，历年来入围世界华商 500 强的东南亚闽籍侨商超过 100 人。从福布斯富豪榜名单来看，马来西亚、印尼和菲律宾排名前 10 的富豪中福建籍均占 60%。这些海外闽籍乡亲秉承爱拼会赢、团结和谐、恋祖爱乡的精神，积极创业、服务社会、兴办教育、传承文化、增进和谐、推动发展，为促进世界各国与福建交流合作架起了桥梁。这种独特的历史渊源和密切的人文关系，使得福建在深化与东南亚等沿线国家合作中具有天然的优势与氛围。

（五）福建是南太平洋南岛语族的主要发源地

国家发改委、外交部和商务部联合发布的《推动共建丝绸之路经济带和 21 世纪海上丝绸之路的愿景与行动》提出，21 世纪海上丝绸之路重点方向有两条线，一是从中国沿海港口过南海到印度洋，延伸至欧洲；二是从中国沿海港口过南海到南太平洋。其中，与南太平洋诸岛的合作，福建的地位不可替代。从历史渊源和文化传承上看，福建在我国发展与南太平洋诸岛的合作中作用非常独特。目前国际学术界的主要观点认为，以福建沿海为中心的中国沿海区域是南岛语族最早的发源地，无论从语言学、考古学还是人类体质学研究成果上看，这些从太平洋彼岸过来的南岛语族，和5000年前的福建人，是一家人。闽南语和福州话与南岛语系有很高的相关性，福建沿海居民与南岛语族人在生活习俗上也有共同的海洋性特征。今天福建与南太平洋诸岛的合作也卓有成效。

◇◇二 福建推进21世纪海上丝绸之路 核心区建设成效明显

自被确定为21世纪海上丝绸之路核心区以来，福建紧紧围绕"一带一路"总体规划和布局，坚持"走出去"与"引进来"并举、经济合作与人文交流并重，"海丝"核心区建设迈出坚实步伐。

（一）基础设施建设加速推进，设施联通重要枢纽日趋成形

福建地缘区位优势突出。在"海丝"核心区建设中，福建把互联互通作为先导性工程，重点推进"四通道一体系"（海上、空中、陆海、信息四通道和口岸通关体系）建设，打造"海丝"核心区全方位立体化可互换的海陆空及信息战略通道和综合枢纽。

一是海上通道建设。加快集约化、专业化、规模化港口群建设，整合港口航线资源，拓展港口综合服务功能。重点加快厦门东南国际航运中心建设，新开辟福州江阴港至印度、巴基斯坦港口航线和厦门—越南、厦门—菲律宾2条航线。厦门港、福州港分别与马来西亚巴生港结为姊妹港。

二是空中通道建设。加紧推进厦门新机场、福州长乐机场二期扩建、泉州新机场、武夷山机场迁建等项目的前期准备工作，厦门航空增开了厦门—温哥华、厦门—墨尔本、福州—纽约等空中航线。

三是陆海联运通道建设。加强以港口集疏运体系为重点的陆路通道建设，推进港口与铁路、高速公路、机场等交通方式的紧密衔接。积极拓展港口腹地，陆地港、"飞地港"建设取得新进展，进一步畅通福建连接长三角、珠三角和中西部地区的陆上运输大通道。中欧（厦门）国际货运班列实现常态化运行，开始承揽台湾地区货源，是目前实现"海丝核心区"与"陆丝核心区"对接、"一带"与"一路"对接的唯一国际班列。

四是现代化信息通道建设。积极推动福建与东盟国家的信息走廊建设，完善信息网络合作与信息传输机制，促进与沿线国家和地区信息互联互通体系建设。

五是口岸通关体系建设。完善口岸通关机制，促进港口通关有效整合，推动实现地方电子口岸的互联互通和信息共享，提升口岸通关便利化程度，率先在全国推行"整车进口一体化"快速通关。加强与国内港口物流信息服务、电子口岸服务、跨境电商服务、大型物流企业信息服务等资源的互联互通，指导企业通过"经认证经营者"（AEO）和美国海关—商业伙伴反恐计划（C—TPAT）外国制造商安全标准认证。对进口台湾农产品实行"源头管理、口岸验收"快速检验检疫模式，检验放行时间从5—7 天缩短到 1—2 天。

（二）国际产业合作成效明显，贸易畅通前沿平台水平提升

国际产业合作是推进供给侧结构性改革的重要途径，也是"海丝"核心区建设的重中之重。几年来，福建紧紧抓住"一带一路"建设的机遇，着眼于开放包容、共建共享，以基础设施建设及工程机械、电子信

息、建筑建材、轻纺等产业为重点,推动福建优势产业和生产环节梯度转移,通过沿着"一带一路""走出去"、面向"一带一路""请进来",推动更高水平、更大规模、更宽领域的对外开放。2016 年福建对"海丝"沿线国家和地区,合计出口 1822.9 亿元,对印尼、柬埔寨、马来西亚等"海丝"沿线国家和地区的投资项目有 96 个,主要涉及采矿业、远洋渔业、现代农业、房地产等领域,对外投资额 22.3 亿美元,同比增长61.6%。福建与东盟的国际产业合作主要体现在以下方面。

一是与东盟经贸合作持续加强。福建与东盟沿线大多数国家产业互补性强,经贸合作的基础条件较好,前景广阔。中国改革开放后,福建成为最早与东盟国家开展经贸合作的地区之一,东盟也一直是福建重要的经贸合作伙伴。近年来,随着福建海丝核心区、自由贸易试验区建设的推进,以及中国—东盟自贸区的有效升级,福建与东盟经贸合作日益密切,东盟成为福建海丝核心区建设中对外交流合作的重点区域。2016 年,福建对东盟进出口 1635.3 亿元,增长 7%,其中对东盟出口 1128.2 亿元,增长7.3%;从东盟进口 507.1 亿元,增长 6.1%,东盟在福建主要贸易伙伴中居第三位。

东盟还是福建利用外资的主要来源地区之一和福建企业"走出去"的重要地区。截至 2015 年年底,福建已累计吸收东盟国家的直接投资3927 项,合同外资金额 126.14 亿美元,实际利用外资 93.91 亿美元;累计核准在东盟国家设立的境外企业和分支机构共 223 家,对外投资额20.07 亿美元,分布在东盟 10 个国家。

二是海洋合作展现新亮点。作为海洋大省,福建与"海丝"沿线国家和地区的海洋合作具有广阔的发展前景。福建建立了中国—东盟海产品交易所,截至 2016 年年底实现现货成交额 7.66 亿元,发展渔业企业会员近 400 家,马来西亚、越南和缅甸分中心的筹建工作稳步推进。在"一带一路"沿线的印尼、缅甸等国建立了一批远洋渔业综合基地和海外渔业、养殖业基地，数量与规模保持全国第一。在渔业、港口合作逐渐扩大的同时，福建还积极拓展临港工业、海洋科技、海洋环保、海洋教育与文化等领域的合作。目前，福建正加快建设中国—东盟海洋合作中心，初步明确争取中国—东盟海上合作基金支持。依托国家海洋局第三研究所和海岛研究中心，与东盟国家和斯里兰卡联合开展海岸带侵蚀防护研究。厦门大学海洋碳汇与未来地球协同创新中心与中海油初步达成协议，共同建设海洋碳汇时间序列监测站。

三是企业走出去稳步推进。福建企业积极在"一带一路"沿线国家布局。在肯尼亚，福建建工集团承建的东非大动脉——肯尼亚 A2 公路项目，被非洲发展银行称赞为"这是中国公司创造的奇迹"。在刚果，福建紫金矿业新探获大量铜资源，使得当地铜资源储量猛增到相当于中国当前铜资源储量的 1/3。在英国，首批 15 家福建茶企与英国合作伙伴签署了 4.86 亿元销售合同，并于伦敦设立了闽茶文化推广中心。福建茶品牌正借着"海丝"东风重新进入西方视野，中蒙俄国际旅游品牌"万里茶道"列入《建设中蒙俄经济走廊规划纲要》的项目清单。

（三）人文融合交流不断深化，民心相通重要纽带纵深发展

几年来，福建积极发挥海外侨胞的桥梁作用，精耕细作人文领域，加强与"海丝"沿线国家和地区的文化交流和人员往来，极大地促进了文化认同和民心相通，主要举措有以下几点。

一是加强文化交流合作。国家文物局已经明确由泉州市牵头，联合广州、宁波、南京、漳州等城市做好海丝申遗工作。厦门第五届南洋文化节被列为中国—东盟建立对华关系 25 周年系列庆祝活动之一。海上丝绸之路博物馆及海丝侨缘馆福州馆、厦门馆的筹建工作正在加快推进。

二是强化人文情感联系。近年来，福建支持东南亚闽籍社团开展华文

教育，推出《丝海梦寻》《丝路帆远》等一批"海丝"文化艺术精品在国内外巡演，举办了21世纪海上丝绸之路国际研讨会、第十四届亚洲艺术节、第二届丝绸之路国际电影节等活动，引导沿线国家和地区华侨华人和华侨社团加强与国内"走出去"企业的交流、服务。

三是深化教育交流合作。厦门大学马来西亚分校完成建设并投入使用，华侨大学与泰国东盟普吉泰华学校签署合作办学协议。持续实施福建省政府外国留学生奖学金等项目，支持海外青年学生来闽接受教育和开展研学旅行。持续组织侨二代、侨三代回乡参访，加强与各侨社青年团的友好交流，吸引更多沿线国家学生来闽接受华文教育，增强民族认同。

（四）体制机制逐步健全完善，政策沟通先行区效应外溢

福建历来有"敢拼会赢"的传统和敢为人先的风气，在改革开放中创造了许多好的经验做法。近年来，中央高度重视福建发展，在"海丝"核心区之外，先后出台建设福建自由贸易试验区、国家生态文明试验区、福州新区、国家自主创新示范区等。这些重大平台的建设，离不开体制机制创新。在推进海丝核心区建设中，福建把这些政策优势有机结合起来，以制度创新为核心，加大先行先试力度，不断拓展与沿线国家和地区交流合作的新途径。

一是有效放大自贸试验区溢出效应。围绕营造国际化、市场化、法治化的营商环境，积极开展对沿线国家和地区的开放合作先行先试，在促进投资贸易便利化，优化境外投资管理流程，放宽企业申请对外承包工程资格的资质限制，进一步简化境外投资项下外汇登记、对外担保等外汇管理手续等方面加大创新力度，加快创新成果复制推广，形成区内区外联动发展局面。

二是完善区域合作交流机制。加强政府间交流协调以及与相关国际和地区组织的合作，完善与有关国家在投资保护、金融、税收、海关、人员

往来等方面合作机制。加强与广东、浙江等周边省市区合作共建 21 世纪海上丝绸之路建设协作网络。深化闽台经贸合作，吸引台资企业借道福建拓展东盟出口市场，促进福建、东盟、台湾地区三地间的物资和资金流动，形成一体化的统一市场，实现互利共赢。

三是金融创新激发新动力。福建在全国率先推出"无间贷""连连贷"等小微企业无还本续贷产品；在全国率先开展林权抵押贷款，贷款余额居全国前列；在全国率先开发上线投保人记录系统；两岸货币双向兑换不断发展；福建自贸试验区成为两岸金融创新合作的示范区；泉州金融服务实体经济试验区通过政企银上下联动，形成了多层次、全方位的金融服务模式，有效提升了金融服务实体经济的质量和水平。

◇◇三 在更高水平上进一步推进 21 世纪海上丝绸之路核心区建设

建设"海丝"核心区，福建具有独特优势。福建将以提升"五通"水平为主轴，以设施联通为优先领域，以贸易畅通为重点内容，以资金融通为重要支撑，以政策沟通为重要保障，以民心相通为社会根基，进一步加强与"海丝"沿线国家和地区各领域的交流合作，集中力量推动实施一批重大项目，打造合作样板工程，争取更多项目列入国家"一带一路"重大项目储备库，使"带"连得更顺、"路"走得更通，更好地服务"一带一路"战略。

（一）突出互联互通，建设通陆达海的重要枢纽

发挥福建港口群优势，着力加大投资力度，建设现代化港口，完善以

铁路、高速公路和海、空港为主骨架主枢纽的综合交通网络,畅通与"海丝"沿线国家和地区的通道连接,打造通陆达海的重要战略通道。主要可从以下几方面着力。

一是加快海上互联互通合作建设。加快建设厦门东南国际航运中心和泉州海陆丝绸之路新枢纽。鼓励与东盟国家的港口、航运企业互设分支机构,推进港口合作建设与经营,增开海上航线航班,推动沿海更多港口与海丝沿线重要港口缔结共建友港关系,推进中欧安全智能贸易航线试点,做大海丝物流通道。二是统筹布局海上丝绸之路的航空运输节点。加强枢纽机场建设,重点推进厦门新机场建设,加快推进福州长乐机场二期扩建、泉州新机场、武夷山机场迁建等工程建设。积极开通或加密至海丝沿线国家和地区的空中航线,推动增开至东南亚、西亚、欧洲、美洲等国际航线。三是完善海陆联运通道。加大已纳入国家铁路网规划的干线铁路项目推进力度,加快建设福建地域内高速公路。积极拓展港口腹地,加快物流园、陆地港等物流配套设施建设,鼓励发展海铁联运,打造服务中西部地区对外开放的重要出海通道。四是推进口岸便捷通关。加强与金砖国家、"海丝"沿线国家和地区在通关、检验检疫、认证认可、标准计量等方面合作,促进口岸货物通关和人员往来便利化。五是积极打造"海丝"重要物流枢纽。建设与"海丝"沿线国家和地区进出口贸易相衔接的物流通道、物流枢纽、物流中转基地,建设全国性、区域性物流节点以及"海丝"沿线地区的物流节点,建设物流企业总部和区域性供应链管理中心。

(二) 聚焦产业合作,建设经贸合作的前沿平台

发挥产业互补优势,坚持"引进来""走出去"相结合,重点扩大与东南亚、南亚、西亚、中亚、东非、北非等地的投资和劳务、技术等领域

合作，积极开拓国际市场，打造我国新时期扩大对外开放合作的先行先试区域。可采取以下措施。

一是打造民营企业走出去的服务高地。民营经济在福建经济中的比重超过 65%，拥有一大批敢拼敢闯的民营企业。福建将努力成为我国"走出去"战略的政策叠加地和突破口，成为我国民营企业走出去的总部基地、海外华人华侨企业拓展全球市场的总部基地以及"海丝"沿线地区企业对接合作的服务高地。二是重点培育本省跨国企业。引导本省企业转型升级，把成熟过剩的产能转移到合适的地方，为发展设计、研发、管理、资金结算等高端环节腾出空间。通过构筑国际营销网络，推动出口增长和自主品牌扩张。通过兴办境外加工点，盘活过剩产能、减少中间环节和规避贸易壁垒。通过境外收购资源基地，保障资源的可靠供给，增加对大宗商品的定价权。通过跨国并购、股权合资战略联盟等多种途径嵌入跨国公司现有的全球价值链，缩短技术进步周期。三是共建产业合作园区。引导闽企利用好境外园区建设相关资金，赴"海丝"沿线国家和地区建设境外产业园区和商贸物流、原材料加工及传统优势产品生产基地，拓展和延伸产业链；吸引新加坡、马来西亚等国家与地区来闽合作建设产业园区，合作推进产业转型升级。四是引导外资投向福建重点产业和产业链关键环节。积极吸引全球行业龙头企业和细分领域龙头企业来闽投资，投向重点产业和战略性新兴产业的关键环节，促进产业链向高端领域延伸。大力发展"采购东盟初级原材料——福建加工——返销东盟"和"东盟加工——采购福建高端原材料"等产业合作模式，实现区域产业互补发展。

（三）大胆先行先试，建设机制创新的先行区域

发挥"多区叠加"政策优势，以制度创新为核心，加强政策沟通，

扩大对"海丝"沿线国家和地区的开放与合作，促进人财物等要素跨境有序流动、高效配置和市场融合。主要举措包括以下几方面。

一是进一步扩大自贸试验区溢出效应。以"一带一路"建设引领自贸试验区发展，对标国际先进规则，深入推进各领域改革创新；进一步提升政府治理水平，持续推进简政放权、放管结合、优化服务；加强改革系统集成，力争取得更多可复制可推广的制度创新成果；进一步发挥沿海近台优势，深化对台经济合作；加快培育功能性平台，做大经济流量，更好地服务全国改革开放大局。二是加大金融开放和创新力度。发挥福建民营经济发达、民间金融活跃的优势，深化金融体制改革，推动金融创新，探索金融资本和产业资本的融合，建设金融开放的区域高地，进一步拓展资金融通试验田功能。重点建设好泉州金融服务实体经济试验区，整合现有地方财政资金渠道，扩大福建省现代蓝色产业创投基金规模和投向范围，增加中资金融机构海外网点建设，鼓励和支持企业开展以境外资产、股权等权益为抵押开展贷款，建立海外投资保险支持机制等。在海峡股权交易中心的基础上，进一步扩大服务范围、增强服务功能，探索建立成为专业服务中小台企的股权交易场所。同时，探索建立面向"海丝"沿线国家和地区的企业股权交易平台。进一步改善外汇管理服务，简化货物进出口收付汇业务办理手续和程序。支持中国—东盟海产品交易市场在东盟各国设立分中心，同时推动建设中国—东盟海产品期货交易市场。三是打造便捷口岸通关体系。依托福建国际贸易"单一窗口"平台，在现有泛珠四省区海关区域通关一体化的基础上，推进省内国际贸易"单一窗口"平台与新加坡等东盟国家和台港澳地区开展对接合作。四是加强区域合作交流。以加强信息沟通和港口航运、口岸通关等重点，进一步加强与"一带一路"重点省份和周边省区协作。积极利用泛珠三角区域合作等跨省区域合作机制，推动福建与更多省份实现通关一体化。五是探索特殊人才出入境便捷机制。在福建自贸试验区、平潭综合试验区等特殊区域争取试行方便华人华侨出入境的便捷制度，争取在特殊区域试点引入东南亚劳工，探索实施外国人来华工作许可制。

（四）着眼民心相通，建设人文交流的桥梁纽带

发挥海外华侨华人资源和文化认同优势，深化与海丝沿线国家和地区的教育、文化、旅游等人文交流，打造人文社会深度融合的重要基地。主要可采取以下措施。

一是充分发挥侨的人脉作用。整合闽籍华侨华人网络资源，推动东南亚各国的闽籍华侨华人社团建立常态化联系沟通机制。推动东盟各国政府、行业商协会和闽籍华侨华人社团在福建集中设立办事机构和侨商总部，形成福建与东盟政府机构、社团和行业商协会之间的沟通协调网络。做好"海丝"沿线地区新华侨华人和华裔新生代工作。发挥闽籍重点侨团作用，主动对接重点侨商，邀请侨商来闽考察投资，吸引华商参与、促进沿线国家和地区重要基础设施、产业园区等合作项目建设。引导沿线国家和地区华侨华人、华侨社团加强与"走出去"企业的交流、服务。二是打造 21 世纪海上丝绸之路的旅游经济走廊。借鉴闽港澳台旅游合作经验，进一步将海峡旅游圈拓展至东盟。建立跨省及与东盟合作的新机制和新平台，整合富有特色的旅游产品，开辟海上丝绸之路旅游线路，共同开发客源市场，联合宣传营销，共建环南海旅游经济圈。争取将赴港澳台个人游的政策延伸至东盟地区，简化游客的出入境手续；将向港澳台开放的旅游投资政策延伸至东盟地区。三是加强社会和文化各领域的交流合作。推动建设"海丝"城市联盟，推进青年、智库、非政府组织、社会团体等的友好交流，加强对"海丝"沿线地区文化、教育、卫生、医疗等领域事业发展的帮扶与支持。引导组织南洋华裔族群来闽寻根谒祖，推动社会人文的深度融合。推广闽茶文化，开展

"闽茶世界行""闽茶万里行",将茶叶、茶馆、茶文化推向世界。探讨闽台联手共同打造闽南文化品牌,探索在东南亚国家设立一批"闽南书院"。广泛联系闽侨海外中餐馆,树立和推广福建著名餐饮品牌。加强对海外华人社群的文化支持,积极为闽籍华侨华人聚居地的孔子学院、孔子课堂和华文学校提供师资等多方面支持,加强对来闽留学生的奖学金支持。四是丰富文化交流活动。加大"海丝"题材文化艺术精品创作推广力度,做好"古泉州(刺桐)史迹"世界文化遗产申报工作,继续推进"海上丝绸之路·中国史迹"和"万里茶道"申遗工作,大力推进与沿线国家和地区的旅游交流合作。

(五)加强对接融合,建设两岸共同家园

着力发挥福建对台优势,探索实现两岸投资贸易自由和资金、人员往来自由的路径和举措,促进两岸经济全面对接和深度融合,在社会管理、人文方面融入台湾元素,借鉴台湾社会组织的培育管理方式、社区治理和营造,打造两岸交流合作的重要前沿平台。主要可从以下几方面着手。

一是密切两岸经贸合作。加快建立更加紧密的两岸交流合作机制,促进闽台之间货物、服务、资金、人员流动更加便利。挖掘对台政策潜力,推进更多对台开放的创新举措,深化两岸经济合作。着力打造对台标志性项目,采取有效措施扶大扶强,形成对台合作示范效应。二是携手拓展国际合作。加强产业的分工合作与协同发展,支持闽企与沿线国家和地区的台企加强合作,携手共同拓展东盟等国际市场。三是打造两岸同胞共同生活的宜居区。实行灵活、开放、包容的对台政策,推动与台湾社会、文化、教育的融合。有步骤地开放台湾地区的广播影视、图书报刊、出版发行、网络等领域,丰富台胞在示范区的精神生活。允许台湾机构独立在闽设立外籍人员子女学校,合资举办高等教育机构、培训机构、教育中介服

务机构等。推进平潭国际旅游岛建设，着眼于深化闽台融合，合理借鉴台湾社会管理和社区服务的经验做法，探索实施"一区两标"，鼓励台胞共同参与社区规划、建设及后续运营管理，构建两岸融合示范社区，努力打造两岸同胞合作建设、先行先试、科学发展的共同家园。

第二章 发挥新疆地缘优势推进丝绸之路经济带核心区建设

马建华①

【摘要】居于丝绸之路经济带建设中的特殊重要位置，新疆自古以来就是东西方文明的交汇之地。在制定出台了一系列政策与规划，并向着交通枢纽中心、商贸物流中心、金融中心、文化科教中心、医疗服务中心发展的同时，新疆丝绸之路经济带核心区的建设也亟待解决日渐凸显的基础设施建设滞后、周边国家投资环境有待改善、暴力恐怖和极端主义等问题。

新疆地处亚洲腹地，周边与八个国家接壤，是中国向西开放的重要门户。在推动丝绸之路经济带建设大背景下，无论是从地理位置、资源禀赋，还是历史渊源、文化特征来讲，新疆都有着天然而特殊的优势，居于特殊重要的位置。同时，新疆这些年来在基础设施建设、对内对外开放等方面的长足进步，也为新疆在丝绸之路经济带建设中抓住机遇、有所作为奠定了重要基础。正是基于这种优势和基础，国家在"一带一路"规划布局和愿景行动中，已经明确要把新疆建设成为丝绸之路经济带核心区。

---

① 马建华，新疆维吾尔自治区人民政府发展研究中心（政府研究室）副主任。

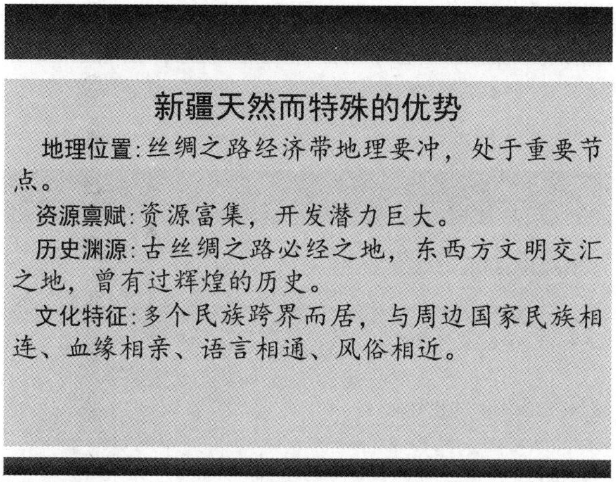

新疆天然而特殊的优势

地理位置:丝绸之路经济带地理要冲,处于重要节点。

资源禀赋:资源富集,开发潜力巨大。

历史渊源:古丝绸之路必经之地,东西方文明交汇之地,曾有过辉煌的历史。

文化特征:多个民族跨界而居,与周边国家民族相连、血缘相亲、语言相通、风俗相近。

图 2.2—1　新疆推进丝绸之路经济带建设的优势

资料来源:笔者整理。

几年来,新疆积极推进丝绸之路经济带核心区建设,并已取得了一系列实实在在的进展。

在政策与规划层面,我们围绕"核心区"定位,制定出台了关于推进新疆丝绸之路经济带核心区建设的《总体规划》《实施意见》和《行动计划》,并围绕"五大中心"建设,分别制定了工作方案、编制了专项规划。

在实践层面,积极创造条件,全面启动"五大中心"建设,并在许多方面取得了实实在在的进展。在交通的互联互通方面,一批铁路、公路和民航重大标志性项目落地。总投资 330 亿元的乌鲁木齐国际机场改扩建工程即将开工建设。在商贸物流方面,积极搭建对外开放与合作的平台和机制。乌鲁木齐国际陆港区项目已全面启动,开行新疆西行国际货运班列。在人文交流方面,举办国际民族舞蹈节等大型活动,组织实施国际科技合作项目,开展对外医疗服务、策划推出跨境旅游产品。在金融服务方面,率先开展了跨境直接投资人民币结算试点,积极吸引民营资本和外资来疆设立各类金融机构,巴基斯坦哈比银行中华区总部已落户乌鲁木齐。

· 政策规划

《关于推进新疆丝绸之路经济带核心区建设的实施意见》(2014—2020年)

《关于推进新疆丝绸之路经济带核心区建设的行动规划》(2014—2020年)

《丝绸之路经济带核心区商贸物流中心建设规划》(2016年—2030年)

《推进新疆丝绸之路经济带核心区医疗服务中心建设方案》《丝绸之路经济带核心区医疗服务中心建设规划》

交通枢纽中心、金融中心、科教文化中心规划正在编制中

图 2.2—2　新疆推进丝绸之路经济带建设的实践

资料来源:笔者整理。

· 项目建设

互联互通: 乌鲁木齐国际机场改扩建工程等一批铁路、公路和民航重大标志性项目开工建设。

商贸物流: 搭建对外开放的平台和机制(乌鲁木齐国际陆港区项目已全面启动,开行新疆西行国际货运班列)。

人文交流: 举办大型活动,组织科技合作项目,开展对外医疗服务,推出跨境旅游产品。

金融服务: 开展跨境直接投资人民币结算试点,吸引民营资本和外资来疆设立各类金融机构。

图 2.2—3　新疆推进丝绸之路经济带建设的成果

资料来源:笔者整理。

　　根据新疆推进丝绸之路经济带核心区建设的《总体规划》，未来将重点围绕"五大中心"，建设"十大产业集聚区"。"五大中心"，一是交通枢纽中心，主要是通过大通道和枢纽项目建设，构建联通整个"丝绸之路经济带"的铁路、公路、航空等综合交通体系；二是商贸物流中心，主要是依托综合交通运输网络和商贸物流体系，发展适应国际采购、国际中转、国际配送要求的国际物流；三是金融中心，主要是逐步完善金融机构体系，为我国与中亚区域贸易和投资便利化提供金融支持；四是文化科教中心，主要是发挥新疆一体多元的文化优势，广泛深入开展与周边国家的文化科教交流活动；五是医疗服务中心，主要是发挥新疆医疗服务和人文交流优势，建立与中亚各国之间的医疗合作关系。"十大产业集聚区"包括机械装备、轻工产品、纺织服装产品、建材产品、化工产品、金属制品、信息服务业、油气资源加工、矿产品加工、农林牧产品等产品的加工产业集聚区。

　　"十三五"期间，新疆将以核心区建设为统领，继续围绕五大中心建设，推进双向开放、深化互利合作，力争核心区建设在关键环节和重点领域取得新突破。一是进一步完善政策规划体系。出台推进核心区建设指导意见和专项规划，配套研究相关支持政策，落实与周边国家的合作规划。二是继续促进基础设施互联互通。贯通北、中、南三条综合陆路运输通道。打造"丝绸之路空中走廊"。三是加快推进开放平台建设。加快物流基础设施和信息平台建设，落实通关便利化措施。四是加强国际产能合作。鼓励和支持新疆企业扩大境外投资，形成若干境外产能合作示范基地。五是进一步扩大人文交流。加快新疆中亚文化交流中心、新疆丝绸之路经济带旅游集散中心等项目建设，积极推进自治区国际医疗中心等项目建设。六是提升金融服务水平。支持外资银行机构来疆设立独资银行和中外合资银行。完善人民币跨境业务的相关政策。

- "核心区"建设,将为新疆的发展创造更好的条件、拓展更大的空间,是新疆面临的**最大机遇**。
- 新疆在"核心区"建设中具有不可替代的重要地位,理应有所作为、**做出贡献**。
- 新疆将抓住机遇,充分发挥自身优势和大通道作用,进一步提升开放程度,使新疆从过去的"口袋底"变成国家向西开放的门户和前沿。

图 2.2—4 新疆推进丝绸之路经济带建设的意义

资料来源:笔者整理。

第三章 在合作共赢中推进"一带一路"建设

袁 东①

【摘要】作为一个拥有众多"一带一路"沿线国家为成员国的多边开发金融机构,亚投行不仅对"一带一路"建设高度重视,并且对改善借款国的城市设施、交通、能源供给能力和使用效率,促进国际产能合作具有重大作用。以基础设施互联互通为主要切入点,亚投行将与其他多边发展组织一道,积极培育发展中国家及其项目主体直接进入资本市场的融资能力,在合作共赢中推进"一带一路"建设。

本着共商共建共享的精神,中国领导人提出了"一带一路"倡议。这一倡议的一个方向,就是基础设施的互联互通。

对基础设施的大力投入与建设,基础设施互联互通网络的形成和改善,不断提升着产业承载能力,使快速推进工业化和城市化,变得水到渠成。这是过去几十年新兴市场和发展中国家,尤其是中国,所积累起来的发展经验。至少中国经验表明,开发性金融机制,在促进基础设施投资、建设和根本改观方面,有着重大作用。这已被众多国家所认可。

开发性金融机制的先导性,对政府和市场作用的融合性,对私人资本的广泛动员性,对中长期融资市场的培育和促进力,对投融资风险的缓冲

作用，都是基础设施建设所内在需要的有效机制。在这一方面，中国同样积累起了令人信服和钦佩的经验。

正是基于包括中国在内的新兴市场和发展中国家的经验积累，中国领导人倡议筹建亚投行。亚投行的成功筹建和开业运营，壮大了世界多边开发性金融力量，增大了对亚洲发展中国家基础设施建设的支持力度。可以清醒地看到，全球基础设施的投资需求巨大。近几年，各类机构有着多种测算，所得到的基本共识是世界范围内的基础设施投资有着巨额缺口，其中大部分发生在亚洲。

这一背景，对于多边开发金融机构而言，不仅意味着自身的直接投入，需要不断加大，更意味着，必须充分发挥起动员、撬动、引领和挤入私人资本的作用，必须逐步将发展中国家及其项目主体直接进入资本市场的融资能力培育起来，最终必须将亚洲债券市场推动发展起来。

粗略统计，截至 2015 年年底，全球十几家多边开发金融机构，总的法定认缴资本金在 9500 亿美元左右，实缴资本资金不到 700 亿美元，实缴比率普遍较低，平均不到 8%；总资产大约在 1.3 万亿美元，净资产不到 2000 亿美元，贷款余额不到 9000 亿美元。2015 年，所有多边开发金融机构投入基础设施的资金，占当年全球基础设施投资总额的 5%。

如果仅从直接投资数额看，多边开发金融机构的投入，相对于巨额需求，可以说杯水车薪。如果不能将其投资发挥出先导引领的撬动作用，多边开发金融机构的意义将受到较大抑制。当然，已有的机构已经积累了一些经验，伴随其资金投入，为发展中国家带来了有利于发展的一些概念、知识以及相关的机制。

对此，作为后来者的亚投行，在首个运营年度就打出了良好开局。全年共计为七个亚洲发展中国家的九个项目提供了 17.27 亿美元的贷款，撬动公共和私营部门资金 125 亿美元。这些项目的投资建设，对改善借款国的城市设施、交通、能源供给能力和使用效率，推进国际产能合作，促进区域互联互通具有积极意义。

对于亚投行今后的运营与发展，金立群行长在各种场合一再公开阐明了一些相关构想。

——作为 21 世纪的新型多边开发金融机构，亚投行除了继续与其他多边开发机构展开联合融资外，还将启动与相关国家的开发机构和商业性金融机构的联合融资或者平行融资。与此同时，坚持数量与质量并重的原则，不断增强自主项目的开发、储备、审核和执行能力。

——除了尽快建立起常规性的债券融资机制外，还将探索同各类私人资本的务实有效合作，促进私人资本参与基础设施投资。就中长期而言，将连同相关方面，一起努力，积极帮助发展中国家增强进入资本市场的融资能力，这包括研究如何以基础设施项目债券为主体，支持发展中成员国的本土债券市场发展，在此基础上，推进亚洲债券市场发展，切实增强亚洲基础设施的综合性投融资能力。这是亚投行应当也必将能够发挥的基础性、开发性、支撑性和引领性作用所在。

——亚投行的项目采购政策明确规定，本着公开公平的原则，向全球企业开放。在诸多基础设施领域，无论是新建项目，还是传统项目的智能化升级改造，对各类企业都意味着大量商机。欢迎各成员国企业积极参与投标，为亚投行项目提供高质量的产品、技术和服务，在服务于亚洲互联互通的同时，进一步拓展各自的国际化空间。

——作为一个多边机构，尽管亚投行并非专门为"一带一路"所设，但对"一带一路"高度重视，将以基础设施互联互通为主要切入点，与其他多边发展组织一道，积极参与推进"一带一路"建设。实际上，众多"一带一路"沿线国家也是亚投行的成员国，只要有符合亚投行贷款原则的项目，亚投行就会给予支持。另一方面，对于其他地区的成员国，亚投行丝毫也不会忽视，同样给予积极支持。随着成员国数量的增多，亚投行将会综合考虑资金分配，以便让所有成员国都能获益。

"一带一路"建设，以及更广泛的全球经济一体化推进，都要求对基础设施互联互通建设进行持续的投入。这不仅需要多边开发金融机构之间的密切合作，也需要多边机构同各国公共与商业机构的密切合作，在合作的主基调里，发挥出多边开发性金融机制的应有作用。

第四章　中非发展基金助力中非产能合作

迟建新①

【摘要】中非发展基金致力于支持中国企业"走出去"开展对非投资合作，在过去九年的运营中成绩显著并探索形成了包括直输优势产能、以投资促贸易扩外需、提升农业深加工能力、打造集群基地、改善基础设施、投资开发创新等主要合作模式。在提出继续聚焦产能合作以及与之相关的基础设施和民生领域的同时，作者认为中国应在制定总体规划、加强政策协调、夯实政治互信和发挥国企私企比较优势方面积极推进以促进对非投资合作的增量提质，并采取有效措施，既鼓励企业投资，又规范企业行为，树立良好的中国企业形象，通过市场化方式，实现国家对非战略，推动中非务实合作。

非洲在资源禀赋、市场容量和劳动力供应等方面拥有巨大潜力，对中国当前和长远发展意义重大。通俗地讲，十年之内看亚洲，十年之后看非洲。而非洲正处在工业化发展初期，迫切需要外来投资，提升工业发展能力。正是在这个大背景下，2006 年中非合作论坛北京峰会上提出设立中非发展基金（以下简称"中非基金"），在不加重非洲国家债务负担的情况下，通过市场化的股权投资基金运作方式，为实现非洲工业化和经济腾

---

① 迟建新，中非发展基金党委书记、董事长、高级工程师。

飞提供投融资支持，对接中国优势产业。中非基金开业运营九年的实践证明，这一举措有效提升了非洲国家的经济造血功能。中非基金在中非产能与投资合作中发挥了桥梁纽带和先行先试作用，所投资的许多项目已成为中非务实合作和互利共赢的典范。这不仅为非洲国家带来了资金、适宜技术和发展理念，也帮助当地创造就业、增加税收和出口创汇，得到非洲东道国的普遍欢迎。就中国而言，通过依托中国与非洲长期深厚的政治合作和良好的经济互补性，进一步发挥中非基金的作用，引导和带动中国企业扎根非洲面向全球，提升企业国际竞争力，实现中国发展崛起整体布局。由此，这既可抓住中国发展的重要战略机遇期，也契合当下中非合作紧迫的时间窗口期发展需求。

◇◇一 对非投资是构建中非利益共同体的重要抓手

非洲是中国维护和扩展国家利益的重点地区，开展对非合作是中国经济发展和外交战略的重要组成部分。近十多年来，中非经贸合作迅猛发展，已形成全方位、立体式的格局，取得多方面成功的经验，但也面临着发展进程中不断出现的新问题和挑战，涉及的利益关系也越来越广泛和复杂。中非传统友谊和政治互信基础坚实，但随着非洲新一代领导人逐渐走上前台，非洲国家的政治生态开始发生变化，许多继任者深受西方文化及价值观影响，奉行务实外交，在东西方之间周旋。他们与中国合作，越来越看重中国的资金、发展经验、技术和管理，以帮助他们发展经济、巩固政治地位。

持久的政治合作有赖于牢固的经济交融。非洲作为全球最大的发展中大陆，资源和市场潜力日益显著，尤其是经过连续十多年的持续增长，很多非洲国家已经进入经济腾飞的轨道。习近平主席在 2015 年 12 月中非合作论坛约翰内斯堡峰会（以下简称"约堡峰会"）上指出，非洲"快速发展势头锐不可当"。"非洲拥有丰富的自然和人力资源，正处于工业化的兴起阶段。"① 因此，非洲国家普遍期待加快工业化进程，谋求自主可持续发展，发展需求迫切而任务繁重。非洲国家最大的优势是自然资源和人口资源丰富，最大的愿望是将潜在优势转化为实实在在的发展优势，但也面临资金缺乏、基础薄弱、市场狭小、渠道不畅和政策不配套等多种障碍。大多数非洲国家的负债能力非常有限，而通过吸收直接投资，发展具有商业价值的企业或项目，以企业自身效益带动当地就业、出口、税收及产业升级，必然是提升非洲自主可持续发展能力和经济"造血"功能的着力点。中国扩大对非投资，适应了非洲的诉求，能够帮助其建设基础设施、发展工业，增强自主发展能力。同时，这对中国增加出口，转移产能，输出技术、管理和标准，获取短缺资源，培养国际化人才等都极为重要。

中非投资合作前景广阔，机遇大于挑战。中国与非洲发展阶段相近，经济互补性和产业承接性良好。纵观世界各国包括中国的发展历程，经济起飞之初仅靠自身力量难以实现快速发展，而利用外国直接投资，获得资金、设备、技术和管理经验，则是推动本国工业化进程、带动经济和贸易发展的有效途径。中国具有 40 年快速发展的经验以及生产要素方面的相对优势，通过对非投资，支持非洲"三网一化"② 建设，开展产业对接和产能合作，将有助于推进非洲大陆的工业化进程，有利于促进中国供给侧结构性改革，助力非洲实现"2063 年愿景"和中国"两个一百年"的奋

---

① 习近平：《开启中非合作共赢、共同发展的新时代——在中非合作论坛约翰内斯堡峰会开幕式上的致辞》，《人民日报》2015 年 12 月 5 日。

② "三网一化"指的是中国与非洲合作建设非洲高速铁路、高速公路、区域航空"三大网络"，并促进非洲工业化进程。

斗目标。中非之间优势互补是历史性机遇。李克强总理 2014 年 5 月访非时，提出 2020 年中国对非直接投资迈向 1000 亿美元的目标，中非投资合作的前景非常广阔。

过去几年受大宗商品价格下行等多重因素影响，非洲国家的发展速度受到一定冲击，也在一定程度上影响了国际投资者的信心。但非洲发展的动力和活力依然强劲，发展长期向好的趋势没有改变。随着约堡峰会提出的中非"十大合作计划"的推进落实，以及非洲政治、经济和投资环境的不断改善，将会有更多的中国企业踏上非洲投资之旅。

◇◇二　中非基金的运行机制与取得的主要成效

中非基金的诞生和发展，既契合了中非共同发展的需要，也有力地对接和促进了这一进程。中非基金是中国政府 2006 年中非合作论坛北京峰会宣布设立的股权投资基金，旨按照市场化的原则，鼓励支持更多的中国企业"走出去"开展对非投资合作。中非基金自 2007 年 6 月投入运营以来，把有意赴非投资的中国企业和非洲的投资项目连接起来，已成为"中国企业对非投资的主力平台"，为贯彻中国政府对非政策、巩固中非友谊、增进政治互信发挥了积极作用，在助力对非合作提质升级、支持非洲发展的同时，也实现了自身的良性发展，蹚出了一条以市场化方式服务中非合作的路子。这充分表明，中国政府设立中非基金的决策是正确的，也符合中非战略合作的实际。

（一）中非基金运作机制

中非基金是中非合作论坛的产物，是在对非贸易、工程承包和传统贷款等融资等模式之外，推动中非务实合作的重要创新之举。中非基金初始设计规模 50 亿美元，由国家开发银行承办。2015 年 12 月习近平主席在约堡峰会上宣布，为支持中非"十大合作计划"实施，为中非基金增资50 亿美元，基金总规模提升为 100 亿美元，这既体现了中国国家领导人对中非投资合作的重视和对中非基金作用的肯定，也为中非基金支持中国企业进一步扩大对非投资合作创造了条件。

中非基金通过与中国企业投资合作，包括对非洲的企业及项目投资参股，帮助企业解决资本金不足问题，同时也为企业提供咨询服务（图 2.4—1）。具体而言，一是帮助企业解决在非洲投资的资本金，分担企业投资非洲的风险；二是发挥中非基金熟悉非洲国情和投资环境的优势，提供增值服务，帮助企业解决投资非洲的问题和困难；三是发挥桥梁作用，为国内企业赴非投资寻找好项目，为非洲企业和非洲项目寻找中方合作伙伴。

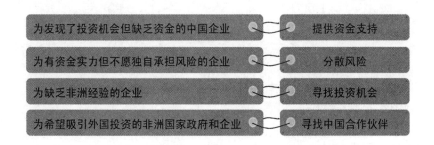

图 2.4—1　中非基金在中非投资合作中发挥桥梁纽带作用

资料来源：笔者整理。

中非基金主要支持中国企业赴非投资，也可帮助非洲项目寻找中国企业开展合作，符合条件的企业均可以申请。中非基金投资方式主要是股权投资（直接以普通股方式投资企业或项目），也可以是准股权投资（包括优先股、可转换债、混合资本工具等形式），还可以作为"基金的基金"，即在符合国家对非外交和经贸合作政策的前提下，将适当比例资金投资于其他基金。具体合作模式包括平台模式、直投模式和参股模式（图2.4—2）。在对非投资合作项目中，中非基金作为财务投资人，一般不控股、不做第一大股东，不参与项目的日常管理，而是通过派驻董监事、财务管理人员来监控企业运营。中非基金对单个项目的持有期一般为5—8年，原则上不超过10年，适时实现投资退出。

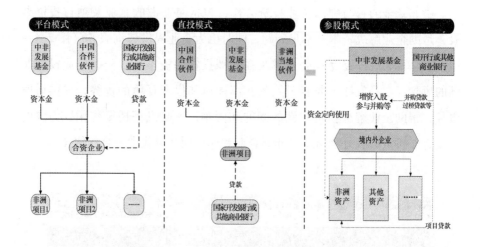

图2.4—2　中非基金主要投资合作模式

资料来源：笔者整理。

（二）中非基金主要投资领域及其成效

中非基金运行九年来，紧紧围绕国家发展和外交大局，做了大量卓有成效的工作。截至2016年6月底，中非基金累计跟踪分析了500多个对非项目，已决定对分布在36个非洲国家的87个项目投资，总额超过35亿美元，形成了基础设施、产能合作、农业民生和能矿资源四大板块（图

2.4—3）。① 这些项目全部实施后，可带动中国企业对非投资约 170 亿美元，带动非洲国家出口 20 亿美元，增加税收 10 亿美元，直接惠及 100 多万当地雇员及其家庭和项目所在地社区民众，在提升中国对非洲国家影响力、巩固中非传统友谊、增进政治互信方面发挥重要作用。

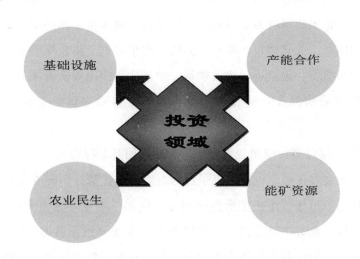

图 2.4—3　中非基金投资领域的四大板块

资料来源：笔者整理。

1. 巩固中非传统友好，深化新型务实合作

中非基金投资了一批有影响、促民生的项目，得到了中央领导和非方政府高层肯定。例如，中非基金主导投资的利比里亚邦州铁矿项目，是利比里亚最大的外资项目，瑟利夫总统称赞该项目"点燃了邦州人民黯淡的希望之火"。近年来，中非基金相关项目或活动得到多位中国国家领导人，以及南非、埃塞、肯尼亚、利比里亚、加纳、马拉维等 20 多个非洲国家政府首脑的赞扬，有力巩固和深化了中非传统友好和务实合作。

① 本章所有关于中非基金的数据（包括图示）均来自内部资料。

2. 引领对非产业合作，促进中国产能和装备走出去

中非基金在支持中国优势产业对非产能合作方面先行一步。九年来，中非基金累计在水泥、玻璃、机械、汽车、家电等行业引导中国企业投资超过 30 亿美元，形成年产中重卡汽车 1.1 万辆、空调 30 万台、冰箱 45 万台、电视 56 万台、水泥 160 万吨年的生产能力，在拉动当地经济发展、解决就业、扩大出口等方面发挥了重要作用，被多位非洲国家领导人誉为支持非洲国家工业化建设的典范。同时，在尼日利亚集装箱码头、多哥洛美港、加纳航空、南京远洋物流航运、纳米比亚湖山铀矿等项目的建设运营中，通过采购国产机器设备和备品配件，带动中国装备制造"走出去"。

3. 发挥综合平台作用，引导中国企业抱团赴非投资

中非基金发挥对非投资综合平台的组织协调优势，引导在非中国企业合力开拓非洲市场，维护国家整体利益。例如，中非基金牵头推动一汽、奇瑞、华晨、北方车辆等四家在非投资汽车组成"汽车联盟"，共享在非渠道等资源；组织召开合资企业年会，分享在非运营项目管理经验；协调企业间互利合作，避免恶性竞争。中非基金还在积极探讨与多个省市地方政府和龙头企业合作，引导企业集群式投资非洲。

4. 构建对非投资软实力，形成良好形象和品牌影响力

中非基金运营九年来，自身也在不断锤炼中迅速成长，积累了项目投资相关的前期开发策划、价值评估、法律咨询、风险管控、财务顾问、投后管理和退出机制等全流程经验，形成了非洲宏观、国别和行业研究的知识库，锻炼和培养了一批适应高水平对外开放要求的专业化团队，建立了丰富的非洲项目渠道和公共关系资源，储备了一批"三网一化"、产能合作项目。目前，中非基金形象已在非洲深入人心，成为中国与非洲项目投资和企业合作不可或缺的平台。

◇◇三　中非基金推动中非产能合作的
主要模式与未来投资重点

非洲正处在工业化和城镇化发展初期，与中国发展阶段互补，同中国"走出去"战略和产业转型升级具有很高的契合度，对中国优势产业（如钢铁、水泥、玻璃、化工、家电、装备制造等）有着迫切的承接需求。中非基金经过九年的投资实践，在支持对非产能合作和装备"走出去"方面先行一步，探索形成了一些可行的合作模式。

（一）中非基金支持中非产能合作的主要模式

1. 直输优势产能，变"中国制造"为"中非联合制造"

根据非洲发展需求，中非基金与有实力、有意愿开拓非洲市场的中国制造业企业合作在非投资建厂，提升当地生产能力、技术装备水平和管理水平，改善当地民生。例如，在建材领域，中非基金与河北冀东合作的南非曼巴水泥项目，年产水泥110万吨，是中国企业在非首个以项目融资方式运作的项目，也是南非首个水泥余热发电项目；在钢铁领域，中非基金正在与河北钢铁共同推动在南非合作建设500万吨钢铁项目，是中国海外最大规模全流程钢铁项目；在家电领域，中非基金参与投资的海信南非家电产业园项目年产45万台冰箱、56万台电视，是中国在非最大综合性家电生产项目；在汽车领域，中非基金参与投资的一汽南非组装厂年产中重卡5000辆，是中国在非最大汽车组装项目；在医药领域，中非基金参与投资的武汉人福马里药厂项目，是目前西非地区现代化程度最高的药厂。

2. 以投资促贸易、扩外需，发挥投资引领撬动作用

一方面，中非基金以投资与贸易联动方式，以中国投资项目和企业为载体和渠道，从中国采购高附加值和中间产品，直接扩大对非出口。例如，中非基金发挥股东影响力，成功推动参与投资的纳米比亚湖山铀矿项目采购中国产高端重型矿车，替代国外品牌，降低企业成本，同时也填补了中国该领域高端装备出口空白。另一方面，中非基金以非洲为"原产地"，利用美国"非洲增长与机会法案"（AGOA）的免关税、免配额优惠贸易安排，以及欧盟对非"经济伙伴协定"（EPAs）、"除武器外产品"（EBA）等免关税待遇等，开展对发达国家和地区的转口贸易。

3. 依托非洲资源禀赋，提升当地农业深加工能力

中非基金依托非洲自然资源优势，发挥中国在农业领域的优势和技术，创新与当地公司、农户合作，提升当地农业深加工能力。例如，中非基金参与投资的中非棉业项目，以"公司 + 农户"方式运作，带动马拉维、莫桑比克、赞比亚三国 20 万农户就业和增收；坦桑剑麻项目，年产剑麻纤维2600 吨左右，在"剑麻王国"坦桑全行业 32 家企业中名列第二；埃塞皮革厂项目，是非洲最大的皮革加工项目，年产 450 万张成品革，有效促进当地农产品加工和养殖户增收，该项目也是埃塞俄比亚行业内第一出口创汇大户，每年可为当地增加出口创汇 2000 多万美元，受到埃塞俄比亚政府高度重视；埃及钢板仓和饲料机械项目，是非洲首个钢板仓本地化生产项目，有效改善非洲粮食储备能力。

4. 打造集群基地，构建全产业链配套体系

中非基金通过投资支持产业集聚区、经贸合作区等园区建设，打造基础设施相对完善、法律政策配套、具有集聚和辐射效应的示范基地，引导中资企业集群式"走出去"，构建全产业链配套体系，形成综合竞争优势。例如，中非基金与天津泰达集团合资建设的中国埃及苏伊士经贸合作区项

目，吸引的中方企业投资占中国对埃及投资的 70% 以上，[①] 尽管埃及政府数度更迭，但对园区的重视和支持始终不变。中非基金与中铁建参与投资的尼日利亚莱基自贸区项目，累计带动当地就业 1500 余人。

5. 改善硬件条件，破解产能合作和装备"走出去"瓶颈

中非基金通过投资基础设施项目，把产能合作与公路、铁路、航空、远洋航运、港口建设和发电项目有机结合起来，降低项目的物流和电力成本，形成产业项目与基础设施配套的良性互动。例如，中非基金与海航合作投资的加纳航空项目，是中国首个民航"走出去"项目，也是中国首家在境外获得国际航空运输协会运行安全审计认证的中资航空公司，有效促进了西非区域的互联互通；尼日利亚集装箱码头项目，年吞吐量达 40 万标箱；加纳电厂项目，装机容量占该国发电装机的 20%，极大地缓解了该国电力短缺局面，加纳三任总统均亲临视察。同时，中非基金积极探讨统筹推进港口与临港工业园集群基地建设，助力企业"借船出海"，如中非基金正在与招商国际合作，以吉布提港为依托，一揽子推进吉布提电力、港口、公路、供水等项目。

6. 创新投资开发模式，发挥对非投资引领作用

中非基金充分利用对非综合投融资平台的优势，引导国际、国内各类资金对非投资。例如，中非基金联合葛洲坝集团等大型企业，发起设立 5 亿美元规模"中国海外基础设施开发投资公司"，通过自主开发项目，开展规划、设计、咨询、投资、施工、管理等一体化业务，拓展基础设施产业链，为策划和引领投资铺路。中非基金也在探索与国际第三方合作投资非洲，与英国国际发展部签署协议，引导中、英企业对非投资合作；中非合作论坛约堡峰会期间，分别与联合国工发组织、盖茨基金会、"非洲 50 基金"（Africa 50 Infrastructure Fund）和中国国际商会签署协议，开展对非投资

---

① 马霞、宋彩岑：《中国埃及苏伊士经贸合作区："一带一路"上的新绿洲》，《西亚非洲》2016 年第 2 期，第 110 页。

合作。

（二）中非基金下一步重点投资产业领域

习近平主席提出的中非"十大合作计划"，为中非投资合作指明了方向。中非基金将围绕落实"十大合作计划"，发挥所积累的对非投资团队、专业经验和平台优势，聚焦产能合作以及与之相关的基础设施和民生领域，进一步加大对非投资支持力度，带动更多的中国企业和资本投向非洲。

1. 在公路、铁路、区域航空、港口以及电力等基础设施领域，加大前期项目开发力度

中非基金将与中国企业扩大在非洲基础设施领域的投资，解决非洲发展的基础设施瓶颈问题。同时，为破解基础设施"好项目难找"的困境，如前所述，中非基金与多家中国企业发起设立了"中国海外基础设施开发投资公司"，就是要引导其他投资人发现机会、培育项目、运作项目寻找突破。

2. 发挥平台作用，结合中国对境外园区的鼓励政策，推动优势产业和优质企业集群式、上下游全产业链配套走向非洲，形成规模效应

从中非基金九年的投资实践来看，单个企业特别是加工制造业企业，在非洲投资建设生产以后，往往会受到上下游供应和产业链配套的制约。中非基金将与中非双方各级政府、企业和同业金融机构通力合作，将中国的优势产业聚集成群，在产业链上形成相互配套"走出去"，与非洲本地的比较优势对接，与园区建设和产能合作相结合，助力非洲工业化发展。

3. 结合中国在非工程建设企业的传统优势，带动装备、技术、服务投入，解决装备制造市场短期不成熟问题

中国装备制造业"走出去"，如果不与工程建设项目相结合，在短时间之内会有一定困难，而通过与大型建设项目相结合，工程机械设备、大型

运输设备、装载设备、重型汽车、高铁"走出去"就会相对容易。中非基金发起设立"中国海外基础设施开发投资公司",其目的之一也是要在带动中国标准、技术和装备走出去方面积极作为。

4. 与有实力的中国农业生产及加工企业合作,支持非洲农业发展,由初级产品出口向增加附加值的深加工产业链延伸,提升当地农产品的价值

发展现代农业、提升农业发展水平和发展能力是非洲实现粮食安全、保障经济可持续发展的重要途径。鉴此,中非基金也将联手国内相关企业致力提升非洲农业现代化水平。

5. 结合非洲各国政策,支持民生领域的合作,积极探索对具备商业价值的非洲医疗卫生、教育培训以及改善居住环境的民生项目进行投资

当下,非洲国家在经济取得良好增势的情况下,越来越重视投资于改善民生的社会发展项目。中非基金将会顺势而为,有选择地对那些能够产生良好社会效益和经济效益的项目进行投资,以期更好地契合非洲国家的发展需要。

◇◇四　进一步借力金融合作推动中非产能合作的思考

加强对非投资合作是当前和今后一个时期中国对外经济领域的一项重大战略。当前,非洲国家发展经济的愿望十分强烈而财力不足,迫切希望获得外来投资支持。发达国家、新兴国家均已采取举措,积极重返或参与非洲。受金融危机后续影响,西方大国短期力不从心,难有实质性举措;新兴国家增速加快,但综合优势尚不及中国。现在恰是中国对非投资的最好时机,我们必须抓住机会,推动对非投资增量提质,实现中非共同发展的"利益共同体"。

(一) 对非投资的认识和体会

中国与非洲经济互补性极强,非洲既是中国不可或缺的海外资源基地,也是中国优势产能转移的重点地区。截至 2015 年,中国对非投资年均约为 30 亿美元,仅占非洲吸引外资的 5% 左右,与中国同期对非 2000 亿美元的贸易规模极不相称。为此,2014 年李克强总理在访非时提出,到 2020 年中国对非投资存量要迈向 1000 亿美元的目标①,这体现了国家加快对非投资的高度重视和决心,也得到了非洲各界的高度认可和期盼。非洲目前总体上处于工业化起步阶段,电力、通信、交通等基础设施比较落后,加快基础设施建设、吸引产能转移是非洲各国的当务之急。中国政府提出的中非投资以"三网一化"和产能合作项目为重点,是切合中非实际的重大决策。对非项目具有资金需求大、回收周期长、短期难以见效的特点,同时,中国一些传统优势产业及企业具有走向非洲的冲动,但对非洲普遍缺乏了解,尤其缺乏企业在非洲运营管理的人才和经验。基于中非基金对非投资实践,为促进对非投资合作增量提质,有以下四方面的体会。

1. 总体规划,统一布局,以点带面,梯次推进

我们需着眼长远利益,制定对非经济合作总体规划。在总体合作发展规划指导下,全面分析研究中国对非合作需求,包括非洲在中国海外能源资源供应、农产品供应、海外市场等各方面的地位,选好点、布好局,制定差异化的经贸合作政策和清晰的国别投资产业导向,并据此制定非洲重点国家和行业中关键项目的具体实施策略,聚焦重点,分步推进,可以通过对重要矿山、港口、道路的投资建设,选择不同的地区推动有比较优势的相关产业链梯次推进,避免开始"一哄而上",最终"一堆教训"。

---

① 《中方对非直接投资存量迈向 1000 亿美元》,新华网,http://news. xinhua-net. com/fortune/2014 – 05/06/c_ 126466667. htm? word = 0aw8o,2016 – 7 – 2。

2. 长远谋划，加强协调，鼓励企业扎根非洲

当前，中国对非合作一个突出问题是：企业行为和诉求缺乏与国家对非总体战略的协调，国家政策也缺乏对企业投资的明确指导，很多涉非企业只顾眼前利益，抱团意识差，相互拆台、恶性竞争时有发生。为争夺项目，资源企业不惜抬高价格，工程和贸易企业不惜压低价格，企业之间"打乱仗"。有些企业存在"捞一把就走"心态，经营不规范，损害中国企业利益乃至国家形象。做好对非投资，国家要谋划长远利益，在资金、考核等利益引导上，鼓励企业扎根、深耕非洲，在促进非洲国家推进工业化、改善基础设施，加强其自主发展能力建设的基础上，分享发展红利。

3. 巩固中国与非洲国家传统友好的优势，以投资合作带动经济合作，以投资合作促进政治互信，形成政经互动良性循环

政治互信是中国与非洲全面合作的深厚基础，但若没有经济利益的交融，互信恐将逐渐消耗。在当前形势下，我们应按照"真、实、亲、诚"对非工作方针以及中非"十大合作计划"，在进一步深化和推动中非政治外交合作的基础上，不失时机地扩大对非投资合作。当中国投资的企业在当地存在之后，将为所在国增加就业、税收、出口创汇，增加社会财富，扩大相互之间交往和合作领域。相互之间依存度提高，有利于夯实中国与非洲国家的政治互信基础。实践证明，即使非洲国家政府更迭，也不会改变其对中国投资的欢迎政策及对当地企业的依赖。

4. 充分发挥中国不同所有制企业的比较优势，形成合力

中国对外投资力度不断加大，然而，国企海外投资行为经常受到非议，在资源、金融、电信等领域更为敏感。出于经营考核机制等原因，一些潜在投资价值高、战略意义大但缺乏当期现金流的项目，国企缺乏投资积极性。民营企业则机制灵活、操作效率高，有冒险精神，但资金实力普遍较弱，难以长期运作大型战略性项目。国企与民企分工合作，建立合理的利益分享机制，则可以调动民营企业、民间资本海外投资的积极性。通过构

建民企在前、国企在后的"联手出海"模式,将会增加中国企业海外投资的竞争力。这需要国家在投资政策上给予一定扶持,要形成一种理念,即不论国企、民企,赴海外发展的都是中国企业。

(二) 政策建议

非洲基础设施落后,工业基础薄弱,对于在非中长期投资项目而言,资金需求大、难度高、周期长、风险大。从中国在非洲的长远利益出发,有必要采取有效措施,出台相应政策,既鼓励企业投资,又规范企业行为,树立良好的中国企业形象,通过市场化方式,实现国家对非战略,推动中非务实合作。

1. 强化法制保障,规范企业行为,树立中国企业形象

其一,加快推进制定《对外投资法》,保护海外投资企业利益,规范海外投资企业行为。其二,强化政府组织协调作用,规范企业经营秩序,避免恶性竞争,推动企业集群式"抱团出海"。其三,强化中资企业社会责任意识,鼓励企业在非落地扎根,树立积极正面形象。

2. 充分发挥投融资平台作用,加大关键领域支持力度

截至 2015 年年底,中国对非直接投资存量仅为 360 亿美元,实现到 2020 年对非投资存量达到 1000 亿美元目标有一定难度,需要强有力的投融资平台支持,引导和带动企业扩大对非投资。中非基金在中国对非投资合作中作用明显,已经积累了丰富的经验,应充分利用和发展好中非基金,使其进一步增强运作能力,以便在中非全面战略性合作中发挥更大作用。同时,根据国家对非合作重点,研究以其为母体或实施平台,设立产业专项基金,配合中国高铁、核电等高端装备制造业对非合作,投资、建设和运营非洲铁路、港口、航空、金融、电信等领域的项目和企业,支持非洲基础设施硬件条件和工业化体系的发展。

3. 建立非洲投资平衡基金（或机制），分担企业风险和损失

我们需要集中财力和资源，改变多头零散的普惠制运作方式，充分发挥财政资金的引导作用，设立非洲投资平衡基金（或机制）与企业联合投资，在安排上作为"劣后"资金，以体现政策支持。即：如果企业盈利，基金收回本金和一定的盈利；如果企业投资损失，则先由基金抵补。因为中国企业普遍缺乏对非洲的投资经验，对风险的承受也有一定限度，不鼓励不足以提高积极性，不鼓励不足以造就成功的国际化企业。

4. 完善信贷支持，疏通对非投资血脉

其一，针对非洲市场和项目的特殊性，对用于非洲的中长期贷款给予一些专项政策安排，支持银行机构采用"外保外贷"、项目融资等方式，解决境外资产不能抵押、项目融资难等问题。其二，扩大对非"两优贷款"使用范围，由各家银行根据国家对非合作重点，通过投标等竞争方式承办，并与其商业贷款搭配使用，扩大政策性贷款"四两拨千斤"的杠杆效应。其三，鼓励国内银行在非洲设立分支机构或开展并购，完善对非投资的境外金融服务网络。其四，充分发挥政策性保险的作用，加大对非洲投资项目的支持力度。其五，扩大人民币互换、国际结算等业务，为企业资金调配、控制汇率风险等提供便利。配合人民币国际化战略，可考虑以非洲为重点，推动人民币"走进非洲"。

5. 强化配套政策支持，完善政策协调合力

着眼于对非投资长远利益的需要，企业对非投资必须有国家政策的大力支持。政府相关部门应通过政策引导、政府协调、市场化运作方式，增加企业动力，激发活力。目前，中国对非投资政策支持力度和配套整合效用还不够理想，在对非援助、信贷政策、政府补贴等方面，尚未与对非直接投资形成有效的配合。为此，我们需要在以下方面着力：其一，统筹整合涉外援助、补贴、贴息、优贷、税收、配额等政策措施，强化政策协同效应。其二，建立对外直接投资风险准备金制度，准许企业在一定年限内，

每年税前提取相当于投资额一定比例的资金，计入准备金，用于弥补风险损失。其三，完善对国企的考核评价体系，建立与非洲投资特点相匹配的考核评价机制。其四，在政策上引导不同行业和上下游产业链企业"抱团出海"，实现对非基础设施、资源、加工业和金融投资的协同发展和配套对接，规避无序竞争，增强项目综合开发实力。

6. 强化海外资产安全保障，维护中国人员资产安全和大国形象

随着对非投资规模的扩大和国际安全局势的新变化，境外经济利益急需国家层面的有效保护。其一，完善政府间投资保护机制，积极与投资所在国政府推动完善投资保护、税收协定、本币结算等双多边投资保护机制。其二，加强政府间沟通协调，强化双边和多边协调磋商机制，维护中资企业在海外的投资和资产利益。其三，强化安全保障。鼓励企业与当地合作建立安保公司，以商业化的方式保护中企海外人员、财产和资产安全。

7. 增加人力资源投入，增加国际化人才供应

人才不足是中国企业国际化的最大瓶颈和短板，我们应研究建立国际化人才培养和培训的机制。其一，在国内加大非洲专业人才培养的投入和资助。其二，有计划、有针对性地培养非洲人才为我所用。其三，适当集中国内高端国际化人才，可参照国家引进人才的"千人计划"等模式，设立"走出去"人才计划，建立储备机制，最大限度地发挥其效用。

8. 改善软环境，扩大在非洲乃至在国际上的话语权

其一，增加对传媒企业走进非洲的支持，初期要增加政府投入的比重，鼓励传媒企业融入非洲，与非洲当地媒体开展合作，让非洲人"讲得了、讲得好"中国故事，改善舆论环境。其二，加大人文交流、义利观等软性领域的投入，支持中方和非洲当地的智库、非政府组织等深入研究中国在非洲的经贸和投资活动，帮助宣传中国，夯实对非经济合作的社会和民意基础。

（感谢中非基金赐稿，原文发表于《西亚非洲》2016 年第 8 期）

第五章　中国产业资本国际化路径思考

尹轶立①

【摘要】结合国内经济形势变化和在国际市场增长的比较优势，作者认为世界各国的发展诉求即是中国产业资本的发展机遇。虽然部分中国产业已经具备"走出去"的内生动力，但不同对象国政治经济政策、文化的差异依然凸显中国企业的核心竞争力不够强大。为此，企业"走出去"需慎重选择拟投资区域和合作伙伴。央企和民营企业之间优势互补是构建中国产业资本国际化完整体系的关键，同时，央企有责任搭建中国产业资本的海外发展平台，为"走出去"保驾护航。

经过四十年改革开放，中国逐渐成为世界制造业的中心，这一成就即与中国人民持续的努力奋斗相关，也与市场的国际化、资本的国际化、技术的国际化以及航海能力的不断升级所带来的国际产能转移相关。在20世纪80年代到21世纪初，随着广东的开放和上海浦东的开发，中国凭借其文化包容性、庞大消费市场、生产要素比较优势等，逐渐发展成为世界第四次国际产能转移的目的地。中国的广东首先承接了来自香港资本主导下的"三来一补"劳动密集型产业，其后长三角承接了包括美国、德国、

---

①　尹轶立，中国交通建设集团下属中交产业投资控股有限公司总经理助理、园区事业部总经理。

日本、新加坡、韩国、中国台湾等国家与地区转移"半机械化与机械化"的产能，从而构建了 20 世纪 80 年代珠三角的劳动型产业集群和 90 年代兴起的长江经济带机械化制造产业集群，随着中国经济产业基础的快速形成与发展，成功推动了 2010 年以来以北京中关村、深圳为主导的知识型创新型产业的孵化和升级。至此，在东部沿海区域，中国的产业发展基础从高到低完整自然形成了完整的产业梯队，从而在产业结构上具备了自我发展、自我更新的能力，推动了中国整体经济实力不断增长。

2004—2010 年，中国经济完成了刘易斯拐点的跨越①，人口红利逐渐消失，土地、劳动力等生产要素价格上涨，导致产品成本增加。面对越南、缅甸、印度尼西亚等东南亚国家以及非洲各国的竞争，中国在劳动密集型、资源密集型相关产业上的在国际上竞争比较优势快速下降。自 2008 年以来，"出口导向"来推动经济增长的"中国式增长"面临"失速"风险，尤其是美国次贷危机后期，世界经济复苏缓慢，贸易保护主义有抬头的趋势。2017 年特朗普上台，经济保护主义进一步加强，出口对中国经济增长的拉动作用明显降低，中国经济对投资、消费与创新的依赖明显增强，产业结构升级转型迫切性愈加明显。

面对国内外经济形势的变化，在十八届四中全会上，中央明确提出"三去一降一补"与产能转型升级；2013 年习近平主席提出"一带一路"发展倡议，并得到世界各国的广泛的相应和支持。经济形势的变化为中国产业资本国际化创带来了历史性的发展机遇，当然这种机遇并非简单的是国际政治的需求与推动，依然是市场国际化、资本国际化与技术国际化的经济发展规律使然。

基于以上的判断，我们主要讨论以下三个方面的问题。

---

① 蔡昉：《中国未来 20 年的可持续增长引擎——可资借鉴的国际经验与教训》，《比较》2013 年第 4 期。

◇◇一　中国产业资本要不要"走出去"

1. 国内经济形势的变化——传统产业发展空间受限

改革开放 40 周年，中国经济以年平均约 10% 的速度增长，人均 GNP 从 1978 年的 200 美元达到 2016 年的 8200 美元①，但近 5 年，中国年增长率逐渐下降至 6.5%—7%，其原因不外乎拉动经济增长的要素边界发生了变化。

在出口方面，其一是由于劳动力、土地等生产要素价格的上涨，中国的劳动密集型产业及其相关产业链比较优势在下降；其二是受到国际金融危机的冲击，世界总体需求市场疲软；虽然近期世界经济有复苏的迹象，但"逆全球化"有抬头的趋势，以美国为代表的世界主要消费市场对中国产品的依赖性下降。

在投资方面，中国现有的产业空间布局和产业结构尚有不尽合理之处。东部沿海区域、中部内陆区域、西部欠发达区域的经济发展的雁阵尚未构建完成；沿海区域和区域核心城市资本存量剩余严重，中西部区域技术、资本相对贫乏；对基础设施的投资加大了地方政府和国有企业的杠杆，催生资本泡沫，影响产业结构的调整。

在消费方面，国内消费结构上不合理，住房的刚性需求、改善型需求和投资需求在家庭消费占比过高；部分行业消费市场尚未充分释放，教育、医疗、旅游等服务型产业的发展水平尚需要进一步提升。

当出口不能担当中国经济增长驱动力时，产业转型升级势在必行，迫切性日趋明显。在中国，产业的转型升级必须考虑两个因素，其一是产业

---

① 数据来源于世界银行，https://data.worldbank.org.cn/country/中国。

升级时导致的破坏性创新,政府和企业能否承担;其二是房地产的收益能否持续。

通过市场自发的转型是一个漫长的过程,宏观经济政策必将发挥重要的作用。2016 年与 2017 年的全国经济工作会议都提到推进"三去一降一补"等工作重点,2017 年经济工作更是明确提出加快供给侧改革、推动产业结构升级。对于政府和产业企业而言,"腾笼换鸟"与破坏性创新是当前必须面对的问题。尽管对多数中国企业而言,现在的选址依然是世界上最为安全的投资区域,它们熟悉当地的文化、政治与经济环境、要素条件与市场,并且具备完整的产业链,产品成本均在可控的范围内。

图 2.5—1 中国宏观产业政策方向

资料来源:笔者整理。

在最近 20 年里,中国的产业资本的利润来源至少可以分为两个部分,其一是产业收益;其二是资产收益,即土地或房产的升值收益。

土地和房地产作为产业资本的一个重要投资方向,自 2016 年起收到了明显的限制。1998 年以来，尤其是 2008 年以后房地产有巨大的造富效应，大量产业企业对房地产大量投资，如顺德美的集团、青岛的海尔集团、中国建筑等。"房子是用来住的，不是用来炒的。"党的十九大后，房地产投资受到明显的限制。2016 年北京、上海、广州、深圳、杭州等多地出台限购令，2017 年 5 月，在河北全面升级限购的同时，包括南京、开封、芜湖、海口等地也相继收紧了调控措施，此后一线、二线城市和部分三线城市对房地产的投资和发展都提出明显的限制措施。这些政策的实施不仅降低了产业资本的周转率和杠杆率，而且在一定程度上限制了传统产业资本获取稳定可观收益的路径，这使得具有传统优势产业资本面临更大的风险。国内传统中低端制造业企业盈利模式面临较大的考验。

2. 国际市场对中国产业资本的诱惑

经过四十年的发展，中国制造业已经完整的产业体系，不论是国有或是民营，外资还是合资企业都取得了长足的发展。20 世纪 80 年代初期，中国只能提供基本的生活保障。1988—1997 年，中国基本完成了计划经济向市场经济的转型，中国的低成本后发优势逐渐显露。2001 年，尤其是中国加入 WTO 之后，中国积极奉行引进外资的政策，推动中国制造业融入世界，使得"中国制造"逐渐闻名全球。

但由于中国的很多制造行业底层或核心技术的缺失，国家通过对基础产业的投资保持经济增长的同时，刺激了东部资本剩余区域的中低端制造企业扩张，导致产能超过市场需求且产品同质化严重，产品恶性竞争直接导致了制造行业的效益下滑。在国际市场，中国的制造企业相互压价、自相残杀，导致中国的出口导向型制造企业利润水平极低，很多企业甚至只是靠国家的出口退税而维持微薄的盈利。

而"一带一路"沿线大多国家工业化、城市化尚处在 30% 左右的起步阶段，生活所必需的日用品、建材、化工等基础工业产品产能不足，部分国家甚至产能严重匮乏。由于产业结构的特点，工业化初始国家的劳动力、资源、土地等生产要素相较中国更为富足、价格更为低廉，人均GDP多在300—1500美元（甚至更低），城市化、工业化和市场都存在巨大的发展空间，比较优势明显。

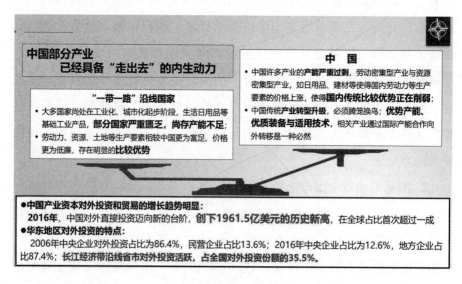

图2.5—2 中国区域经验在产业资本走出去的动能

资料来源：笔者整理。

当中国经济必须面对升级转型之时，对传统以出口导向为主的中国劳动密集产业资本而言，海外广阔市场存在巨大的发展诱惑。

3. 数据证据及企业的感受

统计数据证明了上述逻辑。自2008年以来，进出口总额而与中国GDP增长曲线发生了明显分离（见图2.5—3），也就是说进出口已经无法为推动中国的经济增长提供增长的驱动力（但并不能说明进出口已经无法为中国经济发展提供支撑）。与此同时，中国直接对外投资近些年持续快速增长，至2014年底，中国直接对外投资额ODI首次超过FDI（见图

2.5—4）。

　　海外的市场对中国产业资本产生了较强的吸引力，2017 年有超过 1200
亿美金是通过投资来实现的，这些投资对许多国家具有巨大的吸引力。

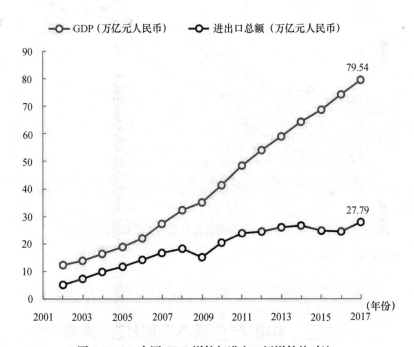

图 2.5—3　中国 GDP 增长与进出口额增长的对比

注：2017 年 GDP 为文章整理时的预测值。

资料来源：笔者整理。

　　我们对 2017 年拜访中交集团（含子分公司）以及中交集团拜访过的
不同国家的政府首脑或主管的领导进行了统计，2016 年下半年共有 116
人次到访中交集团或与中交的领导进行了会谈。双方的沟通不仅仅是友
谊，谈得更多的是如何发展、如何合作。在这种高强度的沟通过程中，任
何一个参与其中的中交人都能切身地感受到世界各国人民对发展的迫切诉
求。世界各国人民对发展的诉求，就是中国产业资本化的机遇。

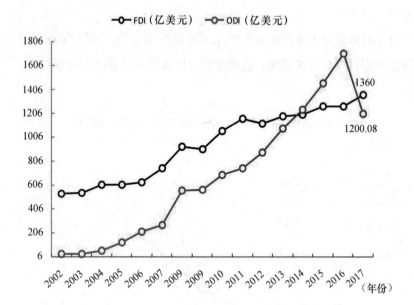

图 2.5—4　中国吸收海外直接投资与直接对外投资对比

资料来源:笔者整理。

◇◇二　中国产业资本"走出去"需要采取什么样的路径

中国产业资本走出国门必将面临各种各样的挑战。中国经济与产业企业的快速发展得益于中国特有的文化背景及其包容性,也得益于中国对于产业资本与企业家的尊重、特有的自然资源禀赋等,中国企业熟悉了这样的环境。中国的产业资本"走出去"成为国际化的产业资本必须面对商业环境的改变,需要主动适应不同国别的政治体制、不同民族的文化,并努力规避中国现有文化或商业活动中的劣根性。

1. 不同的国家政治经济政策的影响

以中美两国为例,两者基于完全不同的国家治理结构,存在不同的国家运行机制和经济发展理念。自 20 世纪 70 年代以来，在经济领域中美两国合作多于分歧，尤其是 2001 年以来，中国加入 WTO，在世界贸易组织的多边合作框架下，中美两国的商业合作快速发展，双边贸易额和投资额快速上升，互为最重要的商业贸易伙伴之一。但 2017 年特朗普上台以后，"逆全球化"思潮抬头，美国从主导开放包容的多边框架下的世界经济一体化向封闭而孤立的"美国优先"的趋势转向，多边合作框架机制受到挑战，使得中美两国合作的前景并不明朗。在国内民意的支持下，特朗普退出 TPP、退出巴黎气候协定、退出伊核协议、持续不断强化"美国第一"的政治经济政策，并把中国列为主要的竞争者，多次声称中国偷走了美国的工作和财富，虽然其目的是复苏美国的国内制造业，提高企业收益、增加就业岗位，但毫无疑问，美国奉行的"孤立主义"政策和行为的出尔反尔所引发示范效应，在伤害国际经济合作信心，不仅对世界经济一体化增长的前景，同时也为中国产业资本"走出去"带来了不确定性。

图 2.5—5　机制与文化不同对产业的影响

资料来源：笔者整理。

经济政策对中国产业资本"走出去"的影响更多地来自项目驻在国。如非洲，许多国家仍属贫困国家，但多采用英国普通法和平衡法的原理或原则，在追求发展的同时，多对环保有明确的要求，且许多国家和中国没有签订双边投资保护协定（BIT）和（或）避免双重征税协议，而这些对中国的企业"走出去"也是一种挑战。

2. 不同的国家文化的影响

文化差异和冲突是中国企业"走出去"必须面对的另一项挑战。印度的拉宾德拉纳特·泰戈尔这样描绘西方民族精神和文化：冲突与征服的精神是西方民族主义的根源和核心，他的基础不是社会合作。美国的前劳工部长赵小兰这样表述华裔和美国的文化的差异：华裔（要在美国社会参政议政）就必须在文化上作出适当调整，美国社会特别有对抗性，人们总是在不停争论，华裔要适应那种非常好斗和喜欢争论的美国"舆论场"。中国的军事战略家尹卓这样表述不同民族间的交流：一个只会微笑不会瞪眼的国家得不到他国的尊重，一个没有血性任人宰割的民族是一个没有未来的民族！

民族冲突的发生不全是因为政治经济制度的冲突，更多的是源于不同民族文化差异性。而冲突却给不同国家间的经济贸易、政治往来、投资等活动设置了巨大的心理和民意的障碍，对不同国家间和世界经济的来往与发展带来了伤害和风险。

2014年5月15日，由于南海问题越南反华抗议示威全面失控演变成排华暴动，当地台商首当其冲，暴民攻击、打劫、纵火事件不断，各种血腥、惊悚画面涌现网络，宛如爆发战争般陷入无政府状态。事件导致16名华人死亡，事件后部分中资企业撤离越南。2017年2月24日，因为一家中资企业解聘部分工人，缅甸首都仰光瑞比达工业区该中资服装厂2月23日发生打砸抢劫事件，约300名罢工工人冲进厂内，抢劫多名中国籍工人的财物，有7名中国籍工人被禁锢。2017年6月18日，因为中国在新疆修建公路，印度边防部队 270 余人携带武器，连同两台推土机，在多卡拉山口越过中印边界锡金段边界线 100 多米，非法进入中国境内阻挠中方在中国西藏日喀则市亚东县洞朗地区的修路活动，导致多家中资企业在印度受到不同程度的损失。

3. 中国海外产业资本之痛

当今，无论是在美国、欧洲、东南亚、非洲还是在环加勒比等，越来越多的中国产业企业走向世界，初期中央企业和部分地方国有企业以其资本的优势和人才的优势成为中国产业资本"走出去"的先行者和探索者，民营资本后来居上，2000 年以后，逐渐成为中国产业资本国际化的主力军。据国家发改委 2017 年的统计，2006 年中央企业对外投资占比为 86.4%，民营企业占比 13.6%；2016 年中央企业占比为 12.6%，地方企业占比达到 87.4%。

在"走出去"的过程中，也许是因为不能适应当地的法律、文化、风俗文化，也许是因为国际政治势力的角力，中国产业资本付出了沉重的代价。2017 年 5 月 8 日，国务院国资委主任肖亚庆在中央企业参与"一带一路"共建情况新闻发布会上表示，中央企在"走出去"过程中，"总体上是很好的，也交了不少学费"[1]。2017 年 6 月 23 日审计署审计长胡泽君在受国务院委托，向全国人大常委会报告 2016 年度中央预算执行和其他财政收支的审计情况时表示，审计署抽查了 20 家中央企业的 155 项境外业务，因投资决策和管理制度不完善等原因，有 61 项形成风险 384.91 亿元。2010 年中铁建在沙特巨亏 41 亿元人民币；2015 年中信确认为中澳铁矿项目 25 亿美元减值拨备；2017 年 3 月在伦敦中植集团 10 亿美元不翼而飞。

---

[1]　http://www.gov.cn/xinwen/2017-05/08/content_5191745.htm#1.

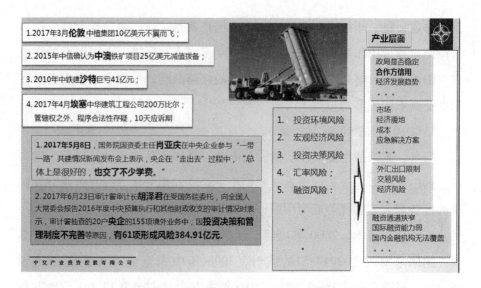

图 2.5—6 中国产业资本海外投资之痛

资料来源：笔者整理。

中国产业资本在"国际化"过程中所经历的挫折主要是由于在快速的发展过程中，中国企业家自身的内在修为，企业的人才积累以及对世界的了解，尚不能完全满足中国产业资本国际化的需求。中国四十年改革开放的成就依然没有从根本上构建中国产业资本的发展定力。中国某些企业尚不完全具备资本"国际化"的核心能力。

（1）缺乏海外投资区域的选择能力，关注项目而忽略了对项目驻在国的政治、文化、法律等方面的研究。

（2）缺乏商务谈判能力，看到了海外发展的机遇而忽略了海外投资的风险，不熟悉国际商务谈判规则与技巧，缺乏要价能力，任人宰割。

（3）缺乏产业链上下游的产业协同能力，认为政府、市场或企业有能力能够处理好所有的问题，没有意识或能力与上下游产业链企业进行产业协同，缺乏与相关企业的合作意识。

（4）某些企业甚至缺乏在海外投资的合法依规经营意识，有些时候部分企业希望通过行贿、逃税、降低环保标准等方式来获取利润，却不仅为自己埋下了巨大的隐患而且造成了不可挽回的经济损失，还损害了中国产业资本在国际化过程中的声誉。

4. 中国资本国际化过程中需要注意的两个选择

（1）慎重对拟投资区域进行选择

寻找适合区域、复制中国模式，强调发展协同、合作共赢，共享发展成果是中国产业资本"走出去"的目标。这一过程中，中国产业资本要抱团出海，在某种程度上已经成为一种共识。

对拟投资区域的选择一定要慎重。拟投资区域的政治局势、经济政策、货币金融政策、税收政策风俗文化、市场环境与市场容量、劳工素质、工会制度及各要素的发展趋势都是重要的合作边界条件，充分假设、科学调研，只有做到充分的了解，才可能对投资的可行性做出相对科学的决策。

其一是政治稳定性，不仅包括项目驻在国的政治生态，政权稳定性，还包括国际政治关系，如与中国的关系、与欧美等大国间的关系等；其二是文化契合度，项目驻在国的文化是否投资者理念相融合，要了解当地人民的宗教、禁忌、生活习惯以及对外资企业的态度等；其三是金融货币政策，投资者能否融资贷款、货币能否自由兑换或进出，如果不能，计划的资金进出的通道是否可行等；其四是税收政策是否支持企业持续的发展等；其五是拟投资区域是否有市场，生产要素是否具备，根据投资产业的具体需求，目驻在国（或地）的行业资源具体情况，是否具备足够的市场发展空间，原材料数量、品质及运输路径，人口的数量、结构与劳工技能（劳动力素质）等。

（2）慎重选择合作伙伴

在海外投资，建议选择与项目驻在国生意合作伙伴共同进行投资的方式，以降低投资风险。合作伙伴要有诚信、有资源与实力，与公司的核心能力形成互补效应。在合作模式上，建议采用现金入股的方式，同股同权，而不建议合作方以资源入干股的方式进行合作，进而与合作伙伴构建生命共同体和利益共同体，共同发展。

此外，在企业的经营过程中，企业不仅要尊重当地风俗文化，还要注意经营要合法合规，在阳光下经营，和当地政府、地方居民共同发展。

◇◇三 中央企业在"中国产业资本走出去"的过程中的责任与担当

在中国改革开放的过程中，民营资本和国有资本相辅相成，为中国的经济发展发挥的重要的作用。

1. 民营资本和国有资本的互补性

经过多年的发展，民营资本逐步培养了自己的核心能力，主要体现在：其一是激励机制与股权机制；其二是产业多元与生存能力；其三是机会捕捉能力与决策效率；其四是目标实现与成本控制的能力。

在中国产业资本"走出去"的过程中，民营资本单个体量不大，但数量和机制灵活的优势愈加明显。2006 年中央企业对外投资占比为86.4%，民营企业占比 13.6%；2016 年中国对外投资总额（OFDI）为1701 亿美元，其中中央企业占比为 12.6%，地方企业占比 87.4%；从行业分布情况来看，流向制造业的投资 310.6 亿美元，同比增长 116.7%，其中流向装备制造业的投资 178.6 亿美元，是上年的 2.5 倍，占制造业对外投资的 57.5%，占同期总投资额的 10.5%。

中央企业因为决策程序烦琐、机制僵硬、决策效率低下，广受诟病，但在"走出去"的过程中，中央企业正是因为其组织完善、操作规范、资本实力雄厚，技术储备丰富等各种原因，成为中国产业资本国际化的

"压舱石"，其主要优势体在于：其一是构建支撑与保障体系的能力；其二是承担失败且学习失败的能力；其三是投资机遇与风险的均衡能力；其四是融资能力与风险预防及处置能力。

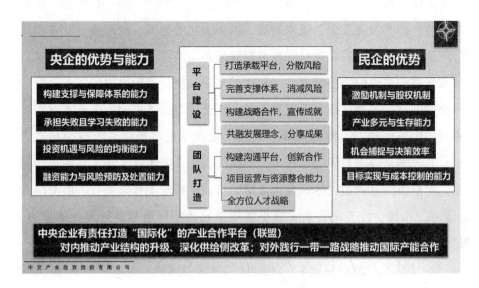

图 2.5—7　央企与民企各自的优势与能力

资料来源：笔者整理。

只有充分发挥中央企业和民资企业各自的优势，才能真正构建中国产业资本国际化的完整体系，才能充分展现中国产业资本的生机与活力。

2. 海外产业园区发展面临的困境

当前，中央政府相关部门（如国家发改委）和不同的地方政府都在构建不同层级或行业的"国际化"产业合作平台（或各种形式的企业联盟），以期望推动民营资本和国有资本优势互补与深度合作，达到对内深化供给侧改革、规避恶性竞争、推动产业结构升级，对外践行"一带一路"倡议、推动国际产能合作，并且规避海外投资的不确定性风险，但整体的效果不佳。

主要原因其一是由于现阶段"走出去"的龙头企业多以工程承包为主,体量和规模虽然非常大,虽然对上下游产业链有一定的带动作用多停留在建筑材料采购和物流等行业,对中国产业资本真正地"走出去"的支持力度不够;其二是海外产业园区作为中国产业资本"走出去"重要的载体,因为发展理念、法律制度、风俗文化等原因,缺乏项目驻在国政府的强力背书,或者是项目驻在国发展战略与法律法规的支撑,导致项目区域发展战略定位不够清晰、盈利模式欠缺,使得现阶段中国资本运营的海外园区举步维艰,盈利者寥寥无几,这严重打击了中国产业资本对园区项目的中长期动力,使得大部分中国产业资本更多地以追求短期利益为主;其三是在经济发展的过程中,中国民营企业家经过了几十年的市场拼杀,所取得的成就使得他们具备足够的自信,相对于合作而言,面对海外"蓝海"市场,许多民营企业家更加相信自己的判断和单打独斗的能力,这使得中国国内的产业链协同能力在国际的产业园区中被减弱。

3. 中交产投的产业资本"国际化"梦想与实践

中国经济的发展,得益于国内产业园区的产业集聚能力与产业发展协同效应。将海外产业区建设成为中国产业资本的海外发展平台,以发挥产业的集聚和协同效应是理想的目标。

中央企业依然是中国产业资本国际化的"压舱石"。作为中国产业资本最重要的组成部分,中央企业一方面需要承担发展的责任,另一方面需要通过发挥整合资源、资本和上下游产业链的能力,搭建中国产业资本海外的发展平台,为中国产业资本国际化保驾护航。

这需要充分发挥中央企业在海外的资源、人才与市场的先发优势,为中国产业资本找到合适的区域、资源与市场,打造发展平台,形成产业集聚效应和产业协同效应,才能与中国民营资本共同铸造中国产业资本国际化的辉煌,这是中央企业的责任与担当。

（1）背靠集团，培养并打造核心能力

中国交通建设集团有限公司是国资委下属特大型中央企业，2016 年排名世界 500 强第 103 位；是中国的"一带一路"的领军企业；是全球领先的特大型基础设施综合服务商，主要从事交通基础设施的投资建设运营、装备制造、房地产及城市综合开发等，为客户提供投资融资、咨询规划、设计建造、管理运营一揽子解决方案和一体化服务；是世界最大的港口设计建设公司、世界最大的公路与桥梁设计建设公司、世界最大的疏浚公司、世界最大的集装箱起重机制造公司、世界最大的海上石油钻井平台设计公司；是中国最大的国际工程承包公司、中国最大的设计公司、中国最大的高速公路投资商；拥有中国最大的民用船队。

目前，中交集团在 148 个国别市场开展实质性业务，在 115 个国家（地区）设立了 217 个境外机构，全球商业网点完善。2017 年，中交集团的在境外收入超过 200 亿美金，在建、在谈共 23 个区域投资开发项目。

中交产业投资控股有限公司（下称"中交产投"）作为中交集团的全资二级公司，是集团海外产业园区投资和产业的投资平台公司。中交产投将发挥集团优势，依靠集团海外的经营网点布局广，熟悉海外环境、语言、政治、法律、宗教、风俗文化等优势，通过海外产业园区或区域开发项目的投资，为中国产业资本国际化打造、构建发展平台。

（2）整合政府资源和企业资源，搭建中国资本海外发展平台

海外产业区项目是中国产业资本国际化的重要载体，其选址更为重要。中交产投的一项重要的工作就是选择区域投资项目。其主要的工作包括以下三项：其一还是通过与世界各国政府或合作伙伴的沟通，来设定投资的边界和项目范围，其目的是在文化可融合、行为可预测、市场可知、成本可测、风险可控、收益可期的国家或区域找到合适的区域投资项目；其二是针对海外的产业园区类项目和产业项目，中交产投与项目驻在国政府深度合作，并为其提供系列的区域经济发展方案；其三是通过对区域开

发项目的投资,中交产投将与不同的产业资本广泛合作,为项目提供策划、投资、建设、资本雄厚、运营等提供系列服务。

建设海外产业区的主要目的之一是与项目驻在国政府合作,发展当地的经济,提升当地居民生活水平。项目自身具备市场化运营的条件是前提,这需要具备商业意识,加强与项目驻在国政府部门的商务谈判和对接,以获取法律、税收、土地、劳工等政策支持;其次是树立协同意识,只有与民营资本的发展相协同,引导抱团出海、产业链出海,才能够打造好中国资本海外的发展平台;再次要有服务意识,协助园区企业解决法律、政策、文化、土地、人力、物力等障碍,主动对接国内政府相关部门、服务各大企业、行业协会等传递信息,实现企业"组团落户"境外园区。

在中国产业资本化的过程中,实现企业主体、市场导向、商业原则、国际惯例、互利共赢、防范风险的海外园区建设模式。

最后,介绍两个中交产投现在投资建设的两个园区:中交(埃塞俄比亚)Arerti 建材园与吉布提盐湖综合产业园。

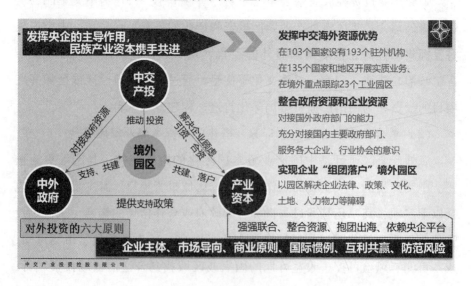

图 2.5—8　央企与民企的携手共进

资料来源:笔者整理。

埃塞地处东非内陆，水土肥沃，国土面积 114 万平方公里。埃塞是非洲人口第二大国，约 1.01 亿（按 2015 年统计数据），2014 年 GDP 约 548 亿美元，人均 GDP 约 632 美元，近 12 年 GDP 年均增长率约 11%。

埃塞俄比亚 Arerti 建材园规划面积 20 平方公里，起步区用地规模 100 公顷，其发展定位为东非建材基地，埃塞装配式建筑中心，主要发展建材、家居等相关产业。该项目于 2017 年 10 月中旬开工建设，预计到 2018 年 5 月建成基础设施，实现 3—4 家入园企业落地。

图 2.5—9 中交（埃塞俄比亚）Arerti 建材园

资料来源：笔者整理。

吉布提位于东部非洲，是扼守红海咽喉的战略要地。吉布提盐湖综合园区总规划面积约 97 平方公里，建设用地面积 16 平方公里。

中交产投拥有吉布提 ASSAL 盐湖盐业开发 50 年特许经营权。目前正在申请将盐湖中其他资源，如钠、钾、氯、溴等元素及其化合物的开发、现正与政府沟通，将风、光、水力等资源纳入特许经营权范围，并即将获

　　得吉布提政府批准。

　　吉布提盐湖综合产业园将以盐、盐化工及 LNG 化工为主导，能源、物流及综合服务为辅。工业园分三期建设：第一期为溴化钠项目；第二期为燃煤电站、多用途综合码头等项目；第三期为 LNG 工厂及码头、与天然气及盐相关的化工产业。目前已开始工业盐，钾盐，溴盐，美容洗浴用盐项目开发，溴化工项目已经开始建设，预计 2018 年 12 月前投产。

图 2.5—10　中文（吉布堤）盐湖综合产业园

资料来源：笔者整理。

第六章　积极参与互联互通共建共享
"一带一路"

【摘要】作为"一带一路"建设的深度参与者，中国港湾先后承建了斯里兰卡科伦坡港口城、巴基斯坦瓜达尔港等与"一带一路"相关的重要项目工程。在此过程中，中国港湾坚持创新商业模式、培育特色文化。作者切身体会到，基础设施互联互通、有效金融支持以及民心相通在"一带一路"建设中的重要意义。

◇◇一　"一带一路"建设带来的重要发展机遇

习近平主席在 2013 年提出共建"一带一路"的合作倡议，旨在通过加强国际合作，对接彼此发展规划，实现优势互补，促进共同发展。这一倡议是新形势下中国对外开放的顶层设计，顺应了中国经济转型内生需求和全球经济治理的新方向，使中国全方位开放的进程与世界发展需求紧密结合，不仅造福中国，也造福沿线各国和世界人民。尤其是在当下"反全球化"逆风不断和世界性的增长迷茫期，"一带一路"建设已经成为世界

---

①　薛咏，中国港湾工程有限责任公司总经理助理兼市场开发部总经理。

经济增长的助推器和经济全球化的新航标，给国际承包商带来了前所未有的巨大发展机遇。

目前在"一带一路"沿线国家中，正全力打造"六廊六路多国多港"，积极推进六大经济走廊和其他海上重点港口建设，这些无疑将为港航业的融合创新注入更多新动能，创造更宽广发展空间，作为本行业的传统领军企业，中国港湾积极参与、收获很多、体会很深。

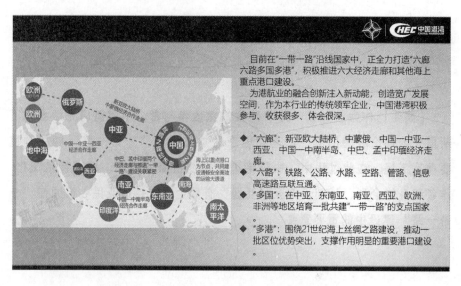

图 2.6—1 "六廊"、"六路"、多国、多港新机遇

资料来源：笔者整理。

◇◇二 中国港湾对"一带一路"建设的实践与收获

（一）成为"一带一路"的重要参与者、建设者和贡献者，企业的国际化水平不断提升

中国港湾成立于 1980 年，于 2005 年成为中国交通建设集团旗下子公

司。根据最新统计,中国交建在美国《财富》杂志最新公布的2016年世界500强企业排行榜中位列第110位,ENR全球最大250家国际承包商第3位,成为中国最大的港口设计及建设企业和全球最大的集装箱起重机制造商。

作为中交集团最大的国际工程承包平台和海外业务发展平台,中国港湾能够在海事工程、道路桥梁、轨道交通、机场建设和房建工程等领域,提供包括项目规划、可研、设计、施工、维护及投资运营等在内的一体化服务,成为国际海事工程及相关建筑领域一体化服务价值链的组织者和领导者。

"一带一路"倡议提出以来,中国港湾积极致力于从单纯的市场经营者转变为政府与经济社会发展急所的责任分担者、区域经济发展的深度参与者、政府购买公共服务的优质提供者,积极推进战略转型和商业模式升级,使公司国际化经营更加契合"一带一路"建设需求,先后承建的斯里兰卡科伦坡港口城、巴基斯坦瓜达尔港、缅甸仰光国际机场、以色列阿什杜德港、卡塔尔多哈新港、牙买加南北高速等众多项目已经成为"一带一路"沿线的标志性工程。

三年多来,中国港湾在"一带一路"沿线的近30个国家和地区签订对外承包工程合同额220亿美元,完成营业额90亿美元,对外投资约20亿美元,目前建项目125个,合同额总计约189亿美元,为建设互联互通世界做出了应有贡献,企业的国际化水平得到不断提升。

2016年8月17日在全国推进"一带一路"建设工作座谈会上,中交集团董事长刘起涛作为国企唯一发言代表,以"全面建设世界一流企业勇做'一带一路'先锋"为题,介绍了中国交建践行"一带一路"倡议的做法和体会;2017年2月12日晚,央视财经播出的《对话》节目,中国交建副总裁孙子宇作为主嘉宾,结合公司承建的巴基斯坦瓜达尔港、斯里兰卡汉班托塔港、以色列阿什杜德港等项目,畅谈中国港口走向世界的

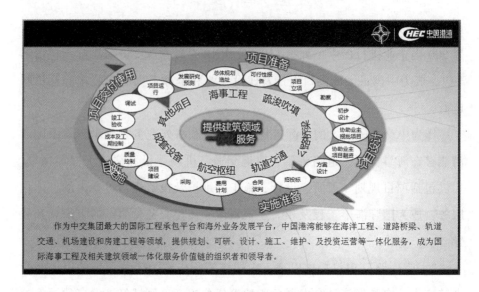

作为中交集团最大的国际工程承包平台和海外业务发展平台，中国港湾能够在海洋工程、道路桥梁、轨道交通、机场建设和房建工程等领域，提供规划、可研、设计、施工、维护、及投资运营等一体化服务，成为国际海事工程及相关建筑领域一体化服务价值链的组织者和领导者。

图 2.6—2 中国港湾的一站式服务

资料来源：笔者整理。

历史与未来。

（二）积极践行国家战略布局，坚持商业模式创新，资本运营能力不断增强

近年来，中国港湾积极践行"一带一路"合作倡议，坚持创新商业模式，超前布局投建营一体化、境外园区、区域规划等既吻合国家战略，同时又契合当地区域经济发展之需的项目。其中，斯里兰卡科伦坡港口城、牙买加南北高速公路、哥伦比亚马道斯公路、喀麦隆克里比深水港运营、坦桑尼亚桑给巴尔新港等项目，都是中国企业以 BOT（建设—经营—转让）、PPP（公私合作关系）、EPC + F（工程总承包 + 融资）等形式投资承建和运营的突破性和代表性项目，具有深远的国际影响力。

图 2.6—3　中国港湾的多种创新模式

资料来源：笔者整理。

1. 斯里兰卡科伦坡港口城项目

该项目由中国交建负责投资并开发，由中国港湾科伦坡港口城有限责任公司实施具体开发运营，位于斯里兰卡首都科伦坡，是"21世纪海上丝绸之路"建设的重要节点，是"一带一路"建设和中国企业走出去的重要对接项目，将带动中国资金、技术等"中国标准""走出去"，受到国家领导人的高度重视。2014年9月17日，国家主席习近平亲自为项目揭幕剪彩；2017年4月7日，时任全国政协主席俞正声前往项目视察。

为打造精品工程、创造更多价值，中国港湾联合国际一流的规划设计顾问和当地大学的专业机构，编制总体规划、优化商业和财务模型、制订交通和环保计划。根据方案，项目将通过填海造地形成269公顷滨海土地，建筑规模约550万平方米，将永久延展科伦坡的地平线，形成一个拥有 CBD、中央公园、住宅区、国际品牌带动区和游艇码头等，集商业、旅游、居住等功能为一体的高端城市综合体。一期投资14亿美元，带动二级开发 130 亿美元，为当地创造 8.3 万个就业机会，把科伦坡打造成南亚地区的商业和金融中心，是一个政府所愿、社会所需、民心所向的工程，被誉为当地的"希望之城"。

图 2.6—4 斯里兰卡科伦坡港口城项目

资料来源：笔者整理。

2. 牙买加南北高速公路项目

中国港湾在牙买加以 BOT 模式投资建设的南北高速公路，是中国企业在海外采用 BOT 模式建设的首个交通基础设施项目，是中国企业在海外运营的首条高速公路，也是牙买加历史上规模最大的基建项目。项目全长 67 公里，总投资约 7.4 亿美元，2016 年 3 月项目全线通车，目前已正常进入收费运营期。

项目推动过程中，加强商业模式创新，中国港湾由 EPC 总承包商变身为 BOT 投资商，集结了中交集团、中国和美国的技术专家，解决技术难题。通过中国资本和技术与当地社会经济发展需要的融合，彻底改善了该地区易受洪灾影响、交通状况差的困境，为当地创造 2000 个就业岗位，运营收入达到牙买加全国 GDP 的 4%，产生了巨大的经济和社会效益。

图 2.6—5 牙买加南北高速公路项目

资料来源：笔者整理。

（三）围绕合作共赢，培育特色文化，持续发展动力显著提升

"一带一路"是一条全方位开放之路、全面合作之路、和平交流之路，也是共同发展之路。中国港湾秉承"包容、诚信、创新、奉献"的中港精神，提出了打造"国际一流，幸福港湾"的目标，认真践行"为利益相关方创造更多价值"的使命，打造优质产品服务，履行社会责任，实现合作共赢，这是公司实施战略引领，做大海外发展平台的根本"灵魂"，也体现了具有港湾特色的企业文化，更与"一带一路"开放、互通、包容、共享的理念一脉相承。

中国港湾积极履行企业社会责任,既致力于实现基础设施的"硬联通",也重视与驻在国人民民心的"软联通"。坚持"利他为先、舍得为上"的义利观,在斯里兰卡、巴基斯坦、缅甸等数十个国家履行捐资助学、扶贫济困、抢险救灾、改善民生、保护环境等社会责任,实现企业与当地社会的共同发展,让"CCCC—CHEC"国际品牌深入人心,让"幸福港湾"深入人心。

图 2.6—6 中国港湾的特色文化项目

资料来源:笔者整理。

◇◇三 "一带一路"面临的主要挑战和思考

"一带一路"倡议是一项长期、复杂而艰巨的系统工程,前无古人,其推进实施必然面临诸多风险和挑战(见图2.6—8),其中包括沿线国家政局不稳和宗教矛盾导致的市场环境问题、制度体制差异和文化复杂多样导致的市场开放问题，以及经济发展不平衡导致的金融风险问题等。其中两个方面不容忽视。

一是从宏观国际环境看，沿线地区地缘政治矛盾日趋复杂，大国战略的介入和博弈进一步加大，一些沿线国家出现政局动荡、政府更迭、地缘冲突的概率较高。

图2.6—7　"一带一路"面临的主要挑战

资料来源：笔者整理。

二是从具体推动实施看，当前国际市场融资难度上升，黄金、石油等价格波动较快，金融风险的不确定性增强，对大型基建项目影响较大。目前中国港湾正在积极推动中巴经济走廊、斯里兰卡汉港二期 SOT、孟中印缅经济走廊等多个大型项目，国际化程度和工程难度高，资金需求量大、落实协调困难。

针对这些挑战，笔者有以下思考建议：

一是继续重视基础设施互联互通的优先地位，把基础设施建设同贸易投资、产能合作、园区开发、能源资源开发利用和沿线国家工业化需求紧密结合，让相关各方有更大的参与感和获得感。

二是继续提供有效的金融支撑，切实推进金融服务创新，深化金融领域合作，打造多层次金融平台，支持人民币国际化，汇聚域内外更多金融资源，不断扩大金融支持力度。

三是继续促进民心相通，致力于实现政治互信、经济融合、发展成果共享，积极推进生态、安全、卫生、教育、科技、文化、旅游等领域合作，携手打造绿色、健康、和平的"一带一路"。

第七章　丝绸之路经济带明珠
——中白工业园

吕乐乐①　宋　哲②

【摘要】地处"一带一路"重要节点，我国目前在海外最大的经贸合作区——白俄罗斯中白工业园的建设被两国元首寄予厚望。抛开地理位置优越、合作国政局稳定、规划理念先进、服务体系健全等先天优势以及后天努力以外，作者认为中白工业园下一步的建设应该注重两点：促进文化融合，构造两国经贸发展新平台；注重绿色发展，传递中国工程价值是进一步推动"一带一路"深入合作、塑造可持续发展的关键。

中白工业园位于白俄罗斯共和国明斯克州斯莫列维奇区，连接欧亚大陆，地处丝绸之路经济带，面积91.5平方公里。该工业园由中国和白俄罗斯两国元首推动设立，是中国和白俄罗斯两国间最大的投资合作项目，也是白俄罗斯参与中国"丝绸之路经济带"的重点项目。

---

① 吕乐乐，中工国际工程股份有限公司总经理助理兼战略规划部总经理。
② 宋哲，中工国际工程股份有限公司园区事业部总经理，国机集团招商局集团中白工业园项目联合办公室副主任。

园区设置了三级管理架构:第一级,中白政府间协调委员会,由两国政府部门组建,统筹推进中白工业园事务;第二级,园区管委会,负责园区的政策制定、企业服务、行政审批、招商引资;第三级,中白工业园区开发股份有限公司,负责园区土地开发、招商引资和经营管理。

图 2.7—1　中白工业园的周边环境

资料来源:笔者整理。

为了推动园区发展,中工国际工程股份有限公司(简称"中工国际")于 2012 年与白方股东共同发起设立了中白工业园区开发股份有限公司(简称"中白合资公司"),是园区的开发主体。中国机械工业集团(简称"国机集团")、招商局集团陆续加入中白合资公司,两大央企共同主导园区开发运营。目前,中方占股 68%,白方占股 32%。

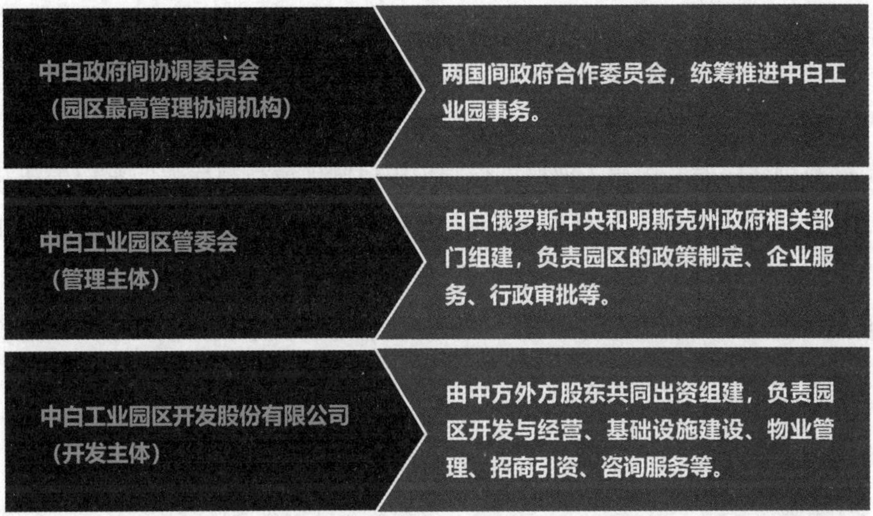

中白政府间协调委员会 (园区最高管理协调机构)	两国间政府合作委员会，统筹推进中白工业园事务。
中白工业园区管委会 (管理主体)	由白俄罗斯中央和明斯克州政府相关部门组建，负责园区的政策制定、企业服务、行政审批等。
中白工业园区开发股份有限公司 (开发主体)	由中方外方股东共同出资组建，负责园区开发与经营、基础设施建设、物业管理、招商引资、咨询服务等。

图 2.7—2　中白工业园的三级管理架构

资料来源：笔者整理。

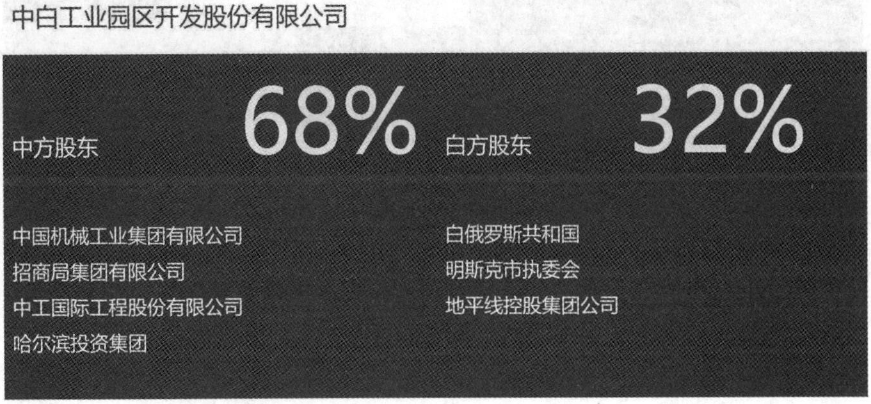

中白工业园区开发股份有限公司

中方股东 **68%**	白方股东 **32%**
中国机械工业集团有限公司 招商局集团有限公司 中工国际工程股份有限公司 哈尔滨投资集团	白俄罗斯共和国 明斯克市执委会 地平线控股集团公司

图 2.7—3　中白工业园的股权分配

资料来源：笔者整理。

◇◇一 凝聚各方共识,打造中白友好合作巨石

自创建伊始,中白工业园就得到了中白两国最高领导人的密切关注和推动。2010年3月,时任国家副主席的习近平访问白俄罗斯,双方就在白俄境内合作建立开发区达成共识,同年10月卢卡申科总统访问中国,其间白俄罗斯共和国经济部与中工国际签署了《关于在白俄罗斯共和国境内建立中国—白俄罗斯工业园区的合作协议》。

图 2.7—4 中白两国元首的高度认可

资料来源:笔者整理。

2015年5月12日,中国国家主席习近平和白俄罗斯总统卢卡申科共同莅临中白工业园视察,两国元首在工业园发展蓝图上题名。习近平主席访问白俄罗斯期间,提出要把中白工业园建设作为合作重点,将园区打造

成丝绸之路经济带上的明珠和双方互利合作的典范，中白工业园是中白务实合作的"升级版"，是"丝绸之路经济带"上的标志性项目。卢卡申科总统指出：将中白工业园打造成奠定中白友好合作的巨石。在中白双方政府的高度重视和大力推动下，中白工业园的发展进入快车道。

◇二　利用园区优势,创造国际产业新地标

1. 地理位置优越。中白工业园位于白俄罗斯明斯克州斯莫列维奇区，距首都明斯克市 25 公里，毗邻明斯克国际机场，距波罗的海克莱佩达港口 496 公里，距莫斯科约 700 公里，距柏林约 1000 公里，莫斯科至柏林的 M1 洲际公路、连接明斯克市区到机场的 M2 高速公路穿越园区，基本可实现 1 小时直航莫斯科，3 小时直航伦敦，9 小时直航北京。

中国至白俄罗斯的渝新欧、蓉欧、汉新欧等多条中欧班列均通过白俄罗斯进入西欧，这使位于白俄罗斯的中白工业园与多个欧亚国家在陆路运输方面实现了无缝对接。从北京至明斯克的直飞航线，为企业开展商务往来和航空货物运输提供了便利条件。在园区生产的产品及服务通过公路、铁路、航空及海路可以覆盖欧亚经济联盟及欧盟的绝大多数国家和地区。

2. 白俄罗斯政局稳定。企业"走出去"发展，所在国家和地区的政局至关重要，政治风险的防范是第一位的。白俄罗斯政治稳定，社会和谐，中白两国自 1992 年建交以来，不断深化互利合作，建立了高度互信、合作共赢的中白全面战略伙伴关系，发展双方全天候友谊，携手打造利益共同体和命运共同体。这为中白工业园创造了一个非常和谐的外部政治环境，使企业投资发展安全可靠。

3. 规划理念先进。中白工业园以先进的规划理念为先导，将国际成功的园区开发建设经验与白俄罗斯稳定的投资环境相结合，注重资源的可

社会稳定 | 法律健全

01 地广人稀、民族相对单一，国民教育程度较高，综合素质良好、环境优美，政治稳定、政府廉洁，总统长期执政支持率高。

02 国企占比高达70%，延续原苏联工业体系，具有一定的科技创新比较优势。

03 地缘政治上，连接欧亚经济联盟和欧盟，具有独特的区域优势。

04 与中国关系良好，对标学习中国改革开放经验。

图 2.7—5　白俄罗斯的社会背景

资料来源：笔者整理。

循环利用与环境保护，突出"布局集中、用地集约、产业集聚、突出特色、协调发展"的思路，对园区进行规划建设，完善各项基础设施，达到"七通一平"，可以满足不同类型企业生产需求。

为加快园区开发进度，首先规划启动一期8.5平方公里建设。一期用地性质分为工业、物流和公共配套等用地，规划建设高标准生产厂房、保税物流仓库、行政商务中心、快捷商务酒店以及商业中心，为入园企业提供充足的生产制造、物流配送和服务保障等全链条便利条件。

4. 产业定位突出。园区重点引入电子和通信、制药、精细化工、生物技术、机械制造、新材料、综合物流、电子商务、大数据储存与处理、社会文化活动和研发等产业，符合白俄罗斯未来经济发展方向和潮流，有利于加快国家产业升级换代，有利于促进白俄当地企业与他国企业开展合资合作，共同开拓欧洲市场。

5. 政策条件优惠。为促进园区招商和建设，早在2012年6月，白俄罗斯总统卢卡申科签发了总统令，赋予园区一系列优惠政策。随着园区的不断发展，为了使政策更加符合企业发展需求，增强政策竞争力和吸引力，中白双方共同组建了专家组，在广泛调研国内外产业园区发展的基础上，结合中白工业园的自身特点，提出了较为系统的政策建议，推动白俄罗斯政府实现政策创新和改革。2017 年 5 月，卢卡申科总统签发了第三版关于中白工业园的总统令，进一步加大了政策优惠力度，如企业所得税自企业盈利年度起十年免收，之后至 2062 年 6 月 5 日减半征收，免除土地税和不动产税，土地租用年限最长可达 99 年，也可以转为私有，园区内可经营保税区业务，企业用工自由，股东利润可自由汇出，等等。

政策优惠 ——税收优惠至2062年；土地租用年限99年

税种	白俄标准税率	园区居民企业税率*	园区其它项目税率
销售在园区内自产产品（服务）获得的利润税	18%	（自利润产生的首个税务年起）10年免收，10年后至2062年6月5日以前减半征收	自企业注册之日起前七年免收
不动产税	1%	2062年6月5日以前，免除	免收
土地税（每公顷税率）	取决于地籍价	2062年6月5日以前，免除	园区：US$126/年明斯克区：US$3150/年明斯克：US$24000/年
进口环节的增值税	20%	使用保税区保税的外国商品制作（取得）的商品，在进入国内市场时，经海关同意免征海关部门征收的增值税	20%
园区项目建设的进口设备和材料(进口关税和增值税)	各种类商品税率不同（通常5%，有些10%）；增值税：20%	免除（前提：满足白俄罗斯共和国的国际义务，海关监管期最长不超过5年）	免除（使用注册资本采购产品）
个人所得税	13%	9%（2027年1月1日前）	13%

园区居民企业：符合园区产业定位，且投资总额不少于500万美元；或研发项目不少于50万美元；或三年内投资不少于50万美元。

图 2.7—6　中白工业园的优惠措施（1）

资料来源：笔者整理。

6. **市场潜力巨大。** 白俄罗斯位于欧洲中部，总面积 20.76 万平方公里，总人口约 950 万人。东部与北部与俄罗斯接壤，南邻乌克兰，西邻波兰，西北与立陶宛和拉脱维亚接壤，是欧洲和独联体国家间的交通要道与贸易走廊，是俄罗斯和中亚国家联系欧洲的重要通道，为欧亚陆路交通的

政策优惠 —税收优惠至2062年；土地租用年限99年

税种	白俄标准税率	园区居民企业税率*	园区其它项目税率
社保 （企业缴纳部分）	34%	白俄籍员工：可以白俄社会平均工资为基数缴纳；外国籍员工：免缴。	34%
红利税	12%	自分配红利首年开始的五年内免除	不高于12%
环境补偿 （实施投资项目对农林业生产、动植物的损害）	根据地域而定	免除	根据地域而定
法定结汇义务	30%	免除（也适用于园区项目建设的参加者）	免除
园区范围内建设用产品及原材料质量证书	需要	免除	需要
劳动许可办理费用 （招收外籍员工、外籍员工劳务许可、临时居留许可）	自然人：$70；法律实体：$750；	免缴	自然人：$70；法律实体：$750；

图 2.7—7　中白工业园的优惠措施（2）

资料来源：笔者整理。

面对两大联盟市场

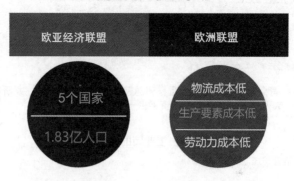

图 2.7—8　中白工业园的市场潜力

资料来源：笔者整理。

必经之地。白俄罗斯是欧亚经济联盟主要成员国（目前成员有俄罗斯、白俄罗斯、哈萨克斯坦、吉尔吉斯斯坦、亚美尼亚），毗邻欧盟，中白工业园内企业的产品可以免关税销往欧亚经济联盟成员国，同时可以快速销往欧盟国家，企业市场潜力巨大。

7. 服务体系健全。中白工业园在为企业提供税收、土地等多方面优惠政策的同时，倾力打造"一站式"高效服务体系，全部审批在园区内完成，提供投资洽谈、公司注册、报建审批、施工建设等阶段全过程服务。

◇◇三　创新招商模式，塑造园区国际化形象

园区规划初期，即明确了面向全球的招商思路，不仅是吸引中国和白俄罗斯两国的企业入园，更要引入其他国家和地区的企业，中白工业园定位是国际化园区。中白工业园在欧洲及白俄周边国家影响度提高，吸引力增强。欧盟国家、俄罗斯、波罗的海沿岸国家、乌克兰、德国等国家的企业一直关注中白工业园的进展。

在两国政府的支持下与中白双方的共同努力下，入园企业数量大幅提升，截至 2018 年 4 月，正式入园企业共 33 家。其中，中国企业 17 家，白俄罗斯企业 10 家，美国企业 1 家，德国企业 2 家，奥地利企业 1 家，立陶宛企业 1 家，以色列企业 1 家。33 家入园企业协议投资总额超过 10 亿美元。

完善的基础设施，良好的投资服务，具有潜力的市场，有竞争力的优惠政策，正吸引着来自世界各国的企业入园发展。2017 年中白工业园接待了 200 多个各国团组，1000 多名企业代表到园区考察对接，外国企业对工业园的投资兴趣也在不断提高。中白工业园的国际影响力正在不断提升，正逐渐发展成为一个国际化工业园。

在引入企业的过程中，工业园非常注重促进外国企业与白俄罗斯当地

企业开展合资、合作，发展高新技术，使投资商借助当地企业更快、更全面地融入当地及周边市场，发挥各自优势，实现共赢，例如：

- 中联重科与白俄马兹公司合资成立中联重科—MAZ 合资公司，生产汽车起重机，环卫设备以及混凝土设备等。
- 国机集团下属的中国一拖与明斯克拖拉机厂共同设立研发中心，研发相关的拖拉机应用技术。
- 成都新筑与明斯克市政机车厂合作研发生产汽车车载超级电容器。
- 潍柴动力与白俄马兹公司合资生产柴油发动机。

2018 年 2 月 16 日，在中国新年第一天，中白工业园迎来了新企业—中新智擎技术有限公司，协议投资额 500 万美元。该公司计划在园区内建立一个新能源无人驾驶车辆相关产品的研发、生产中心。当前，汽车无人驾驶技术是人工智能领域中最具前途的研究项目之一，主要优势是可以大幅降低劳动力成本，提高燃油消耗效率，以及汽车运输量，同时减少道路交通事故的发生。

园内项目的建设也在迅速推进，招商局集团投资建设的中白商贸物流园一期 10 万平方米仓储设施和展示中心、商务中心已建成并投入运营；成都新筑的超级电容器项目、美国 IPG 激光设备生产中心、潍柴动力正在快速建设；中白合资公司投资的 12500 平方米园区综合办公楼和 8000 平方米标准厂房已建成并基本实现全部出租；华为、中国一拖、中电科 38 所等多家企业已租用建好的办公楼和标厂；中联重科、弘福散热器等企业很快将要动工建设。

中白两国由于历史、体制、区域等因素形成了较为明显的文化差异，双方在发展理念、工作效率、行为方式等方面都不尽相同。我们在园区开发过程中，特别注重从双方共同点出发，努力化解文化差异，增进相互理解、提高办事效率，比如：1. 园区采取中白合资共建共管的模式，不管是管理层还是普通员工，既有中方人员，也有白方人员，在很多问题上都

2016年5月8日
成都新筑奥威超级电容器研发生产中心莫基仪式

2016年6月30日
中白商贸物流园商务中心封顶，成为园区第一个封顶的工程项目

图 2.7—9　中白工业园部分前期入园项目

资料来源：笔者整理。

是积极沟通交流，找到共同点。2. 通过中资企业商会促进两国经贸发展。2015 年 6 月 29 日，在白俄罗斯 27 家中资企业在明斯克注册成立了白俄罗斯中资企业商会，中白合资公司总经理李海欣任商会首任会长。中白合资公司将会同所有在白中资企业积极发挥桥梁纽带作用，为加强中白两国企业间在产品、技术和文化方面的融合，促进中白两国经贸发展做出贡献。3. 定期安排白方员工赴北京与中方同事联合办公，参加中国国内招商推介活动，增加双方了解和交流。4. 商务部组织培训班，选派白方政府和企业代表赴中国开展园区考察和业务培训，目前已经连续组织了两期培训。

在白俄罗斯俄语是通用语言，英语的普及率较低，而中方管理人员精通俄语的相对较少，因此工作过程中的语言障碍是很多中方员工面临的困难。工业区一方面加大了中白合资公司当地员工的招聘力度，尽量更多地使用当地员工开展日常工作；另一方面从国内委派精通俄语的管理人员和员工赴当地工作，有效化解语言障碍，提高工作效率和质量。

◇◇四 注重绿色发展,传递中国工程价值

1. 注重绿色发展。2017 年 1 月 19 日, 中白工业园开发股份有限公司获得欧盟环境管理与审计计划证书(EMAS), 是白俄罗斯首家获得该证书的企业。EMAS 被认为是世界上最先进的符合可持续发展原则的体系。

园区总体规划中保留了园区现有居民点和生态保护区, 园区内总体绿化率近 50%。园区的各项环保设施齐全, 采取严格的环保措施, 使这里的水更清、天更蓝。在开发建设过程中多措并举保护当地生态环境:

第一, 中白合资公司制定了中白工业园区环保及绿化保护措施制度, 要求园区的基础设施建设及入园企业的建设均按照措施内容执行, 最终使园区符合总体规划的绿化标准。

第二, 目前已完成的基础设施建设工作中, 道路两侧的绿化全部完成, 并要求后续入园企业在完成自身建设后需及时植树绿化, 以保证园区整体对绿化率的要求。

2. 传递中国工程价值。在园区一期起步区(3.5 平方公里)基础设施建设过程中, 中工国际努力克服白俄设计、供货和施工标准差异等方面的困难, 结合了中国和白俄罗斯建设企业的特点和优点, 同白俄罗斯本地的企业在项目建设过程中开展了良好的互补合作, 有效规避了两国标准产生的差异, 保障了项目的质量符合白俄罗斯规范, 同时也保障了基础设施建设按照"中国速度"提前完成。仅用一年半时间, 建成一期起步区 3.5 平方公里基础设施, 达到了"七通一平":包括 13 公里园区干线道路, 铺设给水、排水、燃气和通信等管网 45 公里, 1 座 110 千伏变电站、6 座 10kV 配电站和 90 公里供电线路, 完成给水厂、雨污水处理厂和取水站、二级提升泵站等。

　　根据园区发展规划，未来三年（2018—2020 年），我们计划实现中白工业园一期整体开发建设及运营。预计到 2020 年，入园企业累计达到 60 个，合同投资总额力争达到 20 亿美元、20 个项目动工建设、30 个项目投入运营。中白工业园将更好地发挥海外园区平台作用，成为"一带一路"的标志性项目，充分发挥辐射带动作用。

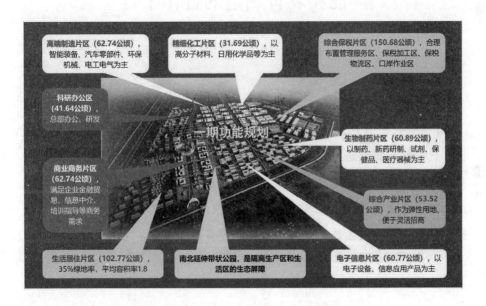

图 2.7—10　中白工业园的一期功能规划

资料来源：笔者整理。

第八章 尼日利亚莱基自贸区——打造中尼产能和装备制造的合作平台

潘大为[①] 李洪光[②]

【摘要】尼日利亚莱基自贸区是中土集团在非洲重点建设的经贸园区，已经站稳脚跟进入扩展与提升阶段，在法律建设、协调发展、政策扶持、境外融资和境外汇款方面都积累了相当的经验。对于园区下一步的发展，除了企业自身的努力外，政府支持依然不可少，中国政府在顶层保护、政策协调、资金扶持等方面上还有许多工作可做。

◇◇一 项目概况

尼日利亚莱基自由贸易区是中国政府批准的国家级境外经贸合作区，总体规划面积30平方公里，总投资额预计超过20亿美元。自贸区位于尼日利亚经济首都拉各斯东南部的莱基半岛，南临大西洋，北依莱基礁湖，地势平坦，风景秀丽，是拉各斯正在发展中的新兴卫星城市，也是当前尼日利亚发展最快的新区之一。未来的莱基自贸区将建设成为拉各斯都市卫

---

① 潘大为，中国土木集团中非莱基投资有限公司总工程师。
② 李洪光，中非莱基投资有限公司招商部经理。

星城、充满活力的商贸城，现代化的工业新城和环境优美的宜居城。

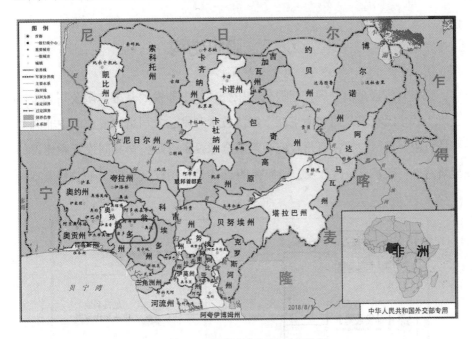

图 2.8—1　莱基自贸区的地理位置

资料来源：笔者整理。

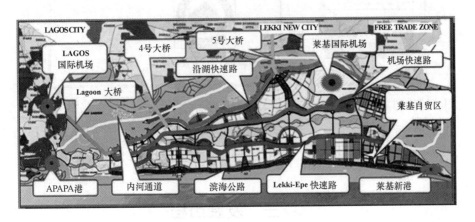

图 2.8—2　莱基自贸区的园边情况

资料来源：笔者整理。

◇◇二　股权结构

　　莱基自贸区是由中国铁建股份有限公司、中非发展基金有限公司、中国土木工程集团有限公司和南京江宁经济技术开发总公司组建成立的中非莱基投资有限公司,与拉各斯州政府和莱基全球投资有限公司共同投资和建设的经济特区。莱基自贸区开发公司拥有 99 年土地使用权以及 50 年特许经营权。

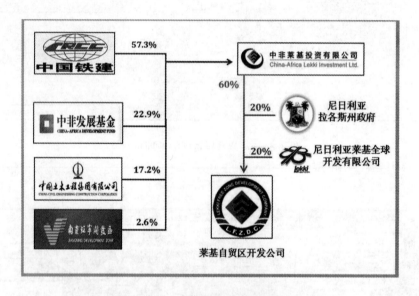

图 2.8—3　莱基自贸区的股权分配

资料来源:笔者整理。

◇◇三　发展历程

　　莱基自贸区自 2006 年启动以来得到了中尼两国政府的高度关注和大

力支持。2007 年 11 月，莱基自贸区被中国商务部批准为"境外经济贸易合作区"；2010 年通过了商务部和财政部的确认考核；2010 年 4 月，获得国家发改委的境外投资核准批复。

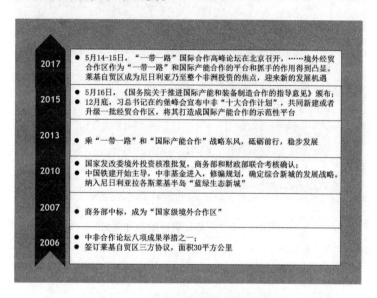

图 2.8—4 莱基自贸区的发展历程

资料来源：笔者整理。

◇◇四 总体规划与产业结构

目前，对自贸区规划目标是将莱基自贸区建设成为一座集生产、生活、休闲与娱乐于一体的现代化的综合新城。产业结构方面则以生产制造业与仓储物流业为主导，以城市服务业与房地产业为支撑。

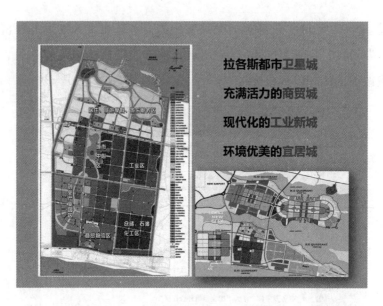

图2.8—5　莱基自贸区的总体规划

资料来源:笔者整理。

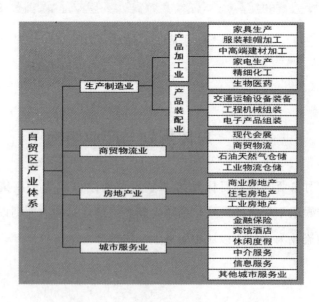

图2.8—6　莱基自贸区的产业体系

资料来源:笔者整理。

◇◇五　优惠政策

- 莱基自贸区内可享受尼政府给予一系列的优惠政策和便捷的"一站式"服务；

- 免征联邦、州及地方政府的各项税收和关税；

- 产品销往尼国内市场，只需按原材料缴纳关税；

- 区内产品销往欧美市场可享受特惠关税并无配额限制；

- 鼓励外资独资或合资经营；

- 外资投资股本可随时撤出，外商投资所得利润和红利可自由汇出；

- 自贸区内提供良好的安全保障和高效的"一站式"服务。

◇◇六　建设进展

截至 2017 年 2 月园区累计完成基础设施建设投资近 2 亿美元，硬化道路道 30 多公里；建成 24 兆瓦燃气发电站及 57 千米 11 千伏输配电线，保障了园区 24 小时供电；建设了"一站式服务中心"，为入园企业提供快捷高效的服务；海关清关中心也已投入运行，大大提高了园区企业设备、物资的通关效率；另外，自贸区标准厂房、会展中心、招待所、员工营地、警察局、医院等基础配套服务功能均已完备，投资环境逐步改善。2017 年，在建的总建筑面积约 1.7 万平方米的自贸区综合办公楼（十二层主楼和两层裙房）即将落成并投入使用。另外，自贸区房地产开发项目、湿地保护公园项目、商贸物流园四星级酒店项目等大批项目均将开工或启动，莱基自贸区已迈上快速发展的通道。

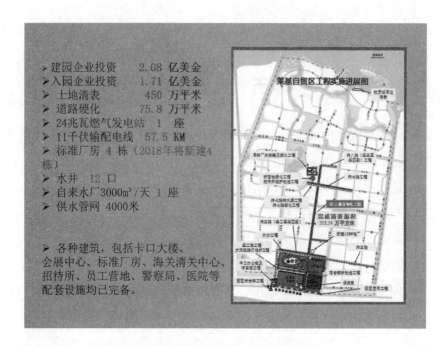

图 2.8—7　莱基自贸区的建设进展

资料来源：笔者整理。

◇◇七　招商运营

近年来，随着自贸区基础设施和配套的逐渐完善，吸引了众多生产制造、商贸物流企业入园投资。截至 2017 年 2 月，园区已有 116 家注册企业，拟投资额达 14.1 亿美元。其中，50 家企业正式签署投资协议并投产运营，实际完成投资 1.68 亿美元，累计实现总产值超过 1.1 亿美元。直接带动当地就业 1000 多人次。

图2.8—8　莱基自贸区部分前期基础设施

资料来源：笔者整理。

图2.8—9　莱基自贸区部分后期入园企业

资料来源：笔者整理。

随着国家"一带一路"倡议和"国际产能合作"战略逐步推向深入，越来越多的中国企业迈出国门，积极利用国际资源，开展国际化经营。尼日利亚莱基自贸区作为服务国家战略和引导中国企业"走出去"的重要平台必将发挥更加重要的作用。莱基自贸区必将成为中国境外经贸合作区的标杆和中非经贸合作的典范。

◇◇八　问题与建议

莱基自贸区面临的区外基础设施配套薄弱、融资难、资金汇出难、人才短缺等问题是我国众多境外经贸合作区面临的共性问题，希望中国政府能够在顶层设计、政策引导、资金支持等方面继续加大对境外合作区的支持和扶持力度。

（一）做好顶层设计，防控风险

防控企业"走出去"风险，需要政府和企业共同努力。建议中国政府方面能出台系统的，又符合国际规范和我国国情的"对外投资法"，改变海外投资无法可依的局面；梳理对外签订的双边投资保护协议，制定细则，使对外投资的中国企业能利用好双边保护协议切实维护好海外权益；对重点国家、重点领域，应签署特殊的双边协定或协调机制。

如对境外合作区，应有针对境外合作区合作的双边协定、协调机制。——通过这些顶层设计，可以帮助企业更好地推动在优惠政策落实（出台细则）等涉及驻在国政府层面才能解决的问题的解决和沟通。目前已有一些国家签署了相关协议，但没有达到全覆盖，比如针对莱基自贸区，中尼两国之间还没有类似的协定。

（二）发挥好国家整体对外合作资源的协同效应

成立更高层次的政府对外合作协调机构或协调机制，破解政出多门、资源分散的问题，发挥协同效应。

境外合作区存续时间长、引领作用大、示范效应强，又多在公共服务和基础设施比较薄弱的发展中国家和地区。中国政府可有意识地、有侧重地把国家政治、经济、文化等多方面的对外合作与有条件的合作区建设和发展结合起来，发挥好合作区的平台作用。如对外援助的水、电、港口、道路、政府办公设施、医院、人员培训等建设项目，文化交流活动的孔子学院等，政治和经济合作中的双边促进活动、商品展会、区域商贸物流中心等，直接置于合作区规划区范围内或相关地区。首先可利用合作区日益完善的基础配套，减低相关项目的建设成本；其次可增强合作区的影响力，便利和促进合作区的建设及运营；最后可直接引领和服务于"走出去"企业，坚定其投资信心，拓宽其经营渠道，扩大其投资收益。

（三）继续加大对境外合作区的扶持力度

企业既要"走出去"，更要持续"走下去"，面临各种压力和风险。建议政府能对有发展潜力的重点领域、重点项目多些倾斜政策，帮助解决重大的政策和技术问题。

比如对境外合作建设项目，涉及的层面多，投资大、周期长、资金回笼慢，困难多、风险大，但放眼长远，对国家、对企业都极具战略意义和经济意义。政府和企业都要有打持久战的准备。因此，建议中国政府能在"政府引导、企业主体、市场运作"的原则下，"引导"和"扶持"并重，继续加大对境外合作区的发展资金扶持力度，保持对境外经贸合作区支持政策的连续性和稳定性，为"走出去"企业以及支撑企业"走出去"的境外合作区平台提供良好的发展环境；并根据境外合作区建设的不同阶段、特点、国别和需求，适时研究出台更多的扶持发展政策，包括对与境外合作区建设和发展相关联的协同政策、招商促进政策等。

（四）协助呼吁加快金融"走出去"，协助解决融资难问题

"走出去"企业迫切需要金融业的强大支持。一方面需要金融机构加大改革创新力度，为"走出去"企业创新金融产品，破解融资难题；另一方面，也需要更多的中国金融机构"走出去"，海外布点，为中国企业提供贴身服务。

比如，境外合作区实施企业普遍存在融资难的问题，内保内贷，致使建区企业或股东单位除了要承担巨大投资压力外，还要承担担保风险，不被股东方所接受；而外保外贷，又面临高昂的境外融资成本（如尼日利亚高达20%以上），企业不堪重负。这些问题也是入园的中资企业普遍面临的问题。

建议探讨盘活境外合作区以及走出去企业在境外形成的固定资产的办法，使其能成为可担保抵押物，实现外保内贷；拓宽中国外汇储备的使用渠道，创新金融产品，降低融资成本。还建议国家政策性银行给予境外合作区项目优惠性贷款的先行先试和倾斜性政策。

（五）在境外合作区企业购汇方面给予便利

目前外汇政策收紧，根据国家外汇管理的有关规定，境外合作区企业向境外开发企业汇款时，汇款每笔不能超过500万美元，并且要报送很多资料，审批手续烦琐，耗时长，每笔汇款历时1—3个月不等。希望呼吁有关机构，在境外合作区企业的资本金汇出提供方便，简化审批手续、提高汇出额度。

第九章　招商局践行"一带一路"
——实践与体会

李国峰①

【摘要】招商局不断完善海外网络布局，推进海外重点项目，提升海外发展组织保障，其海外拓展历程与"一带一路"建设高度契合。在践行"一带一路"倡议的过程中，招商局集团提出了以自身核心竞争力为基础的"丝路驿站"模式：从建一个港口，到建一个产业园区，再到建一个城市。

◇◇一　招商局对践行"一带一路"倡议的一点认识

——沿线国家具有承接中国优势产业转移的优势

近年来，随着劳动力、土地等生产要素成本的提升，我国沿海的劳动密集型制造业面临着向中西部地区和海外转移的客观需求，这些产业转移给全球产业布局、贸易格局带来深远的影响。而东南亚、南亚和非洲等"一带一路"沿线国家处于类似我国20世纪80年代的发展阶段，自然资

_____

① 李国峰，招商局集团有限公司海外业务部海外业务总监。

源丰富，人口红利巨大，可以享受不发达国家的关税优惠政策，直接生产成本很低，具备承接外向型、劳动密集型制造业的优势。这些国家纷纷将加快工业化作为国家战略，对于承接我国优势产能转移、融入全球价值链体系具有强烈愿望。这是一个重要机遇，也是"一带一路"建设的关键突破口。

——沿线国家承接产能转移存在软环境和硬环境的制约条件

"一带一路"沿线国家目前整体经济基础薄弱，政府财政力量有限，无力承担大规模基础设施建设，造成公路、铁路、航道、供水、供电、通信等必需的基础设施普遍落后，同时政府效率、金融环境、产业配套等软环境也整体较差。因此，尽管上述国家生产成本低，但交易成本高，综合成本优势大打折扣，成为制约优势产能转移的瓶颈。

——借鉴中国经验，以产业园区为核心，建设国际产能合作的平台和载体

过去十多年，中国企业"走出去"取得了显著的成就，但也存在不少忧虑。众多的中小型企业更是遇到了诸如交易成本过高、清算结算不便、基础设施不足、通关不畅、语言沟通障碍及当地文化融合等问题。企业自身也面临着人力资源不足、对海外发展缺乏经验等诸多挑战。如果能为中国企业特别是有强大生命力和灵活度的中小企业提供一揽子解决方案，解决其后顾之忧，就能大大提高中国企业走出去的积极性。

反观中国改革开放初期，外资进入中国同样存在着类似的顾虑和困难。为了吸引外来投资，中国突破了传统计划经济体制和观念的障碍，通过兴办一系列的经济特区和沿海开发区进行经济体制改革，借助设立经济特区引入国际通行的经济管理体制和市场运行机制，为外来投资提供了一揽子解决方案，从而创造了改革开放四十年中国经济发展的奇迹。

通过与"一带一路"沿线国家合作，打造以产业园区为核心的承接产业转移的平台：在临港区域开发海外产业园区，一方面打造适合国际产

招商局集团通过完善海外网络布局，推进海外重点项目，提升海外发展组织保障等举措，努力加快海外拓展，构建海外战略布局。

集团已成立了实施"一带一路"战略领导小组和工作小组，并设立了驻斯里兰卡代表、驻中亚与波罗的海地区代表处、驻吉布提代表处等海外机构，业务布局覆盖东南亚、南亚、非洲、欧洲、大洋洲等地的港口、物流及产业园区网络，与国家"一带一路"的战略布局高度契合。

图 2.9—1 招商局的海外拓展历程

资料来源：笔者整理。

能合作的软环境，解决产品和原材料进出口、通关、结算、支付等一系列问题；另一方面投资港口、物流中心、交易展示中心、工业厂房、培训中心、商业住宅等硬件设施，创造适合中国企业落地的硬环境，从而形成国际产能合作的综合服务平台，为中国企业走出去提供"一站式"服务。

◇◇ 二 招商局参与"一带一路"建设的实践

招商局积极发挥自身产业的综合优势，全方位、全产业链地推动了"一带一路"的践行。目前境外实体企业约200家，分布于五大洲43个国家和地区。我们的实践可概括为三个方面。

其一，布局全球港口网络，占据"一带一路"的穴位。目前已经在全球20个国家和地区投资了53个港口，其中斯里兰卡、土耳其、吉布提、尼日利亚、多哥、马耳他等国家的港口都在"21世纪海上丝绸之路"

的重要节点上,促进了各国间的设施联通和贸易畅通。

其二,贯通中欧物流大通道,打通"一带一路"的经脉。已开通多条中国经中亚到欧洲的班列,并提供跨国供应链综合服务,在中欧班列中,每4列就有1列是招商局开行的。

其三,复制"蛇口模式",分享"中国经验"。招商局1979创立的蛇口工业区是中国改革开放的起点和缩影。现在我们正把蛇口模式复制到"一带一路"沿线,开发白俄罗斯、吉布提、斯里兰卡等5个产业园区。中白工业园已经成为丝绸之路经济带上的标志性项目。

——复制成功的商业模式:前港—中区—后城

通过总结招商局在蛇口的发展经验,我们创造性地提出了在"一带一路"沿线复制"前港、中区、后城"的核心商业模式。

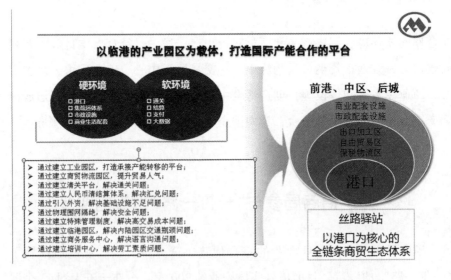

图2.9—2 招商局的"一带一路"发展模式:蛇口模式4.0

资料来源:笔者整理。

即以港口为龙头和切入点,以临港的产业园区为核心和主要载体,系统解决制约东道国产业转移的硬环境短板和软环境短板,打造国际产能合作的平台。其中，硬环境建设包括：建设一流的港口设施，打通港口与腹地之间的集疏运通道，开发产业园区、物流园区、自由贸易区等，建设产业发展所需的商业配套设施和生活配套设施；软环境建设则包括通关、结算、支付、物流、培训等服务。

◇◇三 在吉布提复制蛇口模式的案例

充分发挥吉布提的地缘优势，招商局正在将吉布提由一个贫穷落后的小国逐步打造为区域航运中心、物流中心、贸易中心，建设一个"东非的蛇口"。

（1）前港——建设一个新港口

港口是吉布提最宝贵的资产，吉布提 GDP 的 80% 以上来源于港口及相关的产业。招商局入股吉布提港后，吉布提港吞吐量快速增长。2016年，吉布提港货物吞吐量和老港经常性利润分别相当于招商局入股前的160% 和 284%。在我方投资回报快速增长的同时，当地工人收入也在稳步提高，过去 4 年工资总额每年增长约 8%。

在全面提升吉布提港管理水平的同时，我们提出在远离城市的位置为其建设一个新的现代化深水港，将老港区港口业务整体搬迁。这不仅彻底解决了吉布提港城冲突，而且适应了船舶大型化趋势，为吉布提国际航运中心建设提供了有力保障。吉布提新港投资 5.8 亿美元，处理能力提高近一倍。目前新港建设已基本完成，预计当年投产即可达到处理能力，将获得良好回报。

（2）中区——建设一个自贸区

2016 年 11 月 14 日，在吉布提总理的见证下，招商局牵头与吉布提政府签署吉布提自贸区投资协议。自贸区规划面积约 48.2 平方公里，一期工程 6 平方公里，投资约 4 亿美元。吉布提政府将港口周边最宝贵的岸线资源和土地资源与招商局合作开发，体现了对招商局的高度认可。

图 2.9—3 招商局蛇口模式在吉布提的实践

资料来源:笔者整理。

图 2.9—4 蛇口模式 4.0 第一步:"建一个港"

资料来源:笔者整理。

吉布提自贸区开发，既包括硬件的基础设施建设，也包含软环境建设。具体包括四个方面的内容：一是商贸物流园区，开展保税仓储物流、区域商品集散中心等业务；二是出口加工区，承接中国转移的劳动密集型加工业，促进吉布提工业化；三是软环境建设，通过引进金融服务、大数据服务、贸易便利化服务等，解决入园中小企业的后顾之忧；四是通过建立培训中心，提升吉布提本地蓝领、白领和高级管理人员的综合素质，提升吉布提长远发展的潜力。

2018 年 7 月 5 日，自贸区开园营业预计可产生 GDP 超过 40 亿美元，相当于目前吉布提 GDP 两倍多，可创造就业逾 10 万人，超过吉布提可就业人口的六分之一。

蛇口模式4.0实践：吉布提
建一个区

自由贸易区规划48平方公里，首期6平方公里，开发商贸物流园区和出口加工区
起步区2.4平方公里，投资约4亿美元
建成后将创造超过10万个就业岗位
建成后可产生GDP总额40亿美元，相当于目前吉布提GDP的2倍多

图 2.9—5　蛇口模式 4.0 第二步："建一个区"

资料来源：笔者整理。

（3）后城——打造新的城市中心

新港区 2017 年年初投产后，原有老码头的业务将逐步搬迁到新码头。老码头地块将用于城市开发，开发商业、办公、酒店及旅游设施等，打造吉布提新的商业中心。招商局的这一方案，帮助吉布提政府以最小的代价，最佳的路径实现老港区的转型升级，得到吉布提政府的高度赞赏。

通过港口和园区的发展，我们将把吉布提打造成为区域航运中心、金融中心和商贸中心，吉布提将发展成为东非最现代化的国际都市。

吉布提是"蛇口模式4.0"第一个落地的国家，同时招商局正在积极探索推进多哥、坦桑尼亚、斯里兰卡等多个项目，争取"前港—中区—后城"模式在"一带一路"上得以推广，为中国企业走出去创造条件。

图2.9—6 蛇口模式4.0第三步："建一个城"

资料来源：笔者整理。

第十章　搭建共赢平台打造"一带一路"样板

戴月娥①

【摘要】十年耕耘后，柬埔寨西哈努克港经济特区已经成长为有代表性的海外园区，并被中柬两国政府看作双边合作的典范。作者的体会是：中国"一带一路"境外园区的建设既要为中国优势产业"走出去"实现产能合作搭建发展平台，更要重视推动东道国全方位的经济提升以及社会、人力资源的完善。西哈努克港经济特区的发展依然面临一些挑战。

柬埔寨西哈努克港经济特区（以下简称"西港特区"）是由红豆集团为主导，联合中柬企业在柬埔寨西哈努克省共同打造的，商务部首批境外经贸合作区之一，是首个签订双边政府协定，建立双边副部级协调机制的国家级经贸合作区。经过十年的发展，西港特区已取得了阶段性成果，成为了"一带一路"上的早期收获项目，得到了中柬两国领导人的高度肯定。2016 年 10 月，习近平主席出访柬埔寨期间，在署名文章中高度评价"蓬勃发展的西哈努克港经济特区是中柬务实合作的样板"，在与洪森首相会谈时又多次提及并给予高度肯定，并将"继续实施好西哈努克港经济特区等合作项目"写入中柬两国《联合声明》。下文将结合西港特区的实际情况，探讨特区在发展中取得的成果以及应对挑战的措施。

---

①　戴月娥，江苏太湖柬埔寨国际经济合作区投资有限公司副董事长。

图 2.10—1　西哈努克港经济特区的成立背景

资料来源：笔者整理。

图 2.10—2　西哈努克港经济特区被双边政府肯定

资料来源：笔者整理。

◇◇一　发展成果

西港特区总体规划面积 11.13 平方公里，首期开发面积 5.28 平方公里，以纺织服装、箱包皮具、五金机械、木业制品为主要发展产业。在发展定位上，西港特区实行了产业规划与当地国情的深度融合，确保特区建设可持续发展。在发展思路上，实现产城融合，综合开发，分步实施。最终建成300家企业（机构）入驻，8万—10万产业工人就业的配套功能齐全的生态化宜居新城，成为柬埔寨的"深圳"。

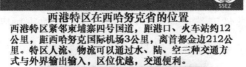

图2.10—3　西哈努克港经济特区的地理位置

资料来源：笔者整理。

- 特区整体开发面积11.13平方公里，首期5.28平方公里，以纺织服装、箱包皮具、五金机械电子、木业制品等为主要发展产业（产业规划与当地国情相融合）。
- 把企业走出去的意愿，与柬埔寨经济发展的阶段性需要有效对接。

图2.10—4　西哈努克港经济特区的发展规划

资料来源：笔者整理。

经过 10 年开发建设，西港特区已初步形成了国际化工业园区的规模，首期 5 平方公里区域内初步实现了"五通一平"，建有 160 栋厂房和一座大型污水处理厂，并配套建设了集办公、居住、餐饮和文化娱乐等多种服务功能于一体的综合服务中心大楼和柬籍员工宿舍、集贸市场、生活服务区等设施。同时，西港特区公司还引入柬埔寨发展理事会、海关、商检、商业部、劳工局、西哈努克省政府入区办公，为企业提供"一站式"服务；建立了劳动力市场，定期在区内举办人力资源劳工招聘会；联合无锡商院共同开办西港特区培训中心，为区内员工及周边村民提供语言及技能培训，现已开展了十期培训，共计 2.35 万人次参加。

目前西港特区首期5平方公里区域内已实现通路、通电、通水、通讯、排污和地平，建有厂房160栋，已成为柬埔寨当地生产、生活配套环境完善的工业园区。

图 2.10—5　西哈努克港经济特区的基础设施
资料来源：笔者整理。

截至 2018 年 3 月，西港特区已引入了来自中国、欧美、日韩等国家及地区的包括工业、服务行业在内的企业（机构）109 家，其中 94 家为中资企业，12 家为第三国企业，3 家为柬埔寨当地企业（见图 2.10—7、图 2.10—8）。92 家企业现已生产经营，区内从业人员 1.6 万名。

引入由柬埔寨发展理事会、商业部、海关、商检、劳工局、西哈努克省政府代表组成的"一站式"行政服务窗口，为入区企业提供投资申请、登记注册、报关、商检、核发原产地证明等服务，使区内企业不出园区便可办妥相关手续。

图 2.10— 6　西哈努克港经济特区的配套服务

资料来源：笔者整理。

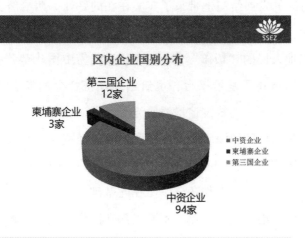

图 2.10—7　西哈努克港经济特区企业国别分布

资料来源：笔者整理。

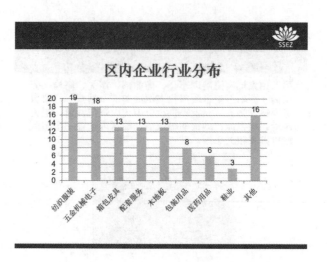

图 2.10—8 西哈努克港经济特区企业行业分布

资料来源:笔者整理。

　　西港特区的发展给当地带来了实实在在的好处。西哈努克省省长润明曾多次表示,西港特区是全省重要的经济发展引擎,带动了全省经济的发展,也是当地人民的"饭碗"。西港特区不仅为中国优势产业"走出去"实现产能合作搭建了发展平台,也给当地经济社会的发展带来了积极影响,更为中柬两国的传统友谊增添了光彩。

　　首先,西港特区加深了两市、两省之间的经贸往来及人文交流。2009年7月,无锡市与西哈努克市缔结为友好城市;2014年7月,江苏省与西哈努克省签署了友好合作备忘录。在此基础上,两省、两地政府互访密切,同时,以西港特区为支点,不断加深在医疗、卫生、教育等各领域的合作与交流。在医疗卫生领域,在西港特区公司的配合下,江苏省人民政府于2015年和2016年先后两次派出援外医疗队在西哈努克省开展免费医疗巡诊活动,累计为当地2800多名求诊患者进行疾病诊断和医治。在教育合作领域,2015年,江苏省政府向西哈努克省政府捐赠了40台电脑;2016年,又为默德朗乡小学援助建设电教室,改善教学条件。另外,无锡市政府还在西港特区内开设无锡图书馆，为区内员工、周边村民提供图书阅览服务，促进两地文化的交流；向西哈努克省政府捐赠一批太阳能路灯，改善四号国道行车条件，完善当地道路设施。

协助江苏省政府连续两年开展医疗巡诊活动，免费为当地百姓赠医施药。

2015年12月，江苏省政府派出江苏援外医疗队到西哈努克省开展医疗巡诊。

2016年12月，江苏省政府派出第二批援外医疗队到西哈努克省开展义诊，共计诊治患者1600多名。

图2.10—9　西哈努克港经济特区履行社会责任（1）
资料来源：笔者整理。

承建由江苏省政府捐建的默德朗乡小学电教室，改善教学条件；配合无锡市教育局内向默德朗乡小学捐赠1200套新衣，并与无锡市政府共同向西哈努克省政府捐赠一批太阳能路灯，改善四号公路行车条件。

默德朗乡小学电教室

部分安装好的太阳能路灯

2016年12月18日，无锡市副市长华博雅出席衣服捐赠仪式。

图2.10—10　西哈努克港经济特区履行社会责任（2）
资料来源：笔者整理。

其次，发展成果惠及当地，给当地人民带来了实实在在的"获得感"。西港特区通过引进国际企业，拉动当地就业，目前仅属地波雷诺县就有70%的家庭在特区工作，改善了这些家庭的生活。同时，特区还带动了周边商业的发展，为周边居民脱贫致富创造商机。有些村民通过在特区内租赁商铺、向区内员工出租宿舍等获得收益。另外，西港特区公司还积极履行社会责任，将发展成果惠及周边，做"亲诚惠容"的传播者及践行者。通过每年向柬埔寨红十字会捐款，开展捐资助学活动，修桥铺路以及成立中柬友谊公益志愿者团队进行帮扶救困等公益活动，造福当地百姓。

图2.10—11 西哈努克港经济特区履行社会责任（3）
资料来源：笔者整理。

同时，西港特区还加快了柬埔寨的工业化进程，进一步促进了中柬双方企业在经济、技术上的合作，促进原产地多元化，带动中国原（辅）材料、设备的出口，达到中柬双方互利共赢。

积极参加各种公益慈善活动，包括每年向柬埔寨红十字会捐款，向属地布雷诺县受灾贫民捐赠大米，向默德朗乡灾民捐赠饮用水，在"国际妇女节"向柬埔寨贫困妇女捐助蚊帐、大米等。

西港特区公司向红十字会捐款。

2016年5月，在柬埔寨旱季缺水的情况下，向默得朗乡灾民捐赠5000箱饮用水。

图 2.10—12　西哈努克港经济特区履行社会责任（4）

资料来源：笔者整理。

◇◇二　挑战分析

西港特区的发展并不是一帆风顺的，一直以来，都在不断地研究新情况、解决新问题，在不断克服困难的过程中前进。

首先，柬埔寨目前工业门类不够齐全，主导产业还是以农业、旅游业、纺织业等行业为主，尚处于工业化初期阶段。为此，西港特区公司不断加大"龙头"招商及产业链招商力度，通过引进大项目和带动性强的项目，完善区内上下游企业配套，形成产业集聚。

其次，缺乏产业工人。柬埔寨是传统农业国家，当地人以前一直从事农耕，文化教育程度不高，工厂在招聘的时候，很多工人缺乏技术经验，需要从头学起。为此，一方面，西港特区公司自建设之初，就在特区附近的默德朗乡免费开设了中文培训班，义务教授当地人学中文，学成之后推荐他们到企业去做翻译,现在他们中有很多都已经是车间主管;另一方面,联合无锡商业职业技术学院开办了培训中心,包括开设中文、英语、物流、会计、市场营销等课程,为当地的工人和村民免费提供培训,增强他们的工作技能。且,由中国商务部在特区内援建的职业技术培训中心也因投入使用,为当地人提供语言、技能等全方位培训,为企业培养人才。

柬埔寨《2015—2025 工业发展战略》与中国的"一带一路"倡议是相吻合的,作为柬埔寨最大的经济特区特区以及"一带一路"上的标志性项目,我们正在朝着产城一体化的目标不断加快建设步伐,努力将西港特区打造成合作共赢的样板园区,造福当地的民心工程,为加深两国之间的经贸往来及传统友谊做出贡献。

图 2.10—13　西哈努克港经济特区应对挑战(1)

资料来源:笔者整理。

中国商务部援建的职业技术培训中心已经落户在西港特区。预计今年上半年可交付使用。届时可为周边学生和工人提供语言和技能培训，极大提升当地的教育水平。

图 2.10—14　西哈努克港经济特区应对挑战（2）

资料来源：笔者整理。

第十一章　埃塞俄比亚东方工业园成果与分享

刘正华①

【摘要】通过近 10 年的建设，埃塞俄比亚东方工业园已经成为"中非产能合作、产能转移"的试点单位及"一带一路"建设的重要承接点。作为境外民营园区，东方工业园成功地站稳了脚跟、获得了发展，还在改变东道国理念、引导东道国立法等方面取得重要成果。但是，来自中国政府的引导与支持依然是海外园区所迫切需要的。

埃塞俄比亚东方工业园在各级政府的支持下，经过 10 年的建设，工业园的建设、招商和运营进入良性发展的轨道。2015 年 4 月 13 日，工业园通过国家商务部、财政部考核，成为江苏省第二个国家级境外经贸合作区，目前也已成为国家"中非产能合作、产能转移"的试点单位及"一带一路"的重要承接点，先后接待李克强总理、汪洋副总理、刘延东副总理、各部长等 60 多批次领导考察。工业园致力于可持续发展，努力将园区建设成为标杆性国家境外经贸合作区。目前工业园二期已经列为中埃二国政府的 A 类 21 个重点支持项目之一。

---

①　刘正华，江苏其元集团副总裁。

◇◇一 工业园建设情况

工业园总规划面积 5 平方公里，一期 2.33 平方公里已开发完成，投入达 1.3 亿美元；二期 1.67 平方公里即将开工建设计划投入 0.8 亿美元；三期规划建设 1 平方公里，完善投资 1 亿美元。一期建设项目包括通路、通电、通水、通信、污水处理和土地平整等"四通一平"及标准型厂房建设。其中 19 公里铁丝网围栏、233 万立方米土地平整、"五纵五横"10条主干道、600 吨/时供水系统、13.2 万 kV 总降站，配套设施日处理3000 吨污水处理及管网系统、3 幢 18500 平方米员工住宅宿舍楼。1 幢3000 平方米员工食堂，20 幢近 25 万平方米标准型厂房；3024 平方米办公用房及一站式服务、5 万平方米绿化。

工业园总规划面积**5**平方公里，一期**2.33**平方公里已开发完成，建设已投入达**1.3**亿美元；二期**1.67**平方公里即将开工建设计划投入**0.8**亿美元；三期规划建设**1**平方公里，完善投资**1**亿美元。

图 2.11—1 东方工业园园区规划

资料来源：笔者整理。

◇◇二　社会公共资源

埃塞俄比亚政局长期稳定、治安良好，是非洲最清廉的国家之一。埃塞俄比亚是我国"非洲新战略"推进的重要枢纽，联合国非洲经济委员会（ECA）及非洲联盟（UA）的总部均设在首都亚的斯亚贝巴，因此，亚的斯亚贝巴也被称为非洲的政治首都，埃塞俄比亚重视与邻国及西方和中东的关系，特别是与我国保持了长期友好关系。且是中国"产能转移、产业合作"的首选国，埃塞俄比亚GDP连续多年保持10%以上的高速增长，且政局稳定、社会治安良好，平均气温16摄氏度，特别是到港口的高速公路、电器化铁路等都是在工业园开设枢纽。

埃塞俄比亚东方工业园的社会公共资源状况大致为：

1. 电力基本100%水电，电费成本为5美分/摄氏度，且工业园电力在出口吉布提的电力主线路上，基本做到不停电。

2. 人力及市场，埃塞拥有近1亿人口，其本身就是一个巨大的市场。工业刚起步，市场物资贫乏，工业物资价格特别高，平均是中国市场的2倍以上，极具投资价值。拥有4000多万劳动力，并且平均工资为300元人民币/月。

3. 厂房，目前建有近25万平方米的标准型厂房出租或出售，可以为企业探索市场降低投资风险，做到进设备就生产，感到前景再买地扩大投资。

◇◇三　政府政策扶持

埃塞俄比亚政府成立了工业园筹划委员会和技术指导委员会。埃塞俄比亚工业部、奥罗米亚州政府派驻 4 名专职官员参与工业园建设和管理。工业部牵头成立了筹委会和技术指导委员会，每 3 个月召开一次现场办公会，并可临时召开紧急会议调解有关问题。

1. 优惠政策得到了落实，所得税免税期达 5—10 年，外汇留存达 30%。

2. 工业园成为海陆联运的内陆港口，点对点运输物资；海陆运输运费下降 5%。

3. 区内设立保税仓库、商检检验场，减少企业运行成本；区内设立海关、商检、税务、质检等"一站式"服务。

4. 在埃塞俄比亚生产的几乎所有产品可免关税、免配额进入美欧市场；出口至加拿大、日本、新西兰等国家和地区的绝大多数产品均享受零关税待遇。埃塞俄比亚是"东南非共同市场"（COMESA）的成员国，产品可以在优惠条件下进入 21 个成员国市场。国内投资可以有效避免反倾销、配额等贸易堡垒。

5. 通过立法体制成立了《工业园法》，成立了宽松的税率条约及投资者投资促进保护协议，确保了投资的合法保障。园内企业可以暂时不成立工会组织。

◇◇四　工业园招商情况

随着国家对企业"走出去"政策支持力度的加大，加上埃塞俄比亚相对稳定的政治环境、自身发展潜力及综合成本优势，工业园在国内知名度日益提升。目前，工业园已吸引 70 家企业入驻，协议投资总额 5.2 亿美元，到位达 3 亿美元，其中 32 家企业已投入生产，截至 2016 年年底，工业园企业总产值 5 亿美元，上缴税收 4000 万美元，当地就业达 1 万多人。一期招商爆满，还有 20 家以上等待二期建设后入园，预计一年内入园企业将达到 100 家左右。

图 2.11—2　东方工业园部分前期入园企业

资料来源：笔者整理。

◇◇五　成果分享

工业园开发建设从举步艰难到目前可喜成绩和日益看好的发展前景令人鼓舞，这是正好赶上国家好的政策，但作为一个民企的对外工业园，又是中埃二国政府高访议题之一，责任重大但又深感"小马拉大车"的沉重，任重道远，只能千方百计依托现有资源把东方工业园建设成二国政府的亮点工程。

1. 改变埃塞政府的工业发展概念，从不知道工业园是什么到大力开发工业园模式，我们邀请了埃方 20 个部长先后二次来中国考察、学习工业园，把工业园列为该国"工业发展计划中重要的优先项目"，以至以东方工业园模式复制了该国工业园的发展。

2. 以实例促成法律的修改，工业园的土地分割在埃塞俄比亚是违法的，我们通过实际入园企业的要求，参照中国运行模式，花三年的时间奔走呼吁，最终通过联邦议会修改了宪法，并促成设立了《工业园法》的成立。

3. 撬动了两国政府的互动支持，我们以一个民企的绵薄之力，以坚韧的毅力坚持工业园建设与发展，吴邦国委员长提出"要将东方工业园建设成为中国与埃塞分享中国改革开放 30 年成功经验的示范区"业已走进非洲的良好平台，工业园已经成为国内产业转移的优良载体、江苏乃至中国在埃塞的形象工程，七年来，有 30 多批次的国家和部委领导先后亲临工业园视察指导，国务院总理李克强、时任国家副主席李源潮，汪洋副总理，刘延东副总理，中央书记处书记赵洪祝等领导莅园视察指导。以成为两国政府访谈的重要话题，各级领导都充分肯定工业园开发建设的成绩，并指示相关部门大力关心、扶持。

4. 做好入园企业服务、培植入园企业成长。入园企业是我们的生命，我们不仅要把企业招进来，也要把企业服务、培养好，这样才能保持园区持续发展。通过近年入园企业的入驻、发展分析，"走出去"企业都是谨慎、小步快跑型，先租厂房投设备试探市场，发现商机再扩展。工业园强化配套设施建设，如租赁厂房可以租、买结合，代建厂房等，利用园区的影响力尽力向驻在国要政策，帮企业解决经营过程中遇到的困难，比如企业考察、工人签证、海关通关等，让入园企业实实在在感觉到在园区的温暖、贴心。先入园生产的 24 家企业都有比较大的收益，平均资产收益率达到 30% 以上，发展速度都很快。目前我们现在在争取退税返还、正在建立解决入园企业融资困难的统贷平台等。这些都是我们努力创新的服务。

5. 园区效益,园区开发属于重资产投入,政治意义与平台建设的意义比较大,目前绝大部分是央企、国资参与的,盈利能力都不乐观。每个驻在国、每个地区的情况都不同,没有经验可以完全借鉴。东方工业园从2007年国家招投标到目前近10年的建设开发,都是在逐步摸索、改进的过程。目前东方工业园的收入主要依赖房地产出让、厂房租赁、物业管理费、电力补贴、水费、污水处理费等,开始我们出让熟地是亏本的,是为了招商吸引人气,我们已经三次涨价到目前12万/亩,开始单项盈利。标准型厂房目前收入可达到0.5亿元人民币/年,电力补偿可达到0.5亿元人民币/年,随着入园企业开工率增加,可达到1亿元人民币以上。物业管理、水费、污水处理基本为0.35亿元/年。我们是2015年才开始完全盈利0.5亿元人民币,2016年达到1亿元人民币,预计2017年可以达到1.5亿元人民币,2018年基本达到2亿元人民币以上。可以说从目前来看,东方工业园的投资回报率15%以上,领先于其他园区。

6. 园区的营运模式及可持续发展

东方工业园是纯私营企业投资,从一开始就以居安思危的心态来开发建设,以"局部开发、滚动建设"为理念,第一,风险评估做到心里有底。与政府部门建立良好的沟通机制。埃塞俄比亚是个非洲政治中心,与中国的关系非常友好,政局稳定、社会治安好、民风淳朴、气候宜人、交通方便、政府发展信念强等。第二,低成本建设。我们从私营企业的风格上脚踏实地,规划高标准,建设低成本,比如园区的道路建设比国家国道都宽,完全按照中国工业园的基础设施要求建设,同时又严格控制成本,建设是单包方式,连5万平方米的绿化花木都是自己培育,每一分钱都花在刀刃上。到目前园区管理人员都在简易办公房办公,资金直接参与第一线生产达95%以上,每平方米建设成本才达到375元。第三,有效利用政策,合理利用资源。东方工业园立足制造加工园区这特色,向驻在国争取到了许多优惠政策，建设回报率较高的出租型标准厂房 25 万平方米。利用国家水电发电量充沛但输变电薄弱特点，直接建设总降站，向国家争取到 0.2 元/摄氏度的国家补偿，确保园区区别与区外不停电的优势，故在较短时间内企业满园，完成了盈利的必需因素。第四，营运低成本。工业园管理人员仅 5 人，二线人员 9 人。大部分是从翻译就地培养出来的，个个身兼多职，且忠心度高，每年工资成本不足 500 万元。特别是集团董事长卢其元先生每月基本有 15 天亲临现场指导，以自身的敬业精神感染着团队。

东方工业园的建设经营，在埃塞俄比亚体现特色，也没有经验可言，可谓仁者见仁、智者见智。但无论从自身的盈利模式、发展速度来看，都能够保持园区的可持续发展，园区更大的特色是以自己投入的工业发展带动园区建设，我们建设年产有近 100 万吨二个水泥厂、一个年产 130 万吨钢厂，目前又参股药厂，盈利能力相当强，这些都是持续发展的后盾。埃塞俄比亚政府希望更宏伟的建设目标，把以东方工业园为枢纽，毗邻两个镇，占地 25—100 平方公里的经济特区，建设成为一个绿色生态型投资集聚区、现代化的工业城。真诚希望有更多企业加入合作中，共同开发，共享成果。

◇◇六　目前园区遇到的困难

工业园开发建设的可喜成绩和日益看好的发展前景令人鼓舞，这归因于党和国家的政策上的引导。但作为一家民营企业，在"走出去"中凭一己之力建设工业园，也深感"小马拉大车"的沉重。当前，园区面临最大的困扰主要包括以下几方面。

1. 民企地位问题

民营身份工业园在与埃塞俄比亚政府争取政策、商谈事务中地位不对等。导致商谈成果落地慢、重大优惠政策难以突破；特别是在扶持政策争取、宣传、考察接待等方面欠缺，造成直观形象好于社会影响、困难反映得不到国家重视等，造成"孤儿"式的打拼。

2. 园区资产法律地位问题

工业园资产在埃塞俄比亚，难以通过资产抵押融资，建设资金短缺一直困扰工业园发展，目前工业园负债率10%不到，单靠"滚动式发展"严重影响发展速度，错失国内"产能转移"良机；入园企业遇到了同样的问题，资金跟不上发展，在埃塞俄比亚融资希望很小，因为产业散、规模小国内专一银行不重视。

3. 扶持政策问题

政府承诺的支持变化大，如商务部、财政部3亿元人民币的扶持被停止，省、市原鼓励招标工业园的奖励资金1亿多元人民币，目前只到位3850万元人民币。缺口比例达63%。

◇◇七　工业园持续、良性发展急切期待 得到政府的支持

1. 期待国资参与

作为民营工业园，东方工业园深感单打独斗的苦衷，迫切希望政府引导、引进战略合作伙伴，国资的引进可以增强工业园在埃塞的发言权，增强工业园资本的同时又不失灵活机制，让工业园更健康发展。特别是引进有开发区建设，基础设施建设经验的企业，让其引导、规范工业园建设，避免工业园在建设、管理、招商上走弯路。利用埃塞目前的政策、成本、出口税收免税优势把工业园建设成为中国企业"走出去"在埃塞的一个基地。

2. 增信、融资支持

为了工业园的长期发展，希望政府协调国内相关政策性银行，给予工业园及入园企业充分的时间的授信。作为目前已初见成效的海外工业园，相关银行等应给予充分的理解及支持。利用政府控制的平台帮民营企业增信，特别是目前开发银行推进的"工业园统贷"平台，用工业园资产作背景担保，以国资增信，贷款专用于入园企业需要。目前正在与多家国资以共赢方式洽谈。争取做到既培植入园企业又促进工业园的发展，达到一举两得的效果。

3. 推动引进战略伙伴

直接参与、推动中非基金、丝路基金、中非产能合作基金参与工业园建设。合作开发方面，因工业园的政治地位、社会影响、两国政府希望等，特别是工业园已经立为中国产业转移的试点之一，恳请政府协调引进国家支持"走出去"基金的战略合作伙伴，加快工业园发展。

4. 统筹协调

希望政府协调、引导"抱团式"、"产业链"式"走出去"，同时大力支持配套"走出去"，如教育、员工职能培训机构。统筹建立各国园区的数据库，成立"互联网＋"的招商平台，让意向"走出去"企业能直观"互比式"、有针对性地寻找方向，有序定位，错位发展，避免行业竞争，做到精准投资、减少投资风险。随着东方工业园成功模式的影响，埃塞俄比亚政府大批量复制该模式，特别是要求驻埃塞俄比亚的央企建设5—7个工业园，这给我们带来最大的压力，我们不怕与其他国家工业园竞争，比如印度工业园、土耳其工业园等，而担心中国其他工业园可能进行的无序竞争，希望中国政府相关部门统筹协调，防止工业园间互相压制、优惠政策分散、影响力下降、基础设施的重复建设等损害中国企业利益，协调各工业园争取优惠政策用同一个声音发声，增强影响力。强化地方政府对"走出去"企业支持的职能。

第十二章　泰中罗勇工业园——"一带一路"中企之家

吴广云①

【摘要】泰中罗勇工业园的顺利推进表明，中国政府与东道国政府的支持对境外园区建设非常重要。两国政府的有力保障和东道国相对优越的投资环境，使得泰中罗勇工业园成为"一带一路"上的中企之家，园区大大地降低了我国中小企业"走出去"的初期风险，"抱团出海"也大大提升了中资企业的国际竞争力。

何为中国境外经贸合作区？中国境外经贸合作区是以企业为主体，以商业运作为基础，由中国企业通过合资合作等形式在其他国家建立的多种类型的产业园区，泰中罗勇工业园为中国首批境外经贸合作区。

◇一　泰中罗勇工业园经贸合作区的基本概况

泰中罗勇工业园是由中国华立集团与泰国安美德集团在泰合作开发的

---

① 吴广云，泰中罗勇工业园副总裁。

面向中国投资者的现代化工业区，被国家商务部、财政部确认为首批"境外经济贸易合作区"。园区位于泰国东部海岸、靠近泰国首都曼谷和廉差邦深水港，总体规划面积 12 平方公里，包括一般工业区、保税区、物流仓储区和商业生活区，致力于打造汽摩配件、新能源、新材料、电子电器等产业的绿色环保工业园。

> 泰中罗勇工业园是由中国华立集团与泰国安美德集团在泰国合作开发的面向中国投资者的现代化工业区。园区总体规划面积12平方公里，位于泰国东部海岸，靠近泰国首都曼谷和廉查邦深水港

2005年7月1日，华立集团与安美德集团在泰国总理他信和国务院副总理回良玉的见证下，于北京签署了合作开发"泰中罗勇工业园"的备忘录

2010年10月10日，华立集团与安美德集团在泰国总理阿披实和人大委员会委员长吴邦国的见证下，在泰国签署了"泰中罗勇工业园第二期"协议

图 2.12—1　泰中罗勇工业园的成立背景

资料来源：笔者整理。

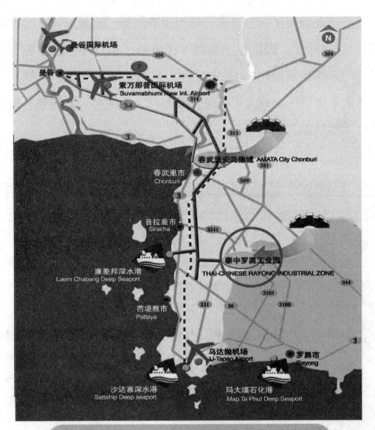

交通便利:
1. 曼谷 --------------------------114KM
2. 素万那普机场----------------- 99 KM
3. 廉查邦深水港 -------------- 27 KM
4. 芭提雅 --------------------------36 KM

图 2.12—2　泰中罗勇工业园的地理位置

资料来源:笔者整理。

　　园区为入园企业提供"七通一平"的基础设施和完善舒适的生活环
境,园区还向入园企业提供"一站式"的中文服务,比如:投资优惠申
请、企业注册服务、融资服务、报关报税服务、法律政策咨询、人力资源

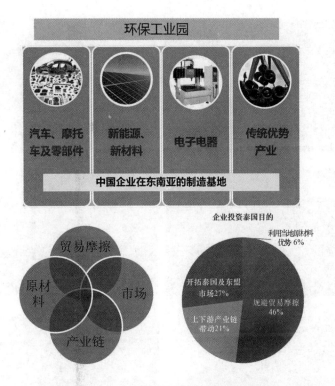

图2.12—3　泰中罗勇工业园的产业定位

资料来源：笔者整理。

服务、标准厂房/仓库租赁服务以及公寓、餐饮服务等，为企业解除后顾之忧。此外，入园企业还可享受最高"八免五减半"的税收优惠和非税收优惠政策。

　　在中泰两国各级政府的大力支持下，泰中罗勇工业园经过10余年的发展，已成为中国传统优势产业在泰国乃至东盟的最大产业集群中心与制造出口基地，成为中国和东盟产能合作的重要平台。目前园区已完成约6平方公里的开发与招商，累计吸引101家企业入驻园区，协议投资金额合计25亿美元，解决当地就业3万余人。

图 2.12—4 泰中罗勇工业园的基础设施

资料来源:笔者整理。

◇◇二 泰中罗勇工业园经贸合作区顺利推进的因素

泰中罗勇工业园的顺利推进的主要因素包括以下几方面。

1. 中泰两国各级政府的支持、中国企业"走出去"加快的大背景"天时"。

图 2.12—5　泰中罗勇工业园的综合优势

资料来源：笔者整理。

图 2.12—6　泰中罗勇工业园顺利推进的因素

资料来源：笔者整理。

2. 优越的泰国投资环境（宏观）（"地利"）。

3. 园区环境与区位优势（微观硬件、软件环境）（"地利"）。

4. 园区中泰建设企业强强联合（"人和"）。

◇◇三　境外经贸合作区在促进中国企业特别是中小企业"走出去"发展方面起到的作用

通过泰中罗勇工业园的 10 余年成功实践，我们认为境外经贸合作区在促进中国企业产业集群与中小企业"走出去"发展方面起到的作用主要有以下两个。

1. 合作区大大降低了中小企业"走出去"投资初期的风险

众所周知，中小企业由于财力、人才等多方面的限制，赴境外投资对东道国的政策、法律法规、风俗习惯等难以进行详尽的调查，即使进行调查，有时也难以获得准确的信息，导致中小企业经常跌入投资陷阱，碰到各种障碍，进而可能导致最后的投资失败。由于园区为企业创造了相对安全、便捷的投资小环境，很多中小企业只要做好自身的投资方案、生产运营即可，其他事项可在园区专业人员的协助下完成，这样大大降低了中小企业"走出去"的门槛，少走弯路，少交学费，从而显著提高了中小企业赴境外投资的存活率。

2. 合作区强化了企业间的合作交流，起到了"抱团出海"的效应

近年来，赴泰中罗勇工业园投资的企业呈现了集群式"走出去"的现象，往往一家龙头企业的入驻，会带动上下游多家配套企业一起跟着"走出去"。例如 2012 年 7 月立项并成立的中策橡胶（泰国）有限公司，是目前泰中罗勇工业园区内占地面积、生产规模、总投资额最大的生产企

业，该项目占地 800 余亩，一期、二期总投资额 30 亿元人民币。这家企业的入园，带动了国内橡胶轮胎行业多家配套企业跟着入园，起到了集群式"走出去"的效果，从单个企业的竞争转变为整个产业链的竞争，这大大提升了中资企业的国际竞争力。

此外，这些集群式入园的企业通过参加园区"驻泰中资商会罗勇工业园分会"定期组织的"合规企业""社会交流""关爱员工"等活动，园区企业定期交流在泰国投资的经验教训，互相学习与合作；园区不定期邀请泰国海关、税务、劳工、电力等政府部门的官员与专家来园区与企业进行交流，现场解答或解决企业投资过程中遇到的困难和问题，这些都体现了"抱团出海"的效应。

第十三章 加强国际产能合作构建 东盟绿色园区

周漪青①

【摘要】产业园建设已经成为中国政府推进"一带一路"倡议的先行探索和积极实践。中马钦州产业园以创新的思路和模式促进中国—东盟国际产能合作，致力于打造中国—东盟自由贸易区"升级版"。作为第四代"绿色"开发园区，中马钦州产业园坚持以体制机制创新为动力，在项目选择上更加注重战略性新兴产业布局，在基础设施建设上更加注重产城融合发展，在产业培育上更加注重产业平台化构建，在开发动力上更加注重实施资本化战略，在体制机制上更加注重政府职能转变，在国际合作上更加注重双向投资便利化和贸易自由化。

◇◇一 "两国双园"的背景

中国—马来西亚钦州产业园区，以及由中马两国政府共同开创的"两国双园"国际产能合作新模式，成为中国政府推进"一带一路"倡议的先行探索和

---

① 周漪青，中国人民大学亚太法学院副院长、中国—马来西亚钦州产业园经济发展局副局长。

积极实践。早在 2011 年 4 月 28 日，时任中国国务院总理温家宝访问马来西亚，与时任的纳吉布总理达成两国政府共建中马钦州产业园区的共识；2012 年 4 月 1 日，两国总理共同出席钦州产业园区开园仪式。根据纳吉布总理提议，两国政府同意在马来西亚关丹市同步建设马中产业园区。2013 年 2 月 5 日，时任全国政协主席贾庆林赴马来西亚，出席马中关丹产业园区开园仪式，"两国双园"进入互动并进建设的新时期。根据中马双方达成的合作协议，由中方财团和马来西亚财团共同组建合资公司开发建设园区。为协调和推动"两国双园"开发建设，两国政府成立了"两国双园"联合合作理事会，建立完善了司局级协调沟通机制。双方还建立了联合招商机制，探索在"两国双园"架构下实现投资贸易合作和产业政策创新。"两国双园"产业合作模式受到了两国领导人的高度重视。2014 年 11 月 10 日，国家主席习近平参加 APEC 会议会见纳吉布总理时，提出要"将钦州、关丹产业园区打造成中马投资合作旗舰项目和中国—东盟合作示范区"；国务院总理李克强会见纳吉布总理时，明确表示"中国政府支持中马钦州产业园和马中关丹产业园建设，鼓励中资企业赴马投资兴业"。"两国双园"开辟了新时期国际经济和贸易合作的新模式，为中国与东盟国家之间推进产能合作、促进双向投资提供了有效载体，必将推动"两国双园"走向"两国多园"和"多国多园"，为服务国家"一带一路"战略、打造中国东盟自由贸易区"升级版"发挥重要的示范和引导作用。

◇◇二 东盟绿色园区的概念

中马钦州产业园区认真总结中国园区经济从工业集中型园区（1.0 版）向产城融合型园区（2.0 版）再到科教创新型园区（3.0 版）的发展经验，以创建"中国（北部湾）自由贸易试验区"为契机，推进园区开发模式创新和政策创新，积极探索建设具有自由贸易功能的第四代绿色开发园区（4.0 版）。

毫无疑问，第四代开发园区不是对前三代园区的否定，而是坚持以体制机制创新为动力，既继承前三代园区的发展内涵，又突出了国际合作导向和开发模式创新，致力于建设高端产业集聚区、产城融合示范区、科教和人才资源富集区、国际合作和自由贸易试验区，为中国经济的国际化提供持续不懈的发展动力。建设第四代开发园区，进一步明确了中马钦州产业园区的建设内涵和目标定位，例如：在项目选择上更加注重战略性新兴产业布局，在基础设施建设上更加注重产城融合发展，在产业培育上更加注重产业平台化构建，在开发动力上更加注重实施资本化战略，在体制机制上更加注重政府职能转变，在国际合作上更加注重双向投资便利化和贸易自由化。中马钦州产业园区正在围绕建设第四代开发园区，开展总体规划修编工作，这一努力将使中马钦州产业园区成为我国国际化创新园区的雏形。

After carefully reviewing the development experience of park economy in China, we put forward a clear objective of building the country's "4th generation park", which aims to turn CMQIP into a high-end industrial cluster, a model park for industry-city integration, an area with rich scientific, education and human resources, a pilot zone for international cooperation with free trade functions, and a new platform for China-ASEAN cooperation on international production capacity.

中马钦州产业园区认真研究和总结中国园区经济发展的历程和经验，以建设中国新一代国际化、创新型园区为目标，着力建设高端产业集聚区、产城融合示范区、科教和人才资源富集区、国际合作与自由贸易试验区，全力打造中国-东盟国际产能合作新平台。

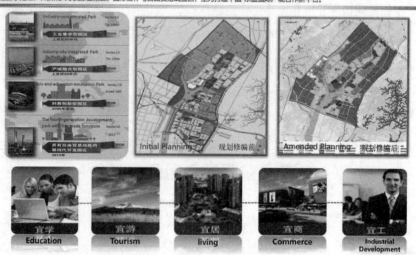

图 2.13—1 中马钦州产业园的创新规划

资料来源：笔者整理。

◇◇三　资本导向的园区开发体系

中马钦州产业园区以实现投资多元化为目标，逐步建立以资本为导向的园区开发体系。园区改变传统园区以土地经营为主的开发模式，探索投资收益来源从土地经营向城市经营、产业经营和资本经营相结合转变，引导投资者实现开发建设的综合收益。实施财政资金资本化战略，逐步放大财政资金的投资带动作用，减少财政资金直接补助产业项目，强化产业引导基金、股权投资基金、创业投资基金对战略性新兴产业项目

As New Normal prevailed in the Chinese economy, industrial restructuring and the Internet entered a new stage, CMQIP accordingly made innovation to its development model. It established a capital-driven park development model and stepped up its reform and innovation for fast development.

适应中国经济进入新常态、产业转型升级新趋势和互联网、移动互联网发展的新形势，加快推进园区开发模式创新，努力构建以资本为导向的园区开发模式，加快建设中国改革创新新型园区，推进园区实现跨越式发展。

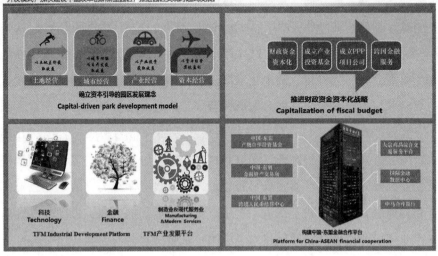

图2.13—2　中马钦州产业园的开发体系

资料来源：笔者整理。

的扶持，实现财政扶持资金的可循环、可回收和高效率利用。以"两国双园"为载体，加快金融国际化步伐，积极稳妥推进跨境金融服务中心建设。用足用好广西沿边金融综合改革试验区政策，拓展人民币回流机制，打通"两国双园"人民币流通渠道。加强与东盟国家金融机构合作，拓展境外资本利用渠道和方式，谋划设立中马合作银行、中国东盟产能合作投资基金等跨境金融服务机构。推动外资股权投资类企业试点工作，积极引进创业投资基金、产业投资基金、厂房建设基金、风险投资机构、融资性担保公司、融资租赁公司等到园区设立法人机构或分支机构，推动入园企业通过资本市场直接融资，构建入园企业便捷高效的金融服务体系。

◇◇四 TFM 产业发展平台

中马钦州产业园区围绕发展战略性新兴产业和跨境服务业集群，优先考虑与龙头商、先导商、集成商实施战略合作，整合相关技术、人才和资本要素，加快构建一批 TFM（Technology - Finance - Manufacturing & Modern Services）产业发展平台，以"园中园"模式实施开发，推进战略性新兴产业平台化、集群化、资本化发展。优化园区金融服务环境，支持园区与战略股权投资基金或其他金融机构合作，推进产业金融创新，探索入园企业轻资产运作模式，支持战略性新兴产业加快布局和成长。今后几年内，园区重点支持生物医药、光电新材料、跨境电子商务、卫星应用和科技创业园等一批重点产业发展平台建设，通过设立多种类型的产业投资基金和其他金融扶持形式，促进一批重点骨干企业加速入园，带动战略性新兴产业规模化发展。园区已建立了中国—东盟植物药与天然药研究与产业化基地、易通浩光电产业园、弘信创业工场（物流电商平台）、中马科技园（科技孵化平台）等五个产业发展平台，并完成对中国—东盟植物药与天然药研究与产业化基地 3000 万元股权投资工作。

图 2. 13—3　中马钦州产业园的发展平台

资料来源：笔者整理。

◇◇五　国际产能合作的模板

中马钦州产业园区以推动中国—东盟产能合作为己任，重点布局战略性新兴产业集群，促进工业化与信息化融合，积极谋划建设"中国制造2025"示范园区。实施"互联网＋"行动，以建设绿色智慧园区为导向，围绕国际经济发展新趋势和产业结构转型升级，完善和提升园区产业发展规划，重点发展新一代信息技术、生物技术和新医药、新能源和节能环保、新材料与智能制造、北斗卫星应用等战略性新兴产业,推动中国技术与产品"走出去"。以燕窝、清真食品、棕榈油深加工为重点,吸引马来西亚及东盟国家传统优势产业入驻园区。建立两国联合招商工作机制,强化龙头商、先导商和集成商的招商引资工作,力争用三年左右时间,促进生物医药、光电产业、电子商务和燕窝、清真食品等一批重点项目在园区建成投产,初步构建具有新兴产业特征的园区产业集群。

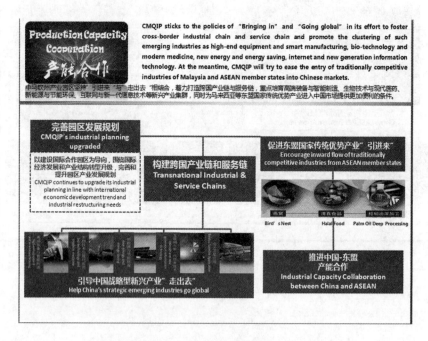

图 2.13—4 中马钦州产业园的合作模式

资料来源:笔者整理。

◇◇六 东盟合作的示范区

中马钦州产业园区以创建中国(北部湾)自由贸易实验区为契机,积极研究园区现代服务业发展规划,加快建设背靠我国中南西南地区、面向东盟国家的跨境服务业新高地。园区以金鼓江流域"三江四岸"为核心区，规划建设"东盟商谷"，重点发展港航服务、物流配送、商品展示和金融服务等优势服务业。主动参与中国—东盟信息港建设，依托中国—东盟港口城市互联互通网络平台，强化信息服务、卫星应用、跨境电子商务、大宗商品交易和人力资源服务等重点项目支撑，形成中国—东盟信息港的重要产业基地。积极发展服务贸易业务，推动服务业投资便利化，建设面向东盟地区的跨境医疗、旅游、咨询、教育和文化交流与合作基地。该项目已经列入广西重点服务业集聚区发展规划，其中项目一期位于中马钦州产业园区启动区友谊大道以西，中马北一街以南，中马南一街北，规划面积约618亩，建筑面积约149万平方米，总投资约118亿元。重点规划布局中国—东盟北斗卫星产业应用基地、北部湾港航服务业集聚区、大宗商品交易中心、跨境人民币结算中心、中国—东盟保税商品展示中心等项目。

◇◇七 园区的绿色服务

中马钦州产业园区不断完善以招商引资和项目服务为中心的园区管理体制。认真落实主要领导直接分管招商、其他领导配合抓好招商、全体工作人员一心服务招商的园区管理服务体制，园区的其他各项工作，包括基础设施建设、征地搬迁安置、体制机制创新等，均要围绕加快推进产业和城市项目布局来开展。完善园区招商引资决策机制，探索实施项目"直通车"制度，简化招商决策流程，加快推进一批骨干项目入园。围绕打造更有竞争力和吸引力的投资软环境，牢固树立亲商、富商、安商的园区服务理念，建立全过程、全天候、全方位亲商服务体系。建立园区服务企业帮办制度，领导带头联系和服务项目，及时帮助企业解决存在的困难和问题，为园区企业提供"一站式""保姆式""一条龙"服务。建立园区项目服务跟踪督查机制和目标考核体系，加强项目建设和投产进度督促检查。延伸园区服务流程，主动为企业项目建设开展行政审批服务流程和相关业务辅导，开展业务培训指导。围绕产业和城市项目开发建设需要，加快建立金融服务、大数据和云计算服务、国土测绘地理信息、科技孵化器等各类公共服务平台。

图 2.13—5 中马钦州产业园的绿色服务

资料来源：笔者整理。

◇◇八 创新型政策架构

中马钦州产业园区在"两国双园"合作框架下推进政策创新，积极探索开展联合招商、"两国一检"、国际产能合作和跨国金融服务支持。中国政府批准钦州园区在投资便利化、贸易自由化、金融国际化、管理法制化方面先行先试，每年给予园区 10 亿元人民币资金扶持。入园企业除了享受国家西部大开发、沿边金融综合改革试验区的优惠政策外，还同时享受广西北部湾经济区优惠政策和自治区政府给予园区的专门扶持政策；在用地方面，广西壮族自治区在编制实施土地利用年度计划时，单列下达用地计划指标，确保园区建设需要，并开始探索实施 2.5 产业优惠政策；在税收方面，国家鼓励类产业企业按 15% 的税率减半征收企业所得税，自治区还免征地方所得部分企业所得税，对年纳税额较高的企业，对企业高管和高技术人员可以按照个人所得税地方所得部分 1:1 进行奖励；在直接投资金扶持方面，与战略股权投资基金或其他金融机构合作，设立园区产业投资基金，支

We will make use of available production factors and explore policy innovation under the framework of "Two Countries, Twin Parks". We intend to issue a series of supporting policies covering fiscal and finance, tax, land use, human resources and others. At the same time, we will strive to offer more favorable investment conditions including "one customs check on either side is accepted on both sides", project entry services and support of international finance. We aim to turn CMQIP into an internationally competitive industrial park with favorable policies and pro-business environment, and demonstration zone of China-ASEAN economic & trade cooperation.

积极整合各类生产要素，探索"两国双园"框架下的政策创新，出台财政、金融、税收、用地、人才等扶持政策，推进两国一检、项目落地服务、国际金融扶持等投资便利措施，打造具有国际竞争力的政策洼地和投资高地，为深化中国-东盟经济贸易合作提供示范。

Policies issued specially for "Two Countries, Twin Parks"
"两国双园"特殊政策安排
1. 国际产能合作规划
2. 联合招商计划
3. "两国一检"便利化措施
4. 企业落地支持服务
5. 点对点金融开放与合作

land policies 土地政策	**Fiscal policies** 财政政策
1. 用地计划指标单列	1. 财政资金资本化
2. 实施 2.5 产业优惠政策	2. 入园企业投资补贴
3. 鼓励建设现代产业社区	3. 加工贸易扶持
4. 提供容积率支持	4. 创新与人才政策

Financial policies 金融政策	**Tax policies** 税收政策
1. 沿边金融开放政策	1. 鼓励类企业按 9% 征收企业所得税
2. 意愿结汇与跨境贷款	2. 个人所得税优惠
3. 设立园区产业投资基金	

CMQIP 中马钦州产业园区

MCkIP 马中关丹产业园区

图 2.13—6　中马钦州产业园的扶持政策

资料来源：笔者整理。

持入园企业成长。中马钦州产业园区将以自由贸易区申建为契机,继续推进先行先试工作,努力探索形成一批推广上海自贸区试点经验的政策措施,力争率先建立符合市场化、国际化、法制化要求的园区管理体制。

Conclusion: Promote China-ASEAN Cooperation on Production Capacity with Innovative Mindset and Model

小 结: 以创新的思路和模式推进中国-东盟国际产能合作

图 2.13—7　中马钦州产业园的意义

资料来源:笔者整理。

第十四章　亚吉铁路——"一带一路"的
实践与早期成果

袁　立①

【摘要】从"中国制造"向"中国运营"转型，全产业链"中国化"的亚吉铁路在非洲的建成投产为我国"一带一路"建设提供了新的合作模式。通过"一路"（亚吉铁路）带动"一带"（经济带），中土集团不仅拓展了多领域协调发展的承包工程业务，更建立了以运营、投资、物流、开发为补充的多元化产业格局，实现了沿线经济开发和国际产能合作。

中国在遥远的非洲大地一共修建了两条跨国铁路。一条是坦赞铁路，在毛主席的决策下于 20 世纪 70 年代建成，已经成为中非人民友谊的丰碑。另一条就是连接埃塞和吉布提的亚吉铁路，2016 年 10 月 5 日通车典礼，2018 年 1 月 1 日全线开通客货运商业运营。

这两条铁路都是中土集团实施建设的。中土集团系实施完坦赞铁路后，在铁道部援外办公室的基础上于 1979 年组建而成。此后经历铁道部、中央企业工委、国务院国资委管理。而后在 2003 年并入中国铁建，成为中国铁建的海外平台。

---

① 袁立，中国土木工程集团有限公司董事长。

图 2.14—1　行驶中的亚吉铁路

资料来源：笔者整理。

中土集团已经成为中国铁路"走出去"的先锋队。中土创造了四个"海外首条"：中国在海外修建的首条铁路——坦赞铁路；中国在海外修建的首条高铁——土耳其安伊高铁；非洲首条中国标准现代化铁路——尼日利亚阿卡铁路；海外首条全产业链中国化铁路——亚吉铁路。

中土集团还曾先后四次刷新中国对外承包工程单体合同额最高纪录，目前中国在海外的最大工程项目就是中土承建的，即合同额 111.7 亿美元的尼日利亚沿海铁路项目。

回到亚吉铁路。这条全长约 760 公里的亚吉铁路，埃塞俄比亚境内 670 公里，吉布提境内 90 公里（78 公里正线＋12 公里港口支线）。

这条铁路有三个特点。其一，这是海外首条跨国电气化铁路。其二，这是海外首条全产业链"中国化"的铁路。集投融资、设计、施工（土建、轨道、电气化、通信信号）、监理、装备材料、运营为一体。其三，这是东非铁路网中建成通车的第一条标准轨干线铁路。

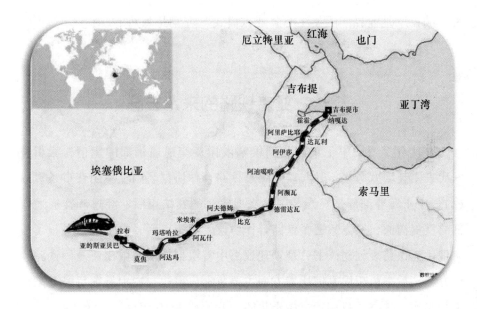

图 2.14—2 亚吉铁路线路

资料来源：笔者整理。

目前，业界认可亚吉铁路是"一带一路"倡议的早期成果。

时任埃塞俄比亚总理的海尔马里亚姆表示："这条铁路充分展示了中国企业的技术实力，它的建成实现了我们的一个梦想。这将大大促进埃塞俄比亚经济发展，提高我们在国际市场上的竞争力，同时加强我们与吉布提之间的合作。"吉布提总统盖莱认为："这条铁路为我们的未来带来了发展机遇。亚吉铁路的通车证明，大力兴建基础设施将决定我们国家10年后的命运。"习近平主席特使国家发展和改革委员会主任徐绍史在亚吉铁路通车典礼上说，"亚吉铁路是繁荣之路，它将埃塞与吉布提相连，与红海相连，与世界相连。这将为埃塞俄比亚和吉布提发展注入强大动力"。

接下来，笔者将从三个方面详述这条在"一带一路"倡议中具有重大意义的铁路：一是亚吉铁路怎么来的，也就是来龙去脉；二是亚吉铁路如何引领中国标准"走出去"，也就是中国铁路全产业链是如何"走出去"的；三是业界广泛关注的"亚吉模式"究竟是怎回事。

◇一 亚吉铁路的来龙去脉

2001 年 2 月，中土集团收到埃塞俄比亚交通通信部的邀请，派出技术代表团赴埃塞考察，并与埃方签署铁路合作协议。中土集团董事长袁立（时任中土海外部部长）参与了这次考察。考察结束后，经过和交通通信部的反复沟通，双方签署了铁路合作协议。半年以后，中土集团呈报了埃塞俄比亚铁路规划建议书，规划建议书中首次提出埃塞俄比亚全国铁路建设方案。后来由于埃塞俄比亚方面主要负责人更迭，特别是项目资金来源未能落实，铁路项目搁置。中土集团为此等待了 10 年。

图 2.14—3　中国铁建中土集团与埃塞俄比亚交通通信部签署铁路合作协议
资料来源：笔者整理。

2011 年 12 月 16 日，中土集团和埃塞俄比亚铁路公司签订了埃塞俄比亚米埃索—德雷达瓦—达瓦利段铁路项目合同，合同额约 14 亿美元。项目采用中国铁路技术标准设计建造，设计时速 120 公里。

在埃塞俄比亚铁路合同签订后，中土集团随即把注意力集中到埃塞俄比亚的邻国——吉布提。2012 年 1 月 30 日，中土集团与吉布提政府签订了吉布提铁路项目合同，合同额约 5.7 亿美元，铁路建设标准同埃塞俄比亚。这样，自埃塞俄比亚首都亚的斯亚贝巴至吉布提港口铁路商业合同分段全部签订完毕。

图 2.14—4　2012 年 1 月 30 日吉布提铁路项目合同签订

资料来源：笔者整理。

2013 年 5 月 22 日，在中国、埃塞俄比亚、吉布提三国政府和中国进出口银行的共同努力下，中国进出口银行为埃塞俄比亚—吉布提铁路提供融资支持的贷款协议在亚的斯亚贝巴签订。这个协议为整个铁路建设插上了展翅高飞的翅膀。

2014年5月8日,埃塞俄比亚总理海尔马里亚姆亲自拧上了埃塞俄比亚—吉布提铁路的轨排的第一颗螺丝,标志着这条自吉布提港至亚的斯亚贝巴全长760公里的电气化标准轨铁路正式开始铺轨。

图2.14—5 亚吉铁路项目铺轨施工

资料来源:笔者整理。

2015年6月11日,亚吉铁路全线铺通仪式在吉布提境内纳贾德车站隆重举行,吉布提总统盖莱、吉布提总理、吉布提内阁全体成员出席。庆祝仪式结束后,吉布提总统盖莱等为铁路剪彩、致辞并乘坐列车视察。

2016年10月5日,亚吉铁路在埃塞俄比亚起点——首都亚的斯亚贝巴的拉布车站举行通车庆典。习近平主席特使、国家发展和改革委员会主任徐绍史,埃塞俄比亚总理海尔马里亚姆、吉布提总统盖莱、多哥总统福雷等出席通车仪式并致辞。

图2.14—6　中国国家主席习近平特使，国家发改委主任徐绍史，
埃塞俄比亚总理海尔马里亚姆，吉布提总统盖莱、
多哥总统福雷等为亚吉铁路开通剪彩

资料来源：笔者整理。

2017 年 1 月 10 日，亚吉铁路吉布提段首列电气化旅客列车始发仪式在吉布提举行。埃塞俄比亚总理海尔马里亚姆、吉布提总统盖莱到达现场并登上列车体验。

2018 年 1 月 1 日，亚吉铁路开通商业运营。中国驻埃塞俄比亚大使，埃塞俄比亚交通部长，埃塞俄比亚公共企业部长，埃塞俄比亚水、灌溉与电力部长兼埃塞俄比亚铁路公司董事长，吉布提驻埃塞俄比亚大使，来自埃塞俄比亚铁路公司、亚吉铁路运营公司、中方建设和运营承包商中土集团和中铁二局、监理单位中国国际工程咨询公司的代表等出席仪式并致辞。

图 2.14—7　吉布提总统盖莱体验亚吉铁路

资料来源：笔者整理。

中土集团的责任已经从“建铁路”转变为“管铁路”。17 年前跟进，7 年前签约，4 年前铺轨，1 年半前通车，几个月前商业运营，一系列漫长又眼花缭乱的步伐，套用一句现在时兴的说法：厉害了，中土集团！

◇◇二　引领中国铁路全产业链“走出去”

2015 年 8 月，中土集团与中国中铁组成的联营体经多轮评选，击败包括欧洲多个发达国家在内的竞争对手，获得了亚吉铁路的运营权。意味着作为我国海外第一条集设计标准、设备采购、施工、监理和投融资、运营维护为一体的“全产业链中国标准”电气化铁路实现了圆满闭合。

图2.14—8 亚吉铁路运营项目签约仪式

资料来源：笔者整理。

所谓全产业链是指亚吉铁路包括了从投融资、设计、施工、监理、装备材料、运营在内的各个环节。

亚吉铁路是我国第一条全产业链走出去的铁路，是从投融资到运营的全产业链跨国电气化铁路项目，也是中国海外第一个全产业链、全流程"中国化"的跨国电气化铁路项目，全部使用中国标准，对中国铁路标准走出去有着重要的示范意义。

在投融资方面，使用了来自中国进出口银行的贷款，中土集团投资吉布提铁路，占股10%。在设计方面，中铁二院、铁四院、中土集团福州设计院参与了铁路设计。在施工方面，由中铁二局和中土集团总承包，中铁二局、中铁三局、中铁十一局、中土十三局、中铁十四局、中交一公局、中土集团北方公司参与了施工。在监理方面，由中国国际工程咨询有限公司担当。在装备材料方面，机车车辆等由中国北方工业公司提供，产品来自中车株洲和中车长客，钢轨等由中铁物资集团提供，钢轨生产方为鞍钢。在运营方面，由中土集团和中国中铁联合体承担。

中国铁路需要从"中国制造"向"中国运营"转型，只有这样，中国铁路才能走得更好。中国是个负责任的大国，我们建一条铁路不是一个工程，实际是运营的投放，是一个社会的产品，产品要如何体现它的社会功能，就是要安全、舒适，并且可持续，所以从这个角度看，作为建设承包商，我们有义务把我们的产品通过运输和管理交给社会，让埃塞俄比亚与吉布提的政府和人民感受到这条铁路是满足设计功能和技术标准的优秀工程，能给社会提供良好的服务。但最终还是要交给埃塞俄比亚和吉布提政府，由他们自己运输和管理的。

回顾整个项目，全产业链采用中国技术，有一个前提是：埃塞俄比亚政府决心引进中国技术发展本国铁路。业主的决心来自中国经济发展、中国铁路实践和中国资金支持。

笔者有两个体会。第一，投融资是先导，中国标准是核心。全产业链的各环节均围绕中国标准展开。第二，中国标准为项目实施带来了核心优势：一是防范了技术风险；二是加快了实施进度；三是降低了项目成本；四是带动了中国装备出口；五是提升了埃塞俄比亚、吉布提铁路产业发展水平。

◇◇三 一条铁路带动一条经济带的"亚吉模式"

《人民日报》2016 年 10 月 11 日刊发文章《亚吉模式为"一带一路"建设提供新样本》指出，"亚吉模式"对于中国经济的对外开放有两层含义：一是通过用中国标准实施的铁路项目，把包括建设、装备、运营在内的全产业链带出去；二是通过铁路带动沿线经济发展，建设沿线经济带，实现国际产能合作。

对于"一路带动一带"即一条铁路带动一条经济带来说，"亚吉模式"成功刷新了中国经济对外合作的传统模式，实现"三大转变"，一是对非合作从以政府援助为主向以企业投资和融资合作为主的转变，二是从"交钥匙"向"建营一体化"的转变，三是从建设单一工程向积极参与沿线经济开发和产能合作的转变。

基于上述"三个转变"，中土集团依托亚吉铁路项目创造出来的良好品牌效应，相继承揽实施了一系列新项目，在埃塞俄比亚、吉布提等周边市场初步形成了"以铁路项目为特色，工业园、公路、机场、港口等多领域协调发展"的"1+N"承包工程业务格局。

在承包工程业务规模不断扩大的同时，中土集团还在向承包工程之外的领域拓展，不断优化产业结构，以实现通过"一路"（亚吉铁路）带动"一带"（经济带）。目前，中土集团在多元化经营方面做出了一定的探索和尝试，正在构建"以承包工程为主业，以股权投资、工业园投资开发与运营、铁路运营、商贸物流、石油矿产资源开发、土地开发及房地产开发等领域为补充"的"1+N"多元化产业格局。

依托"1+N"战略，中土集团将逐步转型成为具有高价值创造力的国际承包商、境外投资商、多元运营商和综合开发商。

结合不同的国家的不同特点，我们积极寻找了不同的切入点，以一条铁路为依托，积极推动"一条经济带"的建设。

案例1：埃塞俄比亚的工业化进程与工业园开发

埃塞俄比亚政府迫切希望利用"亚吉铁路"项目带来的契机，把工业化上升为国家发展战略，带动整个埃塞俄比亚工业的发展和经济结构转型，希望能够成为"非洲的制造业中心"，并把建设工业园区、承接中国产能转移作为实现工业化的重要依托。

中土集团在实施亚吉铁路期间，从2014年开始就介入埃塞俄比亚工业园开发工作,在工业园领域也正经历着从承包,到运营,再到投资和综合开发的转变。

2014年5月6日,中土集团与埃塞俄比亚工业部签订了《埃塞俄比亚中土工业园合作备忘录》。经过几年的运作,中土集团与埃塞俄比亚工业部达成意向,在埃塞俄比亚规划的48平方公里的德雷达瓦工业园内,由中土集团负责开发约10平方公里的工业园。为了更好地开发中土德雷达瓦工业园,中土集团和昆山市政府合作采用园中园模式联合开发,并在2017年5月"一带一路"国际合作高峰论坛上和埃塞俄比亚工业园开发总公司签订了合作协议。

图2.14—9 2017年5月"一带一路"国际合作高峰论坛上
中国铁建中土集团袁立等和埃塞俄比亚
工业园开发总公司签订合作协议

资料来源:笔者整理。

除了自主开发工业园以外,中土集团积极参与了埃塞俄比亚自主投资的阿瓦萨工业园的建设,2015年6月,中土集团中标埃塞俄比亚阿瓦萨工业园区的建设。阿瓦萨工业园定位为轻工业纺织工业园，一期规划 30 万平方米标准厂房，后追加建设 10 万平方米标准厂房。

图 2.14—10 阿瓦萨工业园员工下班场景

资料来源：笔者整理。

2016 年 7 月 13 日，阿瓦萨工业园项目在经过不到 1 年的建设后竣工，在埃塞俄比亚引起极大反响，埃塞俄比亚总理特意为中土集团颁奖，表彰中土集团"不知疲倦"的工作精神。同一天，在埃塞俄比亚总理顾问的见证下，中土集团和业主签署阿瓦萨工业园运营管理项目，其后，中土集团全力以赴介入了阿瓦萨工业园的运营筹备，并和昆山经济开发区建立密切合作的关系，共同推进阿瓦萨工业园的运营。阿瓦萨工业园自 2017 年 11 月正式运营，截至 2018 年 3 月底，工业园雇用埃塞俄比亚工人 15236 人，其中女工 13307 人，3 月出口 205 万美元，累计出口 1213 万美元。埃塞俄比亚计划将阿瓦萨工业园建设成为拥有雇员 6 万人，年实现 10 亿美元出口的"非洲第一工业园"。

案例2：铁路、港口等项目助力吉布提成就非洲迪拜或新加坡，带来巨大物流商机

吉布提港口地处红海亚丁湾南岸，是亚洲通过印度洋抵达红海进而通过苏伊士运河通往欧洲的重要的战略节点，是"一带一路"倡议的重要节点。

图 2.14—11　阿瓦萨工业园员工工作实景
资料来源：笔者整理。

早在 2012 年 1 月 4 日，在听取中土集团对亚吉铁路项目情况汇报时，吉布提总统盖莱就对中土集团董事长袁立表示，"未来的吉布提将建设发展成为地区物流中心，成为非洲迪拜或新加坡，新建一条铁路与埃塞俄比亚连接十分必要"。在中国政府的大力支持下，铁路及港口等一批基建设施项目开始实施，以实现吉布提总统打造"东非物流枢纽"的梦想。

在实施埃塞俄比亚—吉布提铁路项目的同时，中土集团成功引进招商局集团入股吉布提港口，并参与吉布提新建多拉雷多功能港口建设工作。

图 2.14—12　吉布提的 5 个主要港口

资料来源：笔者整理。

中吉两国政府以亚吉铁路项目的建设为契机，加深政治互信，加强经济等领域合作，签订了《中国进口吉布提 97% 的产品零关税待遇协定》。巨大的物流商机可从以下几个方面进行简要分析。

1. 铁路运价铁路是公路的 1/3—1/2，时间成本则从 3 天—1 周缩短到 10 余小时。

2. 港口吞吐量已不能满足需求，新建港口将大幅提升吉布提的吞吐能力：仅新建的多功能码头就能增加 700 万吨杂货和 20 万标箱的能力。

3. 自贸区开发将进一步给吉布提带来经济活力。

4. 地价上升快，有的甚至是成倍增长，房地产开发预期增值潜力大。

中土集团决心进一步为吉布提的发展提供全力以赴的支持，随着铁路建成、港口建设，吉布提地价急剧上升，具备了土地开发的前景。

目前，中土集团正在投资兴建吉布提最耀眼的地标性建筑——吉布提总部大楼。2017 年 1 月 12 日上午，吉布提总部大楼奠基仪式隆重举行。吉布提总统盖莱亲自为吉布提总部大楼奠基培土。

**图 2.14—13　吉布提总统盖莱出席中国铁建中土集团
吉布提总部大楼奠基仪式**

资料来源：笔者整理。

此外，正在商讨中的吉布提那噶德车站站前广场开发也在积极推进。

为加强当地人才建设，中土吉布提公司与吉布提工商学校签署合作协议，拟每年从该校招聘一定数量优秀毕业生加盟中土。

鉴于中土集团对吉布提经济社会发展做出的贡献，2017 年 1 月 12 日，吉布提总理阿卜杜勒卡德尔·卡米尔·默哈迈德在总理府授予中土集团董事长袁立吉布提国家独立军官勋章。这是对中土集团和中资企业的认可与肯定。

综上所述，亚吉铁路开创了"建设一条铁路，拉动一条经济带"的"亚吉模式"。在实践"亚吉模式"的过程中，笔者与大家分享几点体会。

要秉持共商、共建、共享原则，对接中国元素和当地化需求。正是由于坚持了这个原则，亚吉铁路取得了令人瞩目的成效：

1. 它是中国首个海外全产业链铁路。

2. 它是新时期的坦赞铁路。

3. 它是中非"十大合作计划"重要早期收获。

4. 它是中非"三网一化"和产能合作的标志性工程。

5. 它是"一带一路"的标杆。

图2.14—14 中国铁建中土吉布提公司与吉布提工商学校签署合作协议
资料来源：笔者整理。

以上就是亚吉铁路在实践"一带一路"倡议的一点体会和感悟。希望读者有机会到埃塞俄比亚、吉布提、尼日利亚、坦桑尼亚、赞比亚、土耳其、沙特、阿尔及利亚、塞拉利昂等国家亲身体会中土集团修建的铁路，感受中国铁路驰骋海外的风采。遍布90多个国家的中土人正在加班加点、埋头苦干，为更多的国家修建更多更好的铁路。

后　记

这本文集是两位编者合作的成果。薛力研究员负责文章样本的确定与采集，并构想与设计了本书的框架：文集分为两个部分，必须有全书的导读与各篇文章的摘要，企业作者的文章要扬长避短并体现企业特色，等等。程章玺博士负责上述设想的落实。

薛力研究员的领域研究主要是中国的国际战略与外交应对，过去几年研究的议题有两个："一带一路"与南海问题。发表了200多篇相关文章与研究报告。其中一些成果被决策层采纳，一些成果在海内外产生了相当的影响力。他编辑出版过一些书籍，依据体会确定了本书的设计思路。这种思路给编者增加了不少的工作量，特别是导读与各篇文章摘要的写作。但编者认为这样做有利于读者，为此付出一些努力是值得的。

程章玺博士2016年6月毕业于英国圣安德鲁斯大学，现为中国社会科学院世界经济与政治研究所博士后。在英国读博士期间，师从伊恩·泰勒（Ian Taylor）教授，研究方向为中国对非洲的经济技术援助。博士学位论文2017年已经由劳特利奇出版社（Routledge）出版，书名为 *China's Aid to Africa：Does Friendship Really Matter*？这标志着他过去几年的研究告一段落，但他对中国对外援助的兴趣与研究不会停止。这既因为个人兴趣，也因为家学渊源。2018年中国成立国际发展合作署，更坚定了他的上述信念。

本书内容不同于他以前的研究领域，但他觉得编辑过程中的反复阅读也让他受益。"一带一路"建设与对外援助同属中国政府与企业的海外行为，因此，"一带一路"建设中所获得的成功经验以及所遇到的问题，可与中国多年来的对外援助工作通功易事、相互促进。也就是说，中国现在与受援国就援助计划进行对接时，可以将之放在"一带一路"建设框架下统筹谋划与实施，以便对外援助工作更具有系统性与长期性。同时，在几十年对外援助工作中形成的经验，也有助于中国推进"一带一路"建设，更好实现合作共赢。

当然，他也希望能拓展自己的研究领域，如对中国对外援助进行整体性分析、比较不同国家对外援助政策的异同点、相同与不同对外援助项目在一个或多个受援国的有效性和可持续性、中国对外援助的改进途径，等等。而中国对外援助无疑属于"一带一路"建设的一个重要组成部分。毕竟，"一带一路"已经成为中国政府对外工作的顶层设计，将在相当长时间里统括中国的对外工作。

因此，当薛力研究员希望他协助编辑本文集时，他很快答应了下来，尽管心里不是很踏实。终究，编辑工作与学术论文写作有所不同，需要进行大量的沟通、协调。至于结果如何，需要等待各位学者来判断。在过去半年多时间里，依据薛力研究员的意见与框架设计，他做了以下工作：与作者们联系、撰写各篇文章的摘要、对幻灯片与文字内容进行整合、编排全书、文字润色、依据出版社意见调整部分章节的内容与版式。在编辑过程中，与薛力研究员保持密切的沟通，依据他的反馈意见对书稿做相应的调整。在这个过程中，他着实感受到了书稿编辑的甜酸苦辣。有些事情，并非编者所能控制，也非出版社能决定。薛力研究员感谢他在编辑过程中表现出来的细致与耐心，并铭感于他对不断调整与修改的忍耐。在这个喧嚣的时代，愿意下这种"笨功夫"编辑书籍的年轻学者并不常见。

本书系中国社会科学院世界经济与政治研究所"世经政丛书"之"一带一路"系列的第四册，少部分文章来自约稿，大部分文章来自2017年4月19—20日在北京好苑建国饭店举办的大型国际会议"'一带一路'与企业行为：成就、挑战与建议"。这次会议是"一带一路国际合作高峰论坛"的配套会议，中国社会科学院亚洲研究中心、世界经济与政治研究所联合主办这次会议，世界经济与政治研究所国际战略研究室具体承办本次会议，中国社会科学院亚洲研究中心资助了本次会议的大部分费用。本书的上半部分文章基于各位专家学者的实地调查，是理论与实践的结合，这对于"一带一路"的研究非常必要。下半部分内容则是政府部门、企业的具体工作实践以及建议。他们从事现场工作，提供的鲜活内容对于读者理解"一带一路"建设进展具有重要的参考价值。

习近平主席在"'一带一路'国际合作高峰论坛"上的讲话中提到，"一带一路"建设是世纪工程。因此，它的成功需要千百万人承前继后的持续努力。"一带一路"建设，成败关键在实践，但研究与理论指导也不可少。这是我们召集这次会议、编辑出版这本书的主要动因。

感谢各位文章的作者，除了出席会议外，还贡献了精彩文章，有些作者还在事后对文章进行了增补。学者们的文章都是基于自己的实地调研与理论思考，大致上体现了中国目前在"一带一路"问题上的研究水平。这里，我们要特别感谢企业界与政府部门的作者，他们除了提供内容翔实的幻灯片外，还依据出版社的要求补充提供了文字版内容。他们都是单位的领导与高层管理人员，工作非常繁忙，在频繁出差的间隙利用好不容易得来的休息时间写出了文字版的内容，使得本书得以顺利出版，特别不容易。

感谢中国社科院世界经济与政治研究所领导特别是张宇燕所长，同意将本书列入中国社会科学院"登峰计划"优势学科建设"国际政治经济学"项目的出版资助。感谢中国社会科学出版社的王茵总编辑助理与郭枭编辑,郭枭博士在本书编辑过程中的耐心、细致与负责,是本书得以顺利面世的一个必要条件。

薛 力 程章玺
2018 年 5 月 18 日初稿
2018 年 10 月 13 日修改